Markus Höbel

Was kommt nach dem „Drinnen"?

Gefangenenseelsorge und Strafvollzug
zwischen Restriktion und Resozialisierung

THEOLOGISCHE REIHE, BAND 090

Markus Höbel

Was kommt nach dem „Drinnen"?

Gefangenenseelsorge und Strafvollzug
zwischen Restriktion und Resozialisierung

1. Auflage 2009

Deutsche Erstausgabe
Zugleich auch Dissertation zur Erlangung des Akademischen Grades
eines Doktors der Theologie an der Katholisch-Theologischen Fakultät der
Ludwig-Maximilians-Universität München, angenommen im Jahre 2006.

Copyright © 2009 by EOS Verlag Sankt Ottilien
mail@eos-verlag.de
www.eos-verlag.de

ISBN 978-3-8306-7367-5

Bibliografische Information der Deutschen Bibliothek
Die Deutsche Bibliothek verzeichnet diese Publikation
in der Deutschen Nationalbibliografie;
detaillierte bibliografische Angaben
sind im Internet unter http://dnb.ddb.de abrufbar.

Alle Rechte vorbehalten.
Kein Teil des Werkes darf in irgendeiner Form
(durch Fotografie, Mikrofilm oder ein anderes Verfahren)
ohne schriftliche Genehmigung des Verlags
reproduziert oder unter Verwendung elektronischer Systeme
verarbeitet, vervielfältigt und verbreitet werden.

Gedruckt auf säurefreiem, chlorfrei gebleichtem Papier.
Printed in Germany

*Für meine Eltern und Geschwister
und in Gedanken an alle, die mit mir im Katzenloh
ein Stück ihres Lebensweges gegangen sind
und die heute noch dort leben.*

*Carola und Christopher Abel
Marco Galgano
Rene Weigand
Detlef Hetz
Gisela Pöll
Robert Schneider
Michael Baur
Christine Wachter-Naumann
Philipp Lupper
Jürgen Bittel
Barbara Weber
Martina Wenleder
Christian Mausner
Rene Schmitt
Christian Domler*

Vorwort

Ich möchte an dieser Stelle einigen Personen danken, die an der Entstehung dieses Buches mitgewirkt haben. Mein Dank gilt zunächst Prof. Dr. Ludwig Mödl, seinerzeit Professor für Pastoraltheologie in München. Er hat die vorliegende Arbeit angeregt und über die Jahre ihrer Entstehung hinweg geduldig begleitet. Danken möchte ich auch den Freunden und Freundinnen aus dem Kreis meines Doktorandenkolloquiums. Von ihnen erhielt ich insbesondere im Hinblick auf die pastorale Situation der Kirche wichtige Anregungen.

Seinen „Sitz" in meinem Leben hat das vorliegende Buch einerseits in der mehrjährigen Entlassvorbereitung von Gefangenen in der JVA Stadelheim und in meiner jetzigen Tätigkeit als Leiter des „Projekts Katzenloh", anderseits in meinem ganz persönlichen Ringen, wie die Theologie und die Kirche mit Straftätern umzugehen hat. Denn bloßes Einsperren löst gar nichts: Gefangene bleiben nicht ewig Gefangene. Morgen sind sie wieder Nachbarn – nicht alle, nicht die Schwerkriminellen, aber die meisten. Morgen sind sie wieder Nachbarn: Das Bewusstsein dafür ist leider verschwunden.

Das Zusammenleben mit den „Knastbrüdern" zeigte mir unmittelbar die Schwierigkeiten, denen sie sich in unserer modernen Gesellschaft gegenüber sehen. Wichtiger aber noch ist: Sie lehrten mich die Orientierung an der Wirklichkeit. Hierzu trugen – in positiver Weise – mein Freund Bernhard Moninger (Sozialarbeiter in der JVA Stadelheim), Martina Wenleder und Christine Wachter-Naumann wesentlich bei. Ihnen danke ich für die Geduld mit mir, aber mehr noch für die Unterstützung, das Projekt am Leben zu erhalten.

Danken möchte ich auch den Kapuzinern aus Neumarkt in Südtirol für die Rückzugsmöglichkeit in ihr Kloster und für die ermutigenden Gespräche in der Zeit während der Entstehung dieser Arbeit.

Carola Abel, Beate Mägerlein und Rita Winter danke ich für das Korrekturlesen und die vielfältigen Anregungen, die sie mir beim Besprechen der einzelnen Abschnitte des Buchmanuskripts immer wieder gaben und nicht zuletzt Pater Cyrill Schäfer für die Aufnahme in den Klosterverlag Sankt Ottilien.

Ein letztes Wort sei mir an dieser Stelle gestattet. Die soziale Bedürftigkeit der Gesellschaft insgesamt hat zugenommen. Es gibt eine neue Armut außerhalb der Gefängnisse – Hartz – IV – Gestrandete, Flüchtlinge usw. Der Keller der Gesellschaft hat etliche neue Stockwerke bekommen. Häftlinge sitzen jetzt noch weiter unten, sie werden noch weniger bedacht als früher. Und trotzdem gilt der Satz: Morgen sind sie wieder Nachbarn! Ich möchte meinen umliegenden Nachbarn, den Bauernfamilien und den Frauenzeller Bürgern für vorurteilsfreie Begegnungen und allseitige Unterstützung des „Projekts Katzenloh" Vergelt's Gott sagen. Ohne sie wäre ein Arbeiten und Leben in dieser speziellen Form der Wiedereingliederung von Strafentlassenen nicht möglich. Glücklich, wer solche Nachbarn hat – großartig!

Katzenloh, Maria Lichtmess 2009
Markus Höbel

Inhaltsverzeichnis

Vorwort 7

0. Einleitende Vorbemerkung 13

I. Kapitel: Zur Geschichte der Gefängnisseelsorge **16**

1. Gefängnisseelsorge in der Frühzeit bis zum Mittelalter 16
2. Gefängniswesen des Mittelalters bis zur Neuzeit 24
3. Beginn der Neuzeit des Vollzugswesens 28
4. Gescheiterte Hoffnung – die Geistesbewegung der „Aufklärung" .. 34
5. Versöhnungstheologie im 19. und 20. Jahrhundert 40
6. Konsequenzen aus der Entwicklung der Gefangenenseelsorge
   für die gegenwärtige Situation 45

**II. Kapitel: Das Biotop „Gefängnis" als Beispiel
einer totalen Institution** **48**

1. Mauern – die wenig durchlässige Eigenwelt des Gefängnisses 48
   1.1. Der Freiheitsverlust 51
   1.2. Der Verlust heterosexueller Beziehungen 52
   1.3. Der Verlust der Selbstbestimmung 52
   1.4. Selbstbeschädigungen, Suizidtendenzen und Selbstbestrafung 55
   1.5. Die Normen der Insassen 56
   1.6. Die Sozialstruktur der Insassen 58
   1.7. Prisonisierung und Akkulturation 60
   1.8. Allgemeine Zusammenfassung 62
2. Vom Umgang der Insassen mit Schuld und Sühne in den Mauern .. 62
   2.1. Der Begriff der Schuld 64
   2.2. Der Begriff der Sühne 66
   2.3. Der transpersonale Aspekt der Schuld 67
3. Risse in den Gefängnismauern - die „geheimen" Verbindungen
   der totalen Institution nach „draußen" 68
   3.1. Schuldprojektion und Sündenbockdenken 70
   3.1.1. Sündenbockphänomen nach René Girard 71

4. Audiatur et altera pars – Die Bindeglieder zwischen „drinnen"
und „draußen". 75
   4.1 Die Sichtweise der Gefangenenseelsorge. 77
      4.1.1 Der Seelsorger im Spannungsfeld von Strafvollzug
und Versöhnung 77
      4.1.2 Die Anerkennung des eigenen „Schattens". 81
5. Kennzeichnende Merkmale dissozialer Menschen 82
   5.1 Frustrationsintoleranz. 82
   5.2 Störungen im Realitätsbezug 83
   5.3 Kontaktstörung. 83
   5.4 Depressivität. 85
   5.5 Über-Ich-Pathologie. 85
6. Sexualstraftaten als besonderes Erscheinungsbild
von Dissozialität. 86
   6.1 Erklärungsansätze. 87
      6.1.1. Sexualität, Gewalt und Männlichkeit 89
      6.1.2. Merkmale in der Täterpersönlichkeit 91
         6.1.2.1. Störungen im Selbstwertgefühl 91
         6.1.2.2. Störungen im Kontakt- und Beziehungsbereich . . . 92
   6.2. Gedanken zur therapeutischen Arbeit mit Sexualtätern 92
7. Die Dämonisierung des Bösen. 93

III. Kapitel: Therapie im Strafvollzug – Das Unmögliche möglich machen? 96

1. Martin Buber und „alles wirkliche Leben ist Begegnung" 99
2. Das dialogische Therapieverständnis. 101
   2.1. Die Störung 101
   2.2. Die Weisheit des Widerstandes 102
   2.3. Die spirituelle oder transpersonale Dimension der Therapie . . 104
   2.4. Ursachenverständnis 104
      2.4.1. Verarbeitung der Verletzung 106
      2.4.2. Die Verantwortung des Straftäters 106

IV. Kapitel: Kirche und Religiosität in der Kultur der Moderne . . 109

1. Postmoderne. 110
2. Postmoderne und Religion. 115
3. Der Versuch einer Situationsanalyse 117
   3.1. Von der Wiege bis zur Bahre nicht mehr nur „katholisch" . . . 118

3.2. „Und raus bist Du": Vom Integrationsschwund kirchlich
verfasster Religion 118
3.3. Kirche als Event oder: Was habe ich davon? 119
3.4. Innenorientierung als Form von Spiritualität 122
3.5. Das Religiöse in seinen vielfältigen kulturellen Ausdrucksformen 124
3.6. Das Recht aller auf ein schönes Leben 125
4. Trauer und Abwehr, oder die vor-wissenschaftlichen Versuchungen der Pastoral 126
5. Kirche als Dienstleistungsgesellschaft – der Weisheit letzter Schluss? 128

V. Kapitel: Der Wiedergewinn kollektiver Handlungsfähigkeit ... 131

1. Das Postolat nach einer kirchlichen Eigenkultur 134
   1.1. Aufbau von Ruhezonen für Religion und Glaube 135
   1.2. Prophetie als wichtiges Korrektiv im Suchen und Ausprobieren von neuen Wegen 138
   1.3. Orte der Begegnung in den Lebensräumen der Menschen 141
      1.3.1. Selbsthilfegruppen von Strafentlassenen als soziale Inseln 143
   1.4. Kasualien als wegbegleitende Ressourcen-Seelsorge 144
      1.4.1. Jesus und Bartimäus – eine Predigt, die die Begegnung mit Gestrauchelten deutet (Mk 10, 46-52) 148
   1.5. Solidarität mit den Verlierern dieser Gesellschaft 151
   1.6. Religionsunterricht ein Dienst an der Selbstwerdung junger Menschen 153
      1.6.1. Wissen sucht Weisheit 155
      1.6.2. Den Blick weiten – Religionsunterricht der sich gegen das Ausblenden wehrt 158

VI. Kapitel: Diakonie – die wieder zu entdeckende Grunddimension kirchlichen Handelns 160

1. Der zweifache Ortsverlust 163
   1.1. Die Herausforderung des Zwischenraums von Kirche und institutioneller Diakonie 166
2. Sozialpastoral – ein neues Miteinander von Diakonie und Seelsorge? 167

3. Die Perspektive der angebrochenen Gottesherrschaft glaubbar machen 170
   3.1. Zukunft und Gegenwart des Reiches Gottes –
   „schon" und „noch nicht". 170
   3.2. Zukunft und Utopie: Impulse von Ernst Bloch 172
      3.2.1. Menschsein und Hoffnung 173
      3.2.2. „Prinzip Hoffnung" (Ernst Bloch) 174
      3.2.3. Die Utopie. 175
      3.2.4. Eschatologie, Hoffnung und Utopie 176
4. Rückkehr in die Diakonie: Das solidarische Zeugnis der Liebe mit den Geringsten 177
   4.1. Heilen und Befreien im Geiste Jesu 179
   4.2. Gefangenenseelsorge ein Dienst der Versöhnung 179
   4.3. Heutige Gefangenenpastoral ist Beziehungsarbeit 183
      4.3.1. Der Besessene von Gerasa (Mk 5,1-20) 186
      4.3.2. Symbolhandlungen im Beziehungsgeschehen 190
      4.3.3. Beziehungsarbeit mit den Bediensteten 192

VII. Kapitel: Was kommt nach dem „Drinnen"? 194

1. Die Situation der Haftentlassenen - Eine „black box"? 195
   1.1. Bindung an einen Arbeitsplatz 196
   1.2. Das Problem der Wohnungssuche 198
   1.3. Die Last der Schulden 199
   1.4. Persönliche Probleme 200
   1.5. Soziale Kontaktschwierigkeiten 200
2. Das Projekt Katzenloh – die Welt wird schöner mit jedem Tag. ... 201
   2.1. ISE Katzenloh – Selbstverständnis und gesetzliche Grundlage. 201
      2.1.1. Betreuungsangebot 202
      2.1.2. Zielsetzung und pädagogische Praxis. 202
      2.1.3. Organisatorische Rahmenbedingungen und Infrastruktur. 204
      2.1.4. Qualitative Absicherung der Maßnahme 204
   2.2. „Lebensraum Katzenloh" eine mögliche Antwort auf Kriminalität und sozialen Ausschluss?. 204
      2.2.1. Grundhaltung, Rahmenbedingungen und Ziele 205
   2.3. Zwischen Resignation und Hoffnung 207

Literaturverzeichnis 211

0. Einleitende Vorbemerkung

Modellhaft finden sich die Strukturen des modernen Strafvollzuges in den Klöstern der alten Kirche und des Mittelalters. Die Ordensregeln, auf denen das Zusammenleben der klösterlichen Gemeinschaft basierte, enthielten Bestimmungen über Klosterstrafen gegen Mönche, die den Ordensregeln zuwiderhandelten. Strafmittel war der Ausschluss im Klostergefängnis. Die Klosterstrafe war funktional orientiert: „Der Gefangene soll Buße tun (Sühne leisten) und sich bessern."[1] Um diesen Zweck zu erreichen, wurde der eingesperrte Mönch von Ordensbrüdern besucht, die ihn zu demütiger Buße ermahnten, aber auch Trost und Zuspruch während der Haftzeit gaben, damit ihm vor seinem Tode durch die Kommunion Vergebung der Schuld gewährt werden konnte.

Die klösterliche Disziplinarstrafe intendiert „correctio", basierend auf Gebet und Arbeit. Die Konzeption wurde vom 16. bis zum 19. Jahrhundert modifiziert tradiert und bildete die Grundlagen und Zielvorstellungen der Freiheitsstrafe, die sich gegen die Körperstrafen durchsetzte. Trotz der weitgehenden Loslösung vom christlich motivierten Ursprung wurde das Konzept der korrigierenden Sozialisation das Modell, das in seinen Restbeständen auch heute noch den Strafvollzug prägt. Zwar gedieh im „halbsäkularisierten" Strafvollzug der Gegenwart die Arbeit zur Grundlage des Vollzuges, und der ursprünglich transzendent verankerte Sozialisationsprozess zur Seelsorge wurde institutionalisiert und in das Recht des Gefangenen auf den Zuspruch des Seelsorgers verwandelt.

Aus der konkreten Ausformung des positiven Rechtsverständnisses folgte für die Gefangenenseelsorge, dass sie nicht mehr im Sinne des „ora et labora" ein funktional dominierendes Element darstellen kann. Ihre Aufgabe im modernen Strafvollzug besteht vielmehr darin, im weitesten Sinne Kirche unter den Konditionen des gesellschaftlichen Teilsystems Strafvollzug zu repräsentieren. Die bisherigen Überlegungen führen zu einem ersten Ziel, das für die vorliegende Abhandlung bestimmend ist. Es wird der Versuch unternommen, zu formulieren, dass Gefangenenseelsorge zu verschiedenen Zeiten ganz spezifische Probleme zu bewältigen hatte und heute vor der Aufgabe steht, ein Selbstverständnis zu entwickeln, das es ihr ermöglicht, christlich motivierte Sorge um den Menschen in der Strafe zu üben, ohne inhaltlich und final an die Intention des Vollzuges gebunden zu sein. Bei den folgenden Ausführungen, die stets den Tag der Entlassung im Blick hat, gilt es zu bedenken, dass sich die angesprochene Sorge nicht nur auf die Zeit im Gefängnis beschränken darf.

---

[1] Krauß, Karl: Im Kerker vor und nach Christus, S. 209

Da für einen Großteil der Gefangenen der Entlassungstermin nur der Beginn einer Entwicklung ist, die ihn fast mit Sicherheit (vier von fünf aus der Haft Entlassene werden wieder rückfällig) wieder in das Gefängnis zurückbringt, ist eines der zentralen Probleme der Seelsorge im Strafvollzug und damit ein zweites Ziel zur Sprache gebracht: Wie kann angesichts der geringen Aufnahmebereitschaft der Gesellschaft gegenüber dem Vorbestraften und der von vielen Verletzungen gezeichneten Persönlichkeit des Strafgefangenen eine Hilfe gefunden werden, die mit einer relativ hohen Wahrscheinlichkeit die Lebenssituation des Strafentlassenen merklich bessert?

Aus den beiden grundlegenden Zielen ergibt sich eine methodische Schwerpunktsetzung dieser Arbeit: Um die Entstehung und Entwicklung der Aufgaben der Seelsorge an Inhaftierten und ihrer Relation zur Strafvollzugsentwicklung nachzuvollziehen, werden Quellen, Erfahrungsberichte und praktisch-theologische Darstellungen historisch betrachtet und ausgewertet, damit sie für die gegenwärtige Seelsorge im Strafvollzug, die sich in einer Umbruchsituation befindet, entfaltet werden können. Die Sondersituation des Spezialgebietes Gefangenenseelsorge kann genutzt werden zum Zwecke der Ausbildung einer grundsätzlichen Theorie der Seelsorge.

So soll es im ersten Kapitel zunächst darum gehen, eine knappe und zusammenfassende Übersicht und eine deutende Einsicht zu gewinnen, welche Umbrüche und Herausforderungen die Gefangenenseelsorge bis in die heutige Zeit vollzogen hat. Deswegen fällt bereits hier ein Blick auf einige empirisch fassbare kirchliche Ressourcen und Chancen zur Seelsorgetätigkeit an Gefangenen, die selten gewürdigt werden.

Das zweite Kapitel fasst die Phänomenologie des Gefängnisses ins Auge. Auf dem Hintergrund seiner Subkultur, den ganz eigenen Spielregeln und Normen wird Einblick in eine Welt gewährt, die für Menschen außerhalb der Gefängnismauern nur schwer zu durchschauen und zu verstehen ist. Ergänzt wird dieser Blick mit dem Versuch einer Charakterisierung von dissozialen Menschen mit schweren Persönlichkeitsstörungen und wie diese therapeutisch bearbeitet werden können. Ferner hoffe ich, mit meinen Ausführungen im dritten Kapitel zeigen zu können, dass der tiefenpsychologische Zugang nicht nur unsere theoretischen Einsichten in die Genese und Struktur solcher Probanten vertiefen kann, sondern insbesondere auch seelsorgerisch und therapeutisch nutzbar gemacht werden kann. Denn nach wie vor stellen die schweren Formen dissozialer Fehlentwicklungen – wenn überhaupt über traditionelle, in den meisten Fällen kaum wirksame Behandlungsmethoden hinausgegangen wird – ein therapeutisch schwer lösbares Problem dar.

Das vierte Kapitel versucht zunächst die ausgedehnte Umbruchs- und Übergangsphase, in der sich die Kirche und ihre Gemeinden heute befindet, darzustellen und geht dabei den hausgemachten Gründen nach, weshalb von ihnen häufig zu wenig Anziehungskraft ausgeht, warum so viele Bemühungen dort „ins Leere" zu laufen scheinen und offensichtlich immer erfolgloser sind. Angesichts dieses Befundes ist eine Umorientierung angesagt, die auch die seelsorglichen Strukturen betrifft. Einige Optionen und Chancen zur Neubesinnung in der Seelsorge und seinen Entfaltungsbedingungen sollen im fünften Kapitel zur Diskussion gestellt werden. Die Überlegungen bündeln sich letztlich in der Frage: Welche Perspektiven bieten sich derzeit an, um zu einer „Theologie der Diakonie" zu gelangen, die selber diakonisch ist? (sechstes Kapitel) Diakonisch wäre sie zu nennen, soweit sie ernst macht mit ihrem Dienst am christlichen Glauben und sich somit mehr als auf mildtätige Hilfestellungen erstreckt, die gelegentlich aus irgendwelchen religiösen Gesinnungen heraus gegeben werden. An der Sorge um die Gefangenen wird veranschaulicht, worum es in dieser Arbeit geht: Anstöße zu geben für eine Praxis der Solidarisierung, die Menschen über Unterschiede und Grenzen hinweg zusammenführt, sie zur Verantwortlichkeit gegenüber anderen ermutigt und zum gemeinsamen Teilen mit ihnen befähigt.

Im Projekt Katzenloh, in dem „Schwache" und „Starke" Menschen für eine bestimmte Zeit miteinander leben und sich gegenseitig mit der Gabe dienen, die sie empfangen haben, werden diese Ansätze auf ihre Praxistauglichkeit hin erprobt.

I. Kapitel: Zur Geschichte der Gefängnisseelsorge

Im Rahmen der vorliegenden Abhandlung kann keine vollständige Geschichte der Anfänge der Gefangenenseelsorge geboten werden. Vielmehr sollen ihre grundlegenden Entwicklungsstufen anhand exemplarischer Vertreter oder Texte skizziert werden. Ich beschränke mich dabei im Wesentlichen auf die Entwicklung in der abendländischen Theologie.

1. Gefängnisseelsorge in der Frühzeit bis zum Mittelalter

Eine theologische Begründung der Gefangenenseelsorge bedarf einer eingehenden Rückschau auf die Anfänge des kirchlichen Arbeitsfeldes in den ersten Jahrhunderten. Die ersten Christen haben sich zu einem eindeutigen und uneingeschränkten Einsatz für kriminelle Strafgefangene auf dem Hintergrund ihres Glaubens nur sehr langsam und allmählich und unter Überwindung innerer und äußerer Widerstände durchgerungen. Anders erwies sich die Sorge für Gefangene, die um des Glaubens willen verfolgt wurden. Die Tatsache, dass die ersten Christengemeinden in Sachen Gefangenenseelsorge einen für unser Verständnis nicht eindeutigen Standpunkt vertreten haben, ist nicht auf eine Unklarheit des Neuen Testaments zurückzuführen. Das Neue Testament spricht im Blick auf den Umgang mit Kriminellen eine sehr eindeutige Sprache.

Der sozusagen „klassische Text" der Gefangenenseelsorge ist Mt 25,35-40, wo es in den Reden Jesu über die Endzeit um die Scheidung der Guten und Bösen im Endgericht geht; es sind die vorweggenommenen Worte des Menschensohnes bei seiner Wiederkunft: „Ich war im Gefängnis und ihr seid zu mir gekommen" (Mt 25,37-39).[2]

Es gibt im NT auch Texte, die man heute als Resozialisierungsberichte bezeichnen könnte. Im sogenannten Philemonbrief vermittelt Paulus zwischen dem Geschädigten Philemon und dem Gefangenen Onesimus. Paulus übernimmt den angerichteten Schaden, hilft dabei dem Geschädigten und zeigt den Weg zu einer neuen Gemeinsamkeit auf.[3]

Der Besuch Jesu bei dem Oberzöllner Zachäus zeigt ein weiteres Beispiel von Resozialisierung. Jesus durchbricht ihm gegenüber den Teufelskreis von Außenseitern, die nicht mehr zurückkehren können, indem er sich bei ihm ein-

---

[2] Stubbe, Ellen: Geschichte der Gefängnisseelsorge, in: Seelsorge im Strafvollzug, Band 2, S. 9

[3] Vgl. Rottenschlager, Karl: Das Ende der Strafanstalt, S. 221

lädt. Das heißt auch, dass er dem, der von den anderen als Betrüger angesehen wurde, zutraut, auch einmal der Gebende sein zu können. Zachäus reagiert mit einem Wiedergutmachungsvorschlag. Jesus nimmt also nicht die Haltung ein, erst Bedingungen und Forderungen zu stellen bis Zachäus akzeptiert werden kann, sondern der Weg geht umgekehrt. Nachdem Jesu ihn akzeptiert hat, kann Zachäus selbst dem nachkommen, was er seinen Mitmenschen schuldig ist.[4]

Die Geschichte der Anfänge der Gefangenenseelsorge in den ersten sechs Jahrhunderten lässt sich auch darstellen als eine Entwicklungsgeschichte verschiedener Identifikationsstufen im Umgang mit Gefangenen (Ringen zwischen Projektion und Identifikation). Es ist ein Unterschied, ob sich jemand mit einem Gefangenen identifiziert auf Grund der Situation der Gefangenschaft an sich, weil diese ein eigenes Problem verkörpert, sei es die besondere Möglichkeit der Identifikation mit der durch Gefangenschaft bedingten Isolation und Außenseiterexistenz, oder ob er sich mit dem Gefangenen identifiziert, weil der Anlass zur Gefangenschaft in ihm etwas Eigenes anrührt, die eigene „latente Kriminalität", die eigene Sünde oder einfach die eigene Aggressivität.[5]

Es war ein langer Weg in der Entwicklung des Strafvollzugs vom antiken Strafrecht bis hin zu heutigen Überlegungen der Humanwissenschaften, die eine Berücksichtigung unbewusster Motive des Einzelnen zur Tat wie auch eine Klärung unbewusster Mechanismen des Zusammenspiels von Gesellschaft und Kriminellen gewährleistet. Dem antiken Strafrecht genügten Gesetzesübertretungen als bloße Fakten, um für die Strafwürdigkeit des Täters zu sprechen. Eine Differenzierung zwischen der Tat und dem Täter wurde nicht vorgenommen. Durch das Delikt war der Täter ein für alle Mal festgelegt auf seine begangene kriminelle Handlung, eine Zukunftsperspektive für eine Änderung als Straftäter gab es nicht. Für Gedanken an Besserung und Heilung des Täters gab es folglich keinerlei Veranlassung. Diesen Hintergrund gilt es zu beachten, weil er die Grundlage bildet, das enorme Umdenken gegenüber dem Straftäter in den christlichen Gemeinden angemessen wert zu schätzen. Nun war die Identifikation mit dem Straftäter nicht von Anfang an eine Selbstverständlichkeit christlicher Praxis. Es bedurfte äußerer Anstöße, die allerdings zur Genüge gegeben waren.

Die inneren Zustände der antiken Gefängnisse scheinen überall gleich schlecht gewesen zu sein. Eine hohe Sterblichkeitsrate war die Folge von Dunkelheit, Platzmangel, unzureichender Ernährung und dem Fehlen hygienischer Vorkehrungen. Die Gefängnisse hatten innere und äußere Räume; in den inneren befanden sich die Gefangenen, die Ketten trugen oder an Pfähle

---

[4] Vgl. Stubbe, Ellen: Geschichte der Gefängnisseelsorge, in: Seelsorge im Strafvollzug, Band 2, S. 9

[5] Vgl. Stubbe, Ellen: Seelsorge im Strafvollzug, S. 182

angebunden waren. Sie unterlagen Folterungen und willkürlichen Züchtigungen, da sie ganz in der Macht der Gefängniswärter waren und diese nur durch Bestechung beeinflussen konnten. Der äußere Kerker bot den Gefangenen eine Vielzahl von Erleichterungen. Sie waren nur in den seltensten Fällen gefesselt und konnten Besuche empfangen.[6]

Die Verfolgung der Christen in den ersten Jahrhunderten bis zur Zeit Konstantins, ihre anhaltende Kriminalisierung, hat die christlichen Gemeinden durch die Gefangenschaft vieler Schwestern und Brüder frühzeitig mit dem damaligen Haftwesen in Berührung gebracht. Erst durch dieses hautnahe Erleiden von Gefangenschaft entstand allmählich eine Offenheit und Sorge für gefangene Straftäter (Identifikation). Damit war eine wesentliche Grundlage der Seelsorge an Gefangenen überhaupt gelegt.

Die erste christliche Gefangenenseelsorge galt also im Wesentlichen den aus Glaubensgründen gefangenen Gemeindemitgliedern. Die Bemühungen der Gemeinden um die gefangenen Schwestern und Brüdern lassen sich grob unterteilen in drei Arten der Hilfe:
1. Loskauf
2. materielle Hilfe
3. geistlicher Trost

Der geistliche Trost scheint in den ersten Jahrhunderten neben der materiellen Hilfe eine spezifische Art des Beistandes und der Hilfe für gefangene Glaubensbrüder und -schwestern gewesen zu sein.

Ein schönes Beispiel geistlichen Trostes und christlicher Ermahnung zum Durchhalten an Brüder, die wegen ihres Glaubens gefangen sind, stellt Tertullians Schrift „An die Märtyrer" dar. Tertullian (150-222) trat um 190 in Karthago in die katholische Kirche ein. Er vertrat ein rigoristisches Christentum, das im Grunde genommen schon zu seiner Zeit veraltet war. Er lebt in einer Zeit, in der es üblich ist, die Christen nur auf Grund ihres Glaubens zu kriminalisieren. In immer neuen Anläufen muss er diese Unterstellungen abwehren und darlegen, dass die Christen eben gerade nicht auf der kriminellen Seite stehen. Ausgangspunkt seiner Ausführungen in der Trostschrift „An die Märtyrer" ist die feste Überzeugung von einer inneren Freiheit, der die äußere Gefangenschaft nichts anhaben kann. So kann er schreiben: „Der Christ hat, auch nicht im Kerker befindlich, der Erde entsagt, im Kerker auch noch dem Kerker."[7] Und folglich besteht Tertullians seelsorglicher Rat an die gefangenen Märtyrer auch in erster Linie darin, diese den Christen eigentümliche innere Freiheit zu pflegen und zu erhalten: „Reise im Geiste umher, lustwandele im Geiste, ohne

---
[6] Vgl. Stubbe, Ellen: Geschichte der Gefängnisseelsorge, in: Seelsorge im Strafvollzug, Band 2, S. 11

[7] Stubbe, Ellen: Seelsorge im Strafvollzug, S. 139

dir schattige Promenaden oder lange Säulenhallen als Ziel zu setzen, sondern den Weg, der zu Gott führt. So oft du diesen im Geist wandelst, wirst du nicht im Kerker sein. Der Geist trägt den Menschen und nimmt ihn mit sich, wohin er will."[8] Er zählt die „Vorteile" des Kerkers auf und bezeichnet diesen als „Ort der Zurückgezogenheit". Den Kerker interpretiert er als „Schule" zur Übung in den Tugenden des Geistes und Körpers, er tröstet die Gefangenen mit zukünftigem Gewinn. Aus heutigem Blick sehen wir hierin eine erhebliche Verzerrung der Realität, denn das Leiden an der Kerkerhaft tritt für unser Empfinden zu weit in den Hintergrund. Während normalerweise das Gefängnis oder der Kerker die Gesellschaft gegen die Kriminellen abschirmen soll, kehrt Tertullian diese Situation um: Der Kerker schirmt die Märtyrer ab gegen die üblen Einflüsse der Welt. Trotz dieses Einwandes ist ihm eine Identifikation mit den Gefangenen gelungen.

Ein besonders intensives und warmherziges seelsorgliches Bemühen um das leibliche und vor allem das geistige Wohl der gefangenen Glaubensbrüder hat sich in einigen Briefen Cyprians niedergeschlagen. Cyprian, Bischof von Karthago, war theologisch von Tertullian abhängig, sah allerdings ab von den strikten und strengen Übertreibungen seines „Lehrers". Er schrieb den gefangenen Glaubensbrüdern mehrfach Trostbriefe und schickte ihnen von seinem Vermögen Geld. Den Gefangenen in Karthago und in den Bergwerken schildert er sein eigenes Mit-Leiden und versichert sie seiner Fürbitte. In den Einleitungen seiner Briefe bringt Cyprian immer wieder bedauernd zum Ausdruck, dass ein persönlicher Kontakt zwischen ihm und den gefangenen Adressaten nicht möglich ist. Er versucht, sich und den gefangenen Brüdern über diese notvolle Situation hinwegzuhelfen, indem er betont, dass er doch „in der Liebe und im Geiste" zu ihnen kommt, dass der Brief quasi sein „Stellvertreter"[9] ist. Er wird nicht müde, dem Leiden einen Sinn zu geben, sowohl als Bekenntnis als auch als Stärkung des Glaubens der Gemeinde. Von Bedeutung ist hier, dass er die Wirkung ihres Glaubens auf die Mitgefangenen ausdrücklich betont.

Schließlich fehlt bei Cyprian auch nicht der Trost mit dem zukünftigen Lohn. Angelehnt an Tertullian stellt er der zeitlichen Pein die ewige Herrlichkeit gegenüber, allerdings ohne Erstere herunterzuspielen oder abzuwerten. Zu seinen Empfehlungen zählt auch die Entrückung von der Welt: „dem Leibe nach als Gefangene, der Seele nach als Herrscher im Kerker zu weilen."[10] Die Reaktionen auf Cyprians Trostbriefe sprechen für eine gelungene Einfühlung in die Situation der Adressaten. Mit der empathischen Erschließung der speziellen

---

[8] Stubbe, Ellen: Seelsorge im Strafvollzug, S. 139
[9] Stubbe, Ellen: Seelsorge im Strafvollzug, S. 185
[10] Stubbe, Ellen: Seelsorge im Strafvollzug, S. 186

Situation der Gefangenschaft bei Tertullian und in spezieller Art und Weise bei Cyprian ist ein wesentlicher Grundstein der Gefangenenseelsorge gelegt.

Ein Jahrhundert später finden wir bei Ambrosius (Bischof von Mailand, 339-397), aus der stadtrömischen Aristokratie stammend und vor seiner Ernennung zum Bischof als Advokat tätig, bereits ziemlich praxisnahe Äußerungen zum Gefangenenproblem. Ambrosius' Wesen war gekennzeichnet durch einen praktisch-politischen Grundzug. Wo immer er sich über Probleme der Gefangenschaft oder Kriminalität äußert, merkt man, dass hier jemand schreibt, der sich von Berufs wegen mit solchen Fragen zu beschäftigen hatte. Er kennt die Praxis und weiß sie kritisch zu beleuchten.

Zum ersten Mal wird bei ihm Gefangenschaft ganz klar als ökonomisches bzw. als Machtproblem anhand konkreter Beispiele entlarvt. Ebenfalls ganz ungewöhnlich für seine Zeit, fordert Ambrosius den Schutz der Arbeitsstelle für Gefangene.

Neben Schuldgefangenen und Kriegsgefangenen (Glaubensgefangene gab es nicht mehr) beschäftigen den Bischof Ambrosius auch eindeutig kriminelle Strafgefangene. Er versucht – für damalige Zeiten ganz ungewöhnlich – Schutz und Sicherheit gegen eine gerechte und effektive Behandlung Krimineller abzuwägen. Er fragt nach dem „sanfteren Weg" jenseits der Todesstrafe, jenseits des Kerkers und erachtet zum Beispiel das Exil als Möglichkeit, die Sicherheit der Bevölkerung zu gewährleisten und trotzdem so sanft wie möglich zu strafen. Zum ersten Mal wird Strafe als sinnvoll bedachte Handlung reflektiert.[11] Indem er das Verbrechen auch als triebhaftes Geschehen begreift und sich bei ihm die Erkenntnis durchsetzt, dass zwischen Kriminellen und Nichtkriminellen nur ein gradueller Unterschied besteht, sondern vielmehr alle Menschen auf Vergebung angewiesen sind, und indem er die Integration des eigenen „Schattens" als einen Weg hin zu Vergebung und Versöhnung beschreibt, hat er der inneren Realität des Menschen zu ihrem Recht verholfen gegen Abwehrmechanismen und Schuldverdrängung.

Ambrosius hat noch einen anderen wesentlichen Gesichtspunkt der Gefangenenseelsorge hervorgehoben: Der Gefangene kann sich nicht von sich aus bemerkbar machen und um Hilfe bitten; er hat keine Möglichkeit, einen Prozess in Gang zu setzen, durch den ihm geholfen wird, er bedarf der direkten Zuwendung von Eigeninitiativen. Damit ist bei Ambrosius ein wesentlicher Durchbruch in der Gefängnisseelsorge geschehen: der Blick auf die allein haftbedingte Not.

Noch um einiges ausführlicher und differenzierter werden die Überlegungen zum Umgang mit Kriminellen bei Augustinus. Er entfaltet in seinen

---
[11] Vgl. Stubbe, Ellen: Geschichte der Gefängnisseelsorge, in: Seelsorge im Strafvollzug, Band 2, S. 13

Briefen an römische Justizbeamte eine geradezu *„moderne Theologie der Resozialisierung"*[12] ganz aus dem biblischen Verständnishorizont heraus. Wohl zum ersten Mal in der Kirchengeschichte wird bei Augustinus der Begriff des Verbrechers in Analogie zum Krankheitsbegriff gebracht. So kann er schreiben: „Man muss die Bösen in der Absicht lieben, damit sie nicht mehr böse seien – so wie man die Kranken liebt, damit sie gesund werden."[13]

Jede Tatsanktion soll also – so Augustinus – die Besserung der Täter im Auge haben, nicht die Vergeltung. Aus der Pflicht der Liebe resultiert die versorgende Liebe, die Besserung bzw. Heilung bewirken will. Dorthin führen zwei Wege: Milde und Strenge. Beide Wege machen nach der Verschiedenheit der Personen die Anwendung verschiedener „Heilmittel" erforderlich. Ein Strafvorgang, dessen Sinn nur Leidzufügung ist, hat in diesem Gedankengang keinen Platz. Alle Anweisungen Augustinus' haben das letzte Ziel, den Verbrecher zur Buße zu führen. Eine Rache nach dem Vergeltungsrecht wird strikt abgelehnt, nur eine Art „Sicherheitsverwahrung"[14] findet Billigung. Ruhe und Beschäftigung mit nützlicher Arbeit sollen den Verbrechern die Möglichkeit der Buße offenhalten, ohne dass sie weiteres Unrecht tun können. Christliche Richter ermahnt er, ihr Amt im Sinne eines guten „Vaters" auszuüben und keinesfalls die Begierde ihrerseits zu befriedigen, an verwahrlosten Verbrechern Rache zu nehmen, sondern vielmehr die Gesinnung zu hegen, die Wunden der Straftäter zu heilen. Deshalb kann Augustinus Verbrechen und Rache auf eine Stufe stellen und beide in gleicher Weise ablehnen. Sein Bild vom Menschen, sehr an der Realität orientiert, stellt den Menschen sowohl als schuldfähig als auch als schuldverhaftet dar – eine Entsprechung zum „Bösen" in der Welt, das wir zum einen vorfinden, zum anderen setzen. Folglich nimmt er eine Trennung von Tat und Täter vor (der entscheidende Grundgedanke, durch den es zu der dargelegten Einstellung Augustinus' überhaupt kommen konnte) und akzeptiert darin, dass gute und böse Züge im Menschen unumgänglich nebeneinander liegen.

Eine weitere Einflussmöglichkeit der alten Kirche auf das Strafwesen war die bischöfliche Interzession. Die Interzessionen waren klar ausgerichtet auf die Besserung des Straftäters und wie schon erwähnt, zu erwirken auf dem Weg der Buße. Da Buße zu tun nur in diesem Leben möglich ist, legten die Bischöfe immer wieder ihre Fürsprache vor allem zur Abwendung der Todesstrafe ein und begründeten ihr Anliegen damit, dass der Verbrecher vor ewiger Verdammnis bewahrt werden soll. Dies dürfte der ursprüngliche Sinn der bi-

---

[12] Wiesnet, Eugen: Die verratene Versöhnung, S. 142
[13] Stubbe, Ellen: Geschichte der Gefängnisseelsorge, in: Seelsorge im Strafvollzug, Band 2, S. 14
[14] Stubbe, Ellen: Seelsorge im Strafvollzug, S. 158

schöflichen Interzessionen gewesen sein, auch wenn sie hin und wieder zum Zwecke des Nachlasses von Kerkerstrafen angewandt wurde.

Augustinus durchdachte zum ersten Mal in ausführlicher Form das Verhältnis zwischen Staat und Kirche im Strafvorgang, vor allem mit dem Blick auf die Zuordnung der Kompetenzen. Er schreibt z.b. an den Strafrichter Macedonius: „Eure Strenge ist also von Nutzen, da durch sie auch unsere Ruhe gefördert wird; aber auch unsere Fürsprache ist von Nutzen, da durch sie eure Strenge gemildert wird."[15] Beide Funktionen, die staatliche und die kirchliche, stehen in einer Art Ergänzungsverhältnis; darüber hinaus sollen sie sich aber auch gegenseitig korrigieren. Durch Augustinus bekommt der Umgang mit den Verbrechern gerade in der Forderung nach Milde eine zeichenhafte, fast prophetische Funktion.

Die Versöhnungsabsicht von Augustinus kommt innerhalb der späteren christlichen Strafethik nicht mehr zum Zuge. Die Kenntnis seiner humanen und darum christlichen Vorstellung vom „Sinn der Strafe" rettet sich nicht in die Neuzeit hinüber. Sie wird zusammen mit ihrem biblischen Fundament in den späteren Jahrhunderten der Theologiegeschichte weitgehend vergessen und überlagert von einer „Renaissance der Vergeltung".[16]

Mit der konstantinischen Wende und noch mehr mit der Ernennung der christlichen Religion zur Staatsreligion (380) wuchs die Kirche hinein in die öffentliche Verantwortung. Konnte in der Zeit vor Konstantin von einer offiziellen Regelung für die Betreuung von Gefangenen durch christliche Gemeinden nicht die Rede sein, so weitete sich jetzt automatisch der Seelsorgeraum in die Gefängnisse aus. Der Kirche war hiermit ein neues, großes Feld karitativer Betätigung eröffnet worden. Denn spätestens jetzt gab es auch „straffällige Christen" – ein völlig neues Problem für die Kirche. Die neue äußere Situation hat wohl auch die innere Einstellung zum Kriminellen verändert. Die Wirkung des Wandels vom Kampf gegen die eigene Kriminalisierung zur tatkräftigen Mitwirkung im staatlichen Strafwesen kann nicht hoch genug angesetzt werden. Als Konsequenz weiterer Einflussnahme ist eine zunehmende Institutionalisierung der Gefangenenseelsorge zu beobachten. Dies bedeutete einerseits deren Absicherung durch Gesetze, andererseits eine Gefährdung durch sie selbst. Hier ist als erster Beleg der sogenannte achzigste Kanon von Nicäa (325) zu nennen, der ausdrückliche Hinwendung zum straffälligen „Bruder" fordert. In Bezug auf diesen Aufgabenbereich werden nun gewisse Differenzierungen vorgenommen, der Beginn einer merkwürdigen Entwicklung. Der straffällige, gefangene Christ bekommt in der Fürsorge der Gemeinde gegen-

---

[15] Stubbe, Ellen: Geschichte der Gefängnisseelsorge, in: Seelsorge im Strafvollzug, Band 2, S. 14

[16] Wiesnet, Eugen: Die verratene Versöhnung, S. 143

über dem üblichen Gefangenen, also dem Nichtchristen, besondere Privilegien eingeräumt. Die soeben gelungene Identifikation mit allen Gefangenen findet hier erste Einschränkungen. Die Bestimmung im Kanon sieht neben fürsorglichen, materiellen Hilfen und Besuchen keine geistlich-seelsorgerliche Betreuung vor.[17] Die absolute äußere Freiheit der Gefangenenseelsorge scheint die Versuchung mit sich zu bringen, über die äußeren Hilfen die innere Situation des Gefangenseins aus dem Blick zu verlieren.

Eine Vielzahl von Gesetzgebungen zur Humanisierung des Strafverfahrens wie der Strafhaft, vorgenommen und ausgeführt durch die kaiserliche Gesetzgebung im 4. und 5. Jahrhundert, zeigt diesen mildernden Einfluss des Christentums auf das Strafwesen.

An kirchlichen Möglichkeiten, in den Strafvollzug einzugreifen, sind für die Zeit der Alten Kirche noch besonders das kirchliche Asylrecht und die österliche Gnadenbezeigung zu nennen. In welchem Umfang und Zeitraum das kirchliche Asylrecht, eine Erbschaft aus der vorchristlichen Zeit des heidnischen Tempels, Gültigkeit besessen hat, ist umstritten. Voraussichtlich ging es mit Konstantin auf die christlichen Kirchen über. Ein Gesetz aus dem Jahr 409 bestimmt eindeutig, dass kein Schuldiger aus den Kirchen weggeführt werden darf. Später wird der schutzgebende Raum auf das die Kirche umgebende Gebiet ausgedehnt. Mit der Zufluchtnahme an einem als Asyl privilegierten kirchlichen Ort war die Hoffnung auf Fürsprache und Vermittlung der Kleriker verbunden.

Neben dem kirchlichen Asylrecht hatte die sogenannte Indulgentia paschalis, die österliche Gnadenbezeigung, eine besondere Bedeutung. Die 40-tägige Fastenzeit vor Ostern bot dem Christen einen Anlass zu verschiedenen Werken der Barmherzigkeit. In dieser Zeit sollten nicht nur in besonderer Weise die Kranken besucht, die Fremdlinge aufgenommen und Streit beseitigt werden, sondern auch der Besuch der Gefangenen wurde in dieser Zeit den Gemeinden besonders nahe gelegt. In der zweiten Hälfte des 4. Jahrhunderts gab es eine Reihe öffentlicher Gnadenakte im Zusammenhang mit den Osterfeierlichkeiten. In einem Gesetz, im Jahr 367 erlassen, heißt es: „Wegen des Osterfestes, das wir mit ganzem Herzen feiern, schließen wir für alle, welche eine Anklage festhält, welche der Kerker einschließt, die Verließe auf."[18] Rückfälligkeit schloss von der Begnadigung aus. Später (385) wurden durch Gesetz auch Körperstrafen für die 40 Tage vor Ostern verboten.

Gesetzliche Regelungen vom Anfang des 5. Jahrhunderts räumen dem Priester eine Art Mitaufsichtsrecht im Strafvollzug ein. Damit ist ein Höchstmaß an Freiheit seiner Tätigkeit gewährleistet, aber er ist nun auch in die Institution

---

[17] Vgl. Stubbe, Ellen: Seelsorge im Strafvollzug, S. 188
[18] Stubbe, Ellen: Seelsorge im Strafvollzug, S. 175

zwangsläufig eingegliedert. Dies ist gleichzeitig der Anfang einer Entwicklung, welche die Freiheit der Gefangenenseelsorge bis in unsere Zeit immer wieder gefährdet statt geschützt hat.

Die obigen bisherigen Ausführungen zeigen, dass der Kirche in den ersten sechs Jahrhunderten hinsichtlich der Seelsorge für Gefangene ein intensiver Entwicklungsgang über mehrere Stufen gelungen ist und sie eigentlich alle denkbaren Einstellungen zum Kriminellen mitsamt den dazugehörigen Verhältnissen von Staat und Kirche durchlaufen hat. Je mehr die innere Freiheit auf seiten der Kirche vorhanden ist, desto großzügiger ist zunächst der Spielraum ihrer Verhaltensweisen gegenüber denen, die sich durch ihr deliktisches Verhalten sowohl von den Normen der Kirche als auch von denen der Gesellschaft abgesetzt haben.

2. Gefängniswesen des Mittelalters bis zur Neuzeit

Die christliche Theologie passte sich im zweiten Jahrtausend in ihrer eigenen Reflexion über den Sinn von Strafe allen abendländischen Straf-Verirrungen unkritisch an. Dieses allgemein vertretene Urteil basiert auf den als extremen Mißbräuchlichkeiten bekannten und publizierten Berichten über peinliche Befragung, Übergriffe von Inquisition und späteren Hexenprozessen. Wissenschaftlich gedacht muss man sagen, dass die Materie noch relativ unerforscht ist und vor allem den langen Zeitraum von fast 1000 Jahren wie eine einzige Epoche betrachtet. Dennoch dürfte in der Grundlinie gelten: Hier ist die christliche Theologie klar ihrer „alttestamentlichen Versuchung" erlegen, vorliegende profane Rechts- und Strafmodelle zu übernehmen und sie dann mit einer theologischen Legitimation ausgerüstet als ihren eigenen Beitrag über den Sinn von Strafe wieder an die Gesellschaft zurückzugeben.[19]

Im „theologischen Begriff Strafe" drängt sich nämlich immer wieder zu rasch und unbesehen das Vorstellungsmodell der Strafe in ihrer bürgerlichen und rechtlichen Handhabung vor. Die Strafe Gottes wird schnell und univok als die Strafe verstanden, wie sie die bürgerliche, staatliche Gesellschaft über die Verletzer der bürgerlichen Ordnung verhängt. Ist dies aber dann einmal geschehen, so erhält umgekehrt der profane Begriff der Strafe in seinem Inhalt und seiner Gültigkeit unwillkürlich jene Hoheit und religiöse Absolutheit, die im Grunde nur der Strafe im theologischen Sinne zukommt.[20]

Überall, wo das Christentum im Abendland zur Staatsreligion geworden ist, welche die Einheit des jeweiligen Staates als wichtiger geistiger Pfeiler

---

[19] Vgl. Wiesnet, Eugen: Die verratene Versöhnung, S. 144

[20] Vgl: Rahner, Karl: Schuld-Verantwortung-Strafe in der Sicht der katholischen Theologie, in: Schriften zur Theologie, Band VI, S. 238-260

mitträgt, wird bald abweichendes religiöses Denken und Glaubensverhalten konsequenterweise zum Staatsverbrechen, da diese ja als staatserhaltend galt. Deshalb wurde es unnachsichtig verfolgt. Man glaubte, das Staatsverbrechen der Häresie nur mit Gewalt unterdrücken und beseitigen zu können. Der öffentliche Vollzug grausamer Strafen – ab 1252 oftmals durch Foltergeständnisse schnell herbei geführt - lässt als Begleiterscheinung auch den gesamten Strafvollzug an der „gewöhnlichen Kriminalität" ungemein verrohen. Die entwickelten Ansätze der Gefangenenseelsorge des frühen Christentums sind vergessen und werden im Mittelalter wieder verschüttet. Weder eine wissenschaftlich-theologische noch kirchlich-institutionelle Reformbewegung ist erkennbar. Nur Einzelpersonen aus individueller Gewissensverantwortung heraus bleibt es überlassen, neue Wege aus einer unmenschlich gewordenen Strafmentalität (die irrtümlicherweise über Jahrhunderte für „christlich" gehalten wurde) zu gehen, denn die vom Vergeltungsgedanken und der Leibesstrafe bestimmte Öffentlichkeit sah im Allgemeinen keine Veranlassung, Bestrafte zu betreuen oder ihr Los zu erleichtern. Auch die kirchliche Leitung sah trotz des im franziskanischen Frühling des 13. und 14. Jahrhunderts neu erwachten Sinnes für die Mühseligen und Beladenen (Betreuung von Gefangenen in allen Kategorien) und den daraus in ganz Europa entstandenen Bruderschaften[21], kein Interesse, Seelsorge und Gottesdienste für Gefangene einzurichten. Die mittelalterliche kirchlich gelenkte Seelsorge wird – soweit uns bekannt - primär „nur als Seelsorge an den zum Tode Verurteilten"[22] vollzogen. Dieser für das Mittelalter typische Befund erklärt sich aus der Dominanz der peinlichen Leibesstrafen. Da die Haft nur als vorbereitende und sichernde Maßnahme bis zur Hinrichtung vollzogen wurde, kam die Ausübung der Seelsorge nur in der Zwischenzeit bis zur Vollstreckung in Betracht. Sie war als Sorge um das Seelenheil auf den Tod des Delinquenten ausgerichtet. Die seelsorglichen Bekehrungsbemühungen unterschieden sich grundsätzlich von der karitativen Gefangenenfürsorge der alten Kirche. Nicht mehr der an der Haft leidende

---

[21] Die Bruderschaften zur Gefangenenfürsorge waren besonders in Ialien verbreitet. Aufschlussreich ist die Geschichte der 1343 gegründeten „Compania di Santa Maria della croce" zu Florenz. In ihren Statuten von 1360 ist neben anderen karitativen Aufgaben auch diese genannt: mit leiblicher und geistlicher Hilfe die in den Gefängnissen Eingeschlossenen besuchen, stärken und trösten. Im Stadtstatut von 1415 hat die Bruderschaft bereits ihren festen Platz; ein besonders angesehenes Mitglied aus ihrem engeren Kreis, den sogenannten „boni viri", ist beauftragt, sich in jeder Weise um die Gefangenen zu kümmern, z.B. ihnen auch Rechtsbeistand zu verschaffen. Hundert Jahre später wird den „Guten Männern" die gesamte Verwaltung der Florentiner Gefängnisse übertragen. Sie verfassen ein Regolamento, das nach einleitenden Bemerkungen über die Pflicht zur menschlichen Behandlung der Häftlinge in 49 Kapiteln detaillierte Anweisungen an die Aufseher, die Geistlichen und die Gefangenen selbst enthält und als das erste wohldurchdachte Gefängnisstatut überhaupt gelten kann.

[22] Brandt, Peter: Die evangelische Strafgefangenenseelsorge, S. 57

Glaubensbruder, sondern der ausgestoßene Sünder mit entsprechendem Sündenbekenntnis und der zu spendenden Absolution steht im Mittelpunkt. Freilich lassen die Regelungen des Mailänder Bischofs Karl Borromäus (1538-1584) zu Beginn der Neuzeit vermuten, dass es noch andere, durchaus verschüttete Traditionen gab. Er griff in all seinen Reformen auf oftmals weit zurückliegende und in Vergessenheit geratene Traditionen und Praktiken zurück. So verdanken wir ihm bemerkenswerte Verordnungen[23] über das öffentliche Gefängniswesen. Hiernach unterstanden die Gefängnisse im Mailänder Sprengel einem Vicarius criminalis des Erzbischofs, der sie jede Woche ohne vorherige Ankündigung besuchen und die Bedürfnisse der Gefangenen erfragen musste. Er hatte deren Namen, den Tag des Haftbeginns sowie den Haftgrund in ein Buch einzutragen und darüber zu wachen, dass die Prozesse nicht verschleppt und dass die benannten Entlastungszeugen auch wirklich gehört wurden. Kranken war ein Arzt zu rufen, für Speise und Trank war Sorge zu tragen (was an sich Sache der Angehörigen war). Breiten Raum nehmen die Anweisungen über die monatliche Visitation der Gefängnisse durch den erzbischöflichen Generalvikar ein, die drei Tage vorher durch Anschlag anzukündigen war. Jeder Insasse musste dem Visitator vorgeführt werden, und der zuständige Richter hatte den Stand des Verfahrens zu erläutern. Bemerkenswert ist auch die Weisung, „der Erzbischof möge sich bemühen, wenigstens einmal in drei Monaten selber die Generalvisite vorzunehmen."[24] Schließlich wird den Wächtern eingeschärft, keinerlei Geschenke anzunehmen, weder von den Gefangenen noch von deren Freunden oder Anghörigen, und alles, was diese ihnen zukommen ließen, gewissenhaft weiterzuleiten.

Im 16./17. Jahrhundert treibt die allgemeine Überhitzung religiöser Gefühle katholische und evangelische Länder in den Hexenwahn und bewirkt eine Verwüstung des allgemeinen Rechtsempfindens und des Strafvollzuges. „Für Gott Verbrechen zu strafen ist nicht Grausamkeit, sondern Frömmigkeit!"[25] – so ein Trierer Weihbischof 1623. Europa versinkt in einer kollektiven Psychose des totalen Vergeltungswahns.

1595 wurde – aus der Grundoption der Besserung heraus - in Amsterdam ein Zuchthaus für Männer gegründet. „Zucht"-Haus wurde die Anstalt des-

---

[23] Vgl. Krauß, Karl: Im Kerker vor und nach Christus, S. 169-173
Die Borromäischen Verordnungen sind immer wieder hoch gerühmt worden. Dr. Julius behandelte sie in seinen Berliner Vorlesungen zur Gefängniskunde, und ein englischer Kenner der europäischen Gefängnisverhältnisse (Thomas Vaughan) urteilte 1825 über sie, dass sie „bezüglich der sorgfältigsten Berücksichtigungen der Humanität sowie der Bedürfnisse des Gefangenen niemals übertroffen" worden sein. (Zitat auf S. 170).

[24] Stromberg, Eberhard: Gefängniswesen u. christliche Verantwortung, in: Seelsorge im Strafvollzug, Bd. 2, S. 17

[25] Wiesnet, Eugen: Die verratene Versöhnung, S. 148

halb genannt, weil man das „zuchtlose" Volk einsperren wollte, um es durch strenge „Zucht" an ein ordentliches Leben zu gewöhnen (Leitgedanke: „ora et labora").[26] Anlass dazu war, dass sich einzelne Bürger der Stadt weigerten, einen 16-jährigen Dieb zum Tod zu verurteilen. Sie schlugen dem Rat der Stadt vor, geeignete Mittel zu suchen, die dem Jugendlichen helfen mögen, ein besseres Leben zu führen. Durch das private Gewissen einfacher Bürger ist der Staat zu jener vom Geist des Humanismus getragenen Erziehungsstrafe angeregt worden. Besonders für die Längerstrafigen war als Ansporn eine Arbeitsprämie gedacht, die den Gefangenen teils ausgezahlt, teils bis zum Zeitpunkt ihrer Entlassung als Entlassungsgeld zurückgelegt wurde. 1603 wurde die Anstalt durch ein „Separates Zuchthaus"[27] erweitert, in dem die missratenen Söhne wohlhabender Eltern, die mit ihren Kindern nicht mehr fertig wurden (gegen Zahlung der Unterhaltskosten) eine Unterkunft fanden (In der Errichtung dieser Abteilung ist wohl der Anfang des gesonderten Jugendstrafvollzugs zu sehen).

1703 wird dann in Rom unter Papst Clemens II. eine erste Jugendstrafanstalt eröffnet. Hier wird an den Resozialisierungs- bzw. Besserungszielen des Vollzuges festgehalten und über der Pforte des sogenannten „Böse-Bubenhaus"[28] folgende Inschrift angebracht: „Es genügt nicht, Rechtsbrecher durch Strafe in Schranken zu halten. Man muss sie durch Erziehung zu rechtschaffenen Menschen machen."[29] Welch großer humanistischer Fortschritt sich hinter diesen Worten verbirgt, wird deutlich, wenn zur gleichen Zeit noch in der Folterkammer des Lochgefängnisses unter dem Rathaus der freien Reichsstadt Nürnberg an der Wand steht: „ Wer frevle Taten begangen, den grausige Spiele hier empfangen ... ."[30]

Dieser humanistische Fortschritt darf nicht über die wirklichen Zustände in den Zuchthäusern hinwegtäuschen. Unter dem Einfluss der wirtschaftlichen Folgen des Dreißigjährigen Krieges haben sich die Verhältnisse in den Anstalten erheblich verschlechtert. Man hatte für die Reformanstalten kein Geld mehr. Hinzu kam, dass die Zuchthäuser inzwischen total überfüllt waren, weil der Fehler begangen wurde, sie neben der Strafvollziehung zugleich als Irren-, Armen- und Waisenhäuser zu benützen. Die Folge waren Zielkonflikte, die eine sinnvolle Anstaltsarbeit unmöglich machten. Die Überfüllung führte dazu, dass nicht selten Männer mit Frauen und Kindern auf engstem Raum

---

[26] Vgl. Schwind, Hans-Dieter: Strafvollzug in der Praxis, S. 5
[27] Vgl. Schwind, Hans-Dieter: Strafvollzug in der Praxis, S. 5
[28] Wiesnet, Eugen: Die verratene Versöhnung, S. 151
[29] Wiesnet, Eugen: Die verratene Versöhnung. S. 151
[30] Wiesnet, Eugen: Die verratene Versöhnung, S. 151

zusammengepfercht werden mussten. Dementsprechend spotteten die hygienischen Verhältnisse jeder Beschreibung.

Aufgrund des merkantilistischen Denkens verpachteten die Fürsten die Anstalten an private Unternehmer. Diese hatten meist mehr Interesse am Gewinn (Gefangene waren billige Arbeitskräfte) als an kriminalpolitischen Zwecken, so dass am Essen, an hygienischen Einrichtungen und Personalkosten gespart worden ist. Als Aufseher oder Zuchtmeister wurden nicht selten ungeeignete (aber billige) Arbeitskräfte beschäftigt, die teureren qualifizierten dafür entlassen. Das Profitdenken verdrängte den Resozialisierungsgedanken. So galt das Zuchthaus schon am Ende des 17. Jahrhunderts als besonders schwere Strafart (Bedeutungswandel des Zuchthauses).[31]

3. Beginn der Neuzeit des Vollzugswesens

Eine aus seelsorglichem Impuls erwachsene Relativierung des Umgangs mit Gefangenen kommt von Frankreich. Vinzenz von Paul (1581 – 1660) gelangte als Hauskaplan und Erzieher ins Schloss der Familie Gondi. Die Gondis waren aus Florenz nach Frankreich gekommen und hatten sich zu einer der ersten Familien um den königlichen Thron heraufgearbeitet. Zwei Ämter waren fest in ihrer Hand: Der erzbischöfliche Stuhl von Paris und das Oberkommando über die in Marseille liegende Galeerenflotte.

Auch Frankreich hatte – wie die anderen europäischen Seestaaten – längst die Galeerenstrafe eingeführt. Anstelle von Körperstrafen, oft aus geringfügigen Anlässen ausgesprochen, diente sie nicht so sehr Zwecken der Strafrechtspflege, sondern den Bedürfnissen der Seekriegsführung. Dem Hofkaplan des Galeerenadmirals, der ohnehin ständig auf der Suche nach unglücklichen Menschen war, konnte das Schicksal der Häftlinge, die in den feuchten Kasematten der Hausmeisterwohnung auf ihren Abmarsch nach Marseille warteten, nicht lange verborgen bleiben. Als er zum ersten Mal die Gewölbe betrat (in denen 175 Jahre später Königin Marie-Antoinette auf ihre Hinrichtung wartete), schlug ihm der Gestank und das Gebrüll der Menschen in Ketten entgegen. Er war davon ungeheuer berührt und verbrachte fortan viele Stunden bei ihnen. Und nicht nur Vinzenz, sondern auch andere Priester, die er um Hilfe gebeten hatte; und bald auch, auf seinen dringenden Apell hin, eine Anzahl Damen aus höchsten Gesellschaftskreisen. Sie kamen mit Verbandszeug, Nahrung und Kleidung, nachdem Vinzenz ihnen den Zugang zu diesen Menschen, die wie Tiere gehalten wurden, eröffnet hatte. Dies verbreitete sich wie ein Lauffeuer in Paris und löste eine große und anhaltende Bewegung der Mildtätigkeit aus.

---

[31] Vgl. Schwind, Hans-Dieter: Strafvollzug in der Praxis, S. 6

I. Kapitel: Zur Geschichte der Gefängnisseelsorge

Natürlich konnte Vinzenz die Galeerenstrafe nicht abschaffen, und der Gedanke daran wird ihm ferngelegen haben. Aber er erreichte es bei seinem Dienstherrn, dass die Häftlinge in ein anderes Haus mit gesünderen Räumen verlegt wurden, wo eine bessere Pflege und Versorgung möglich war. Er begleitete sie nach Marseille auf die Schiffe, und seine Berichte über die fürchterlichen Zustände und die unglaublich rohe Behandlung durch die Stockmeister an Bord erschütterten alle. Vinzenz bot seinen ganzen Einfluss auf, dass die Häftlinge menschlicher behandelt wurden, und er verpflichtete Priester als ständige Seelsorger auf den großen Galeeren für die 150 Ruderer und die übrige Mannschaft. Auch ein Häftlingskrankenhaus wurde in Marseille eingerichtet. So gehört die Sorge für die Gefangenen, gerade auch für die Strafgefangenen, zum Vermächtnis des Vinzenz von Paul an die Nachwelt.[32]

Die auch für die Gestaltung des deutschen Gefängniswesens relevanten Initiativen zur Gefängnisreform im protestantischen Bereich haben ihren Ursprung in den religiös motivierten Bemühungen um die Verbesserung des Loses der Gefangenen in Kreisen der englischen Quäker. Deren Grundüberzeugung, dass die erbarmende Liebe, vom Christentum predigend, sich auch dem Verbrecher gegenüber zeigen müsse, dass man ihn als einen gefallenen Bruder zu behandeln habe, der durch die Strafe zur Buße und Besserung zu führen sei, wurde bestimmend für das Lebenswerk John Howards.[33]

John Howard, ein typischer Empirist und ein Puritaner dazu, persönlich konfrontiert mit den unerträglichen Verhältnissen des Strafvollzugs, nahm die Gefängnisreform erneut in Angriff. In seinem 1777 veröffentlichten Buch „The State of the Prisons in England und Wales" fasst er die Ergebnisse seiner zahlreichen Exkursionen in in- und ausländische Strafanstalten zusammen. Die Gefängnisse befinden sich durchweg in gleich schlimmem Zustand. Die Räume starren vor Schmutz und sind mangelhaft belüftet. Es gibt kaum Arbeit und kaum eine Trennung zwischen Männern und Frauen, statt dessen überall Müßiggang, ansteckende Krankheiten und Laster aller Art. Die Behandlung durch die Aufseher ist sehr roh. Neuankömmlinge werden regelrecht ausgeplündert und erhalten zum Empfang eine Tracht Prügel, entsprechend später auch zum Abschied. Viele Häftlinge sind längst von den Gerichten freigesprochen, aber immer noch im Gefängnis, da sie die Gebühren für ihre kärgliche Versorgung nicht bezahlen können.[34]

---

[32] Vgl. Stromberg, Eberhard: Gefängniswesen u. christliche Verantwortung, in: Seelsorge im Strafvollzug, Bd. 2, S. 18-20

[33] Vgl. Brandt, Peter: Die evangelische Strafgefangenenseelsorge, S. 21

[34] Vgl. Stromberg, Eberhard: Gefängniswesen u. christliche Verantwortung, in: Seelsorge im Strafvollzug, Bd. 2, S. 21

Ganz im Gegensatz zu seinen erschütternden Erkenntnissen auch über das deutsche Gefängniswesen standen die Eindrücke, die Howard in den Strafanstalten der Niederlande sammeln konnte. Deren funktionierende Organisation, die bestehenden Arbeitsprogramme, der Unterricht und die religiöse Betreuung durch Geistliche beeindruckten Howard so stark, dass er das niederländische Haftsystem zum Vorbild seiner Reformbemühungen nahm.

Howards Reformvorschläge sahen im Einzelnen vor: sinnvolle Beschäftigung aller Gefangenen, verbunden mit der Zahlung einer Arbeitsbelohnung und Gewährung von Hausgeld zum Einkauf und einer Rücklage für den Tag der Entlassung, gesunde Ernährung, hygienische Unterbringung der Gefangenen, Trennung der Geschlechter, feste Besoldung der Aufseher und Überwachung durch ausgewählte beamtete Inspektoren. Bei allem aber müsse man die moralische Besserung der Häftlinge im Auge haben.[35]

Die Zeit war für durchgreifende Reformen auf diesem Gebiet reif. Schon Montesquieu und Voltaire hatten die Abschaffung der Leibesstrafen gefordert. Einen noch deutlicheren Beitrag zur Vermenschlichung der Bestrafung vor einem sonst dunklen Hintergrund lieferte der Italiener C. Beccaria (+1794). In seinem zunächst anonym erschienenen Werk „Von Verbrechen und Strafen", bald in alle Kultursprachen übersetzt, fordert er, „dass dem Staat bei der Ausübung der Strafgewalt Grenzen gesetzt sind und dass die Strafe zur Schwere des Delikts in einem angemessen Verhältnis stehen muss."[36]

Sühne und Abschreckung dürften nicht schrankenlos angewendet werden, sondern sind durch das Gebot humaner Behandlung des Delinquenten begrenzt. Wegen dieser Kritik am bestehenden harten Strafrecht und -vollzug sowie wegen seines engagierten Plädoyers gegen Folter und Todesstrafe kommt sein Werk 1776 auf den kirchlichen Index der verbotenen Bücher. Wenn aber auf die Todesstrafe überhaupt verzichtet werden sollte, bedurfte es anderer Mittel, um auf den Rechtsbrecher einwirken zu können. So setzte sich der Gedanke der Freiheitsstrafe, der in der Buß- und Strafordnung der alten Kirche seit Jahrhunderten verwirklicht wurde, auch im staatlichen Bereich allmählich durch. Im herkömmlichen Kerker ließ sich allerdings die Idee der Freiheitsstrafe mit dem Ziel sittlich-religiöser Besserung des Straftäters schlecht verwirklichen. Noch stehen – von wenigen Ausnahmen abgesehen – weder geeignete bauliche Anlagen, noch geeignetes Personal zur Verfügung, um Freiheitsstrafen unter Beachtung der Forderungen Howards und Beccarias durchzuführen. Den Durchbruch zu einer geordneten, seelsorglich qualifizierten Behand-

---

[35] Vgl. Krebs, A: Freiheitsentzug, Entwicklung von Praxis und Theorie seit der Aufklärung, S. 38

[36] Vgl. Stromberg, Eberhard: Gefängniswesen u. christliche Verantwortung, in: Seelsorge im Strafvollzug, Bd 2, S. 21

lung der Gefangenen erfolgte, als sich 1776 in der Quäkerstadt Philadelphia im Staat Pennsylvania eine Gefängnisgesellschaft gründete. Inzwischen war aus christlich-humanitären Antrieben eine Reformbewegung entstanden, die mit ihren Konzepten zur Unterbringung und Behandlung von Straffälligen für ganz Europa maßgeblich werden sollte. „Es wurde dort 1790 eine neuartige Strafanstalt errichtet, in der die Häftlinge bei Tag und Nacht in Einzelzellen untergebracht waren, um die Selbsteinkehr und Buße durch nichts zu stören."[37] Oberstes anzustrebendes Ziel war die Versöhnung mit Gott. Selbst beim Kirchgang saßen die Gefangenen jeder für sich in einzelnen Boxen; sie konnten nur den Geistlichen sehen, nicht aber ihre Leidensgenossen. Nur die Bibel war als Lektüre erlaubt.

Das Eastern Penitentiary auf Cherry Hill in Pennsylvania – eine von Besuchern aus allen Ländern bewunderte Anstalt (1829) – hielt an der Einzelhaft bei Tag und Nacht in einem nun klar gegliederten Zellenbau fest, der zum Vorbild für die europäischen Strafanstalten wurde. „Das pennsylvanische System wurde im „Mustergefängnis" Pentonville in England 1842 und von diesem wiederum in Preußen unter Friedrich Wilhelm IV. in der 1848 gebauten Anstalt Berlin-Moabit übernommen."[38]

Zu Beginn des 18. Jahrhunderts hat sich die Gefangenenseelsorge in den Anstalten allgemein verbreitet, ist aber inhaltlich nicht über die Regelungen so mancher Kirchenordnungen hinaus entwickelt worden (Zuchthausordnung der Stadt Celle).[39] Die von der Celler Zuchthausordnung reglementierte Gefangenenseelsorge war in ihrem methodischen Ansatz von der Seelsorge an zum Tode Verurteilten geprägt. Grundstruktur der seelsorglichen Bemühungen waren Gesetzesermahnung und Anleitung zur Buße. Die Person des Delinquenten wurde nur als Objekt der Seelsorge relevant. Da sich die Betreuung im Gefängnis nun auf einen längeren Zeitraum erstreckte, konnte die allgemeine Seelsorge ausgeweitet werden. Erste Ansätze zu einer Seelsorge an länger inhaftierten Gesetzesbrechern entwickelten sich. Gottesdienst und Katechese gewinnen jedoch erst Bedeutung unter dem Aspekt der Ermahnung. Erst wenn im Gefangenen die Furcht vor der Strafe Gottes geweckt war, konnte die Veränderung des delinquenten Verhaltens angestrebt werden.

Nur wenige Jahre nach der Einführung der Gefangenenseelsorge in Zuchthäusern entwickelt und gestaltet der Haller Zuchthausprediger und Universitätslehrer Heinrich Balthasar Wagnitz (1755 – 1838) ein eigenständiges

---

[37] Stromberg, Eberhard: Gefängniswesen u. christliche Verantwortung, in: Seelsorge im Strafvollzug, Bd.2, S. 27

[38] Rottenschlager, Karl: Das Ende der Strafanstalt, S. 222

[39] Im Jahre 1732 wurden innerhalb der allgemeinen Zuchthausordnung die ältesten erreichbaren Regelungen von Strafgefangenenseelsorge in Deutschland erlassen.

Seelsorgemodell analog zum Vollzugsprogramm der moralischen Besserung der Gefangenen. War Howard der Theoretiker der Gefängnisreform, so war Wagnitz der Praktiker und Fortführer der Ideen Howards. Angesichts der hohen Rückfälligkeitsrate stellt sich Wagnitz gegen Ende des 18. Jahrhunderts die Frage: „Wie kommts, dass Zuchthäuser und Zuchthausstrafen so selten bessern?"[40] Und er zeigt auf, dass eine als Sanktion ausgesprochene Freiheitsstrafe, die mit körperlicher Züchtigung verbunden ist, nicht bessern kann, sondern darauf angelegt ist, eher den „Funken des Guten", der etwa noch da ist, auszulöschen als anzufachen. Die Hauptthese seiner auf die Praxis bezogenen Reformideen, wonach die menschliche Gesellschaft zwar vor dem Rechtsbrecher geschützt werden muss, der beste Schutz aber der ist, ihn zu bessern, zieht sich durch all seine Überlegungen hindurch. Soll die Seelsorge für den Gefangenen hilfreich sein, so muss dessen persönliche Problematik im Mittelpunkt des Seelsorgeverfahrens stehen. Für den Geistlichen ist „Menschenkenntnis" wichtiger als methodisch formale Vorentscheidungen. Bei jedem einzelnen Gefangenen ist zu berücksichtigen, inwieweit typische Charakterelemente eines Kriminellen und individuelle Wesenszüge zusammentreffen. Unter diesem Vorbehalt beschreibt Wagnitz die Delinquenten als Menschen, die aufgrund mangelnder religiöser und allgemeiner Erziehung nicht in der Lage sind, ihre Affekte zu steuern und ihr Leben nach christlich ethischen Grundsätzen zu gestalten. Die aus sozialen Defiziten resultierende Unfähigkeit, Lebensabschnitte zu strukturieren, und der damit einhergehende Realitätsverlust führen in der Regel dazu, dass Gefangene die Strafe mit einem gewissen Fatalismus als Fügung Gottes über sich ergehen lassen. Weil ihnen die so wichtige Unterscheidung zwischen selbstverschuldetem und unverschuldetem Leid nicht gelingt, können sie auch das Phänomen der Strafe nicht bewältigen. Das Wissen um die vielschichtigen psychischen und sozialen Probleme der Gefangenen verlange vondem Seelsorger, will er deren Bedürfnisse wirklich berücksichtigen, die Bereitschaft zu intensiven Gesprächen und ein sorgfältiges Studieren der Akten.[41] Eine gute Voraussetzung wäre, so meint er, ein „psychologisches Verhör" am Anfang der Haftzeit, in dem nach dem Elternhaus des Delinquenten, seiner Kindheit und Jugendzeit, Umgang und Beschäftigung, Tatmotivation zu fragen sei. Solch eine Persönlichkeitserforschung würde gleichsam Daten zu einem „moralischen Barometer" ergeben, wonach man den Häftling beurteilen und förderlich auf ihn einwirken könnte. Begleitend dazu sollte der Seelsorger die Gefangenen in ihren Zellen besuchen und sie bei der Arbeit „belauschen", um sie in ihren Lebensbezügen genauer kennenzulernen. Wagnitz, das Selbstverständnis vieler Geistlicher als Bußprediger stark kritisierend, entwirft als

---

[40] Brandt, Peter: Die evangelische Gefangenenseelsorge, S. 23
[41] Vgl. Brandt, Peter: Die evangelische Gefangenenseelsorge, S. 73

ein Seelsorgebild gleichsam das eines „Freundes", der aufmerksam zuhört und die Gefangenen nicht gleich vom ersten Tag an mit moralischen Belehrungen überhäuft. Wagnitz artikuliert parallel zu den Ansätzen der amerikanischen und englischen Gefängnisreformer die Forderungen nach weitgehender Vermeidung der kriminalitätsfördernden Häftlingsgemeinschaft durch Sprechverbot und Isolierung, nach Arbeitszwang und – was besonders zu betonen ist – auch nach Begleitung beim Übergang von der Haft zur Freiheit. Der Seelsorgeprozess soll in einem Entlassungsgespräch, in dem der noch Inhaftierte ein letztes Mal darüber beraten wird, wie er die erlittene Strafe zu seinem Heil anwenden und auch in der Freiheit ein guter Mensch werden kann, seinen Abschluss finden. Wagnitz ist sich jedoch darüber im Klaren, dass das Ziel, aus dem Gefangenen einen guten Menschen zu machen, nur dann realisiert werden kann, wenn dem Entlassenen zur dauerhaften Integration in die Gesellschaft Hilfen angeboten werden: Die Gemeinschaft müsse ihn aufnehmen und ihm Arbeit geben, sonst sei der Rückfall in delinquente Verhaltensmuster kaum zu verhindern. Diese Forderung hat an ihrer Aktualität und Dringlichkeit bis heute nichts eingebüßt.

Der Freiheitsstrafe steht Wagnitz durchweg positiv gegenüber, denn für ihn ermöglicht nur sie eine Einflussnahme von gewisser Dauer.[42] In diesem Zusammenhang drängt sich die Frage auf, wer denn bessernd auf den Delinquenten einwirken soll. So ist die Beamtenfrage ein Kernproblem für den Prediger Wagnitz, denn er steht der üblichen Verwendung von Militärinvaliden und ausgedienten Unteroffizieren sehr kritisch gegenüber. In ihrem gewohnten Gehorsam gegenüber Befehlen der Obrigkeit würden sie zwar die Buchstaben der Instruktionen befolgen, aber deren Geist verkennen. So schlägt er vor, besondere „Pflanz- und Ausbildungsstätten" (Seminarien) für die Bediensteten unter der Leitung des Anstaltspredigers und seines Ratsmitglieds zu errichten. „... weit wirksamer würde den Klagen über schlechte Officianten abgeholfen werden, wenn man für Zuchthausverwalter, Lazarethväter und Gefangenenwärter, in jeder Provinz und an dem Orte, wo ein Zuchthaus und Lazareth ist, ein Seminarium anlegte, in dem nicht nur, welches wohl die Hauptsäche wäre, ihr moralischer Charakter und ihre Geisteskräfte geprüft, sondern in welchem sie auch zu ihrem künftigen Dienste vorbereitet werden könnten ..."[43]

Leider lässt sich eine praktische Umsetzung dieser Reformideen zu Lebzeiten Wagnitz' nicht nachweisen. Er blieb, vor allem wegen seines sozialpsycho-

---

[42] Vgl. Stromberg, Eberhard: Gefängniswesen u. christliche Verantwortung, in: Seelsorge im Strafvollzug, Bd. 2, S. 22

[43] Krebs, A.: Freiheitsentzug, Entwicklung von Praxis und Theorie seit der Aufklärung, S. 81-100

logischen Ansatzes, für den seine Zeitgenossen kein Verständnis aufbringen konnten, auf sich alleine gestellt.

4. Gescheiterte Hoffnung – die Geistesbewegung der „Aufklärung"

Das Mittelalter im abendländischen Denken über Strafe und ihren Sinn endet – nach allgemeinem Urteil - erst im 18. Jahrhundert mit dem Auftreten der neuen Geistesbewegung, der „Aufklärung". Ursache der Aufklärung war der mit dem Mündigwerden der abendländischen Völker verbundene überschäumende Freiheitsdrang der Vernunft. Die menschliche Vernunft glaubte sich imstande, die Wirklichkeit restlos begreifen zu können; sie schickte sich an, alle Lebensbereiche ohne Rücksicht auf das geschichtlich Gewordene nach ihren Einsichten umzugestalten, sie wird nun als allgemeines Regulativ sozialen Lebens gesehen.[44]

Durch den neuen Verzicht auf metaphysische Erklärungsversuche verliert das Recht und mit ihm die Strafe die bisherige „religiöse" Rechtfertigung. Es bedarf nun einer rationalen Begründung des Strafrechts und seiner Strafpraxis. Während sich die humane Gesinnung der Aufklärung in der Abschaffung der Folter und im Verzicht auf die Galeerenstrafe ausdrückt, wird Kant, „Vollender und Überwinder" der Aufklärung zugleich, mit seiner Vergeltungs-Theorie „ohne Theologie" zum beherrschenden Gegner der Ideen und Forderungen Beccarias[45], dem er nur mit Geringschätzung begegnet. Aus der neuen Rechtsbegründung entstehen die zwei großen rechtsphilosophischen Hauptrichtungen: Die „relative" Straftheorie (vgl. die Gedanken Beccarias) und die „absolute" Straftheorie des Deutschen Idealismus zu Beginn des 19. Jahrhunderts (Kant, Hegel).

Maßgeblichen Einfluss auf die Geschichte des Strafvollzugs in Deutschland gewann die entsprechende Entwicklung in Preußen. 1774 trat das „Allgemeine Landrecht" für die preußischen Staaten in Kraft, durch das die „Leibesstrafen unter dem Einfluss der Aufklärung weitgehend durch Freiheitsstrafen ersetzt wurden."[46] Die Folgen dieser an sich humanitär gedachten Reform waren frei-

---

[44] Vgl. Brugger, Walter: Philosophisches Wörterbuch, S. 23

[45] Beccaria sprach sich in seinem 1764 erschienen Werk „Von Verbrechen und Strafen", das bald in alle Kultursprachen übersetzt wurde, deutlicher als seine Mitstreiter Montesquieu und Voltaire, für die Abschaffung der Leibesstrafen aus. Dem Staat, so forderte er, seien bei der Ausübung der Strafgewalt Grenzen gesetzt, wobei die Strafe zur Schwere des Delikts in angemessenem Verhältnis stehen muss. Sühne und Abschreckung dürfen nicht schrankenlos verfolgt werden, sondern müssen durch das Gebot humaner Behandlung des Delinquenten begrenzt werden. Weil, gemäß seiner Überzeugung, auf die Tortur (Folter) zur Erlangung eines Geständnisses und auf die Todesstrafe überhaupt verzichtet werden sollte, bedürfe es anderer Mittel zur Einwirkung auf den Rechtsbrecher.

[46] Schwind, Hans-Dieter: Strafvollzug in der Praxis, S. 11

lich verheerend; die Strafanstalten reichten bei weitem nicht aus. Die Zustände haben sich derart entwickelt, dass die Gesundheit der mit Freiheitsentzug bestraften Delinquenten oft auf grausamere Weise zerstört worden ist, als durch die Leibesstrafen des früheren Rechts. So haben die Reformbestrebungen der Aufklärung, entworfen um die Missstände zu beseitigen, letztendlich – und das nicht nur in Preußen – neue Missstände im Strafvollzugswesen produziert. Ein Generalplan zur allgemeinen Einführung einer besseren „Kriminal-Gerichts-Verfassung und zur Verbesserung der Gefängnis- und Strafanstalten"[47] des preußischen Justizministers „von Arnim" sollte die unhaltbare Situation verbessern. Zu den wichtigsten gut durchdachten Neuerungen, die der Generalplan vorsah, gehörten die Klassifizierung nach besserungsfähigen und unerziehbaren Gefangenen, Anfänge des Stufenvollzugs, Vorschriften über eine sinnvolle Arbeitserziehung sowie die Differenzierung zwischen Untersuchungs- und Strafhaft und der Aufbau einer Entlassenhilfe. Aber die Katastrophe von 1806-1815 (Napoleonische Kriege) machte den Staat mittellos, und die Epoche der Restauration stand, kriminalpolitisch gesehen, unter dem Einfluss Feuerbachs, der ein glühender Verehrer von Kant war. Aus den Gedanken von Kant (gut und sittlich einwandfrei handelt der Mensch nur dann, wenn er sich aus eigenen autonomen Antrieben zu rechtem Handeln entschließt) hat Anselm von Feuerbach für das Strafrecht geschlossen, dass die Bemühungen, einen Menschen im Strafvollzug bessern zu wollen, als Versündigung an der Idee des Menschlichen und deshalb als Kompetenzüberschreitung des Staates nicht zulässig seien. In den Strafvollzugsanstalten beschränke man sich deshalb fortan auf die Ausgestaltung der äußeren Ordnung (Sicherheit, Sauberkeit, Pünktlichkeit) und auf auch sonst diszipliniertes Verhalten, um die verlotterten Anstalten in den Griff zu bekommen.[48]

In der neuen, philosophisch begründeten, areligiösen Vergeltungstheorie Kants scheitern die Impulse zur Vermenschlichung des abendländischen Strafens weitgehend. Tatschuldvergeltung als Sinn von Strafe und die Generalprävention werden erneut zur beherrschenden Vorstellung des 19. Jahrhunderts. Die beiden Prinzipien degradieren den Gefangenen zur bloßen Nummer herab und den Gefängnisbeamten zum „Schließer"[49]. Als Legitimierungsinstanz hat die Philosophie dabei die Theologie abgelöst. Letztere sieht sich dadurch eher

---

[47] Stromberg, Eberhard: Gefängniswesen u. christliche Verantwortung, in: Seelsorge im Strafvollzug, Bd. 2, S. 26

[48] Vgl. Schwind, Hans-Dieter: Strafvollzug in der Praxis, S. 12

[49] Rudolf Sieverts verwies noch 1967 in seinem Beitrag „Zur Geschichte der Reformversuche im Freiheitsstrafvollzug" darauf, dass die Nachwirkungen dieser Auffassung von den Aufgaben des Strafvollzugs und seiner Beamten bis auf den heutigen Tag noch nicht überwunden sind. S. 43-54

bestätigt. Daraus beginnt für die christlichen Religionen erneut eine tragische Phase „unfrommer Anpassung" und setzt sich bis in dieses Jahrhundert hinein fort. Dieses neu formulierte Strafmodell (Strafe als Vergeltung) ist bis heute in seinem Kern kaum christianisiertes Strafrecht. Aufschlussreich dafür ist die Definition bei Johannes Gründel: „Die Strafe ist die Antwort der Rechtsgemeinschaft auf begangenes Unrecht. Sie stellt die Einbuße dar, welche dem einer Straftat Schuldigen zum Ausgleich auferlegt wird für das, was er sich widerrechtlich angemaßt hat. ... Dem Schuldigen wird entweder ein Übel zugefügt, wie die körperliche und die Todesstrafe oder es wird ihm ein Gut entzogen oder vorenthalten. ... Der Sinn der Strafe (manchmal auch „Grundzweck" oder „innerer Zweck" genannt) ist die Vergeltung. ... So übt die Strafe Vergeltung, was am deutlichsten bezeichnet ist in der Art, wie Gott den Menschen nach beendeter Pilgerschaft straft."[50]

Trotz dieser Entwicklung sind zwei große Helfergestalten des 19. Jahrhunderts (Fliedner und Wichern), die sich für die Humanisierung des Strafvollzugs engagieren, der Vergeltungs-Theorie nicht anhängend, zu nennen. Der Strafgedanke sollte mit der Erziehung zu einem christlichen, ethisch verantwortlichen Menschen verbunden werden. Pastor Fliedner (+1864), der Praktiker dieser Idee, sah die Hauptaufgabe seiner seelsorglichen Tätigkeit im Arresthaus zu Düsseldorf zunächst darin, „den armen Gefangenen das Evangelium"[51] zu verkünden. In diesem kurzen Wort wird zugleich die Grundintension seines seelsorglichen Ansatzes deutlich: Den Gefangenen das Wort Gottes als alleinigen Maßstab zur Beurteilung des bisherigen und zur Neustrukturierung des zukünftigen Lebens nahe zu bringen. Die Seelsorgekonzeption korreliert mit der Interpretation der Strafe als Reaktion auf einen Verstoß gegen die menschliche Ordnung und zugleich als Ausdruck der Heiligkeit Gottes. Diese doppelte Struktur der Bestrafung soll der Gefangene verinnerlichen, wobei dem Seelsorger die Aufgabe zukommt, den Inhaftierten über die Einsicht in seine Schuldfähigkeit vor Gott zur Anerkennung des Willens Gottes zu führen. Der Besserungsgedanke war für Fliedner untrennbar mit der Forderung nach christlicher Unterweisung verbunden, die das Normen- und Wertesystem des Gefangenen neu zu ordnen hat. Er sieht das Problem der Kriminalität als eine Folge mangelnder ethischer Bildung, die der Staat, verantwortlich für den organisatorischen Rahmen des Vollzugs (Sicherheit, Ordnung und Aufsicht), nicht zu leisten vermag. In Analogie der Heidenmissionsvereine plante er die Stiftung einer Gefängnisgesellschaft, die „Rheinisch-Westfälische Gefängnis

---

[50] Gründel, Johannes: Schuld und Versöhnung, S. 148
[51] Brandt, Peter: Die evangelische Strafgefangenenseelsorge, S. 80

Gesellschaft"[52] zur Besserung der Gefangenen und zur Vervollkommnung der Gefängnisse. Ihre Aufgabe sollte nach der Satzung, die am 18.06.1826 veröffentlicht wurde, eine in den Staatsgesetzen übereinstimmende Beförderung der sittlichen Besserung durch Beseitigung nachteiliger und durch Vermehrung wohltätiger Einwirkung auf Gefangene bestehen. Deshalb wollte man auf Vereinskosten evangelische und katholische Geistliche sowie Lehrer für den Schulunterricht einstellen, die in den Anstalten tätig sein sollten; schließlich war auch eine Hilfe nach der Entlassung angedacht. Mit diesem Programm stellt sich die erste deutsche Gefängnisgesellschaft die Aufgabe, die inhaltliche Gestaltung des Strafvollzugs zu übernehmen, für die der Staat weder Interesse zeigt, noch Mittel zur Verfügung stellt. Sie bewirkte, dass in größeren Strafanstalten haupt- und nebenamtliche Seelsorger eingestellt und Besuchsdienste privater Gefängnisvereine zugelassen wurden. Die Gesellschaft hatte einen wesentlichen Aspekt ihrer Zielsetzung erreicht, als der preußische Staat die Trägerschaft der Gefangenenseelsorge übernahm.

Die neuen Anstalten zum Vollzug der Freiheitsstrafe und der Einzelhaft waren nun auch in Deutschland da, aber es fehlte das geeignete Personal, das darin einen moralisch-religiösen Einfluss auf die Insassen auszuüben vermochte, so wie es Wagnitz angestrebt hatte. Dies war die Chance des evangelischen Pastors Johann Heinrich Wichern (1808-1881). Er griff als Mann der Kirche auf Seiten des Königs (Friedrich Wilhelm IV.) in die Debatte um das neu zu organisierende Haftsystem ein, was ihm verschärfte Kritik durch die oppositionellen Juristen einbrachte. Im Jahre 1833 gab Wichern die Gründung seines Rettungshauses, „Rauhes Haus"[53] genannt, für verwahrloste Kinder bekannt, das ihn zu einem umfassenden Engagement auf dem Gebiet des Strafvollzugs führte, da ihn dort viele entlassene Strafgefangene aufsuchten und er so mit deren Problemstellungen konfrontiert wurde. Aus unscheinbaren Anfängen entwickelte sich das mit Wicherns Namen verbundene, über ganz Deutschland verzweigte Werk der „Inneren Mission" für leiblich-seelische Hilfeleistungen.

Wichern hat jedoch den Standpunkt vertreten, dass die Abschirmung des in Einzelhaft einsitzenden Straftäters von den schlechten Einflüssen seiner Mitgefangenen nur dann (im Sinne von Besserung) nützlich sein könne, wenn dem Delinquenten nicht nur durch sonntägliche Predigten und etwas Schulunterricht versucht würde zu helfen, sondern ihm bei der Sammlung seiner sittlichen Kräfte Unterstützung zukäme. Für diese Aufgabe eignen sich die vorhandenen Gefängnisbeamten, die sich aus dem Militär rekrutierten, keinesfalls. Wichern

---

[52] Schwind, Hans-Dieter: Strafvollzug in der Praxis, S. 12
[53] Stromberg, Eberhard: Gefängniswesen u. christliche Verantwortung, in: Seelsorge im Strafvollzug, Bd. 2, S. 25

begann deshalb im „Rauhen Haus" in Hamburg in einem angegliederten Internat mit der Ausbildung von evangelischen Diakonen, die in verschiedene Bereiche der Diakonie entsandt wurden. Das könnten die Männer sein, so seine Überzeugung, die in einem Zellengefängnis benötigt werden, nämlich als beamtete Aufseher, Gehilfen der Anstaltsleitung, als Mitglieder einer geistlichen Bruderschaft, aber zugleich Gehilfen des Gefängnispfarrers bei der Führung der Häftlinge zu Einkehr und Buße.[54] Die rechtschaffene Persönlichkeit des Vollzugsbeamten, der den Gefangenen vorlebt, wie eine christlich geordnete Lebensführung zu gestalten ist, wird sowohl Mittel als auch Methode der erzieherischen Besserung des Inhaftierten.

Wicherns immer wieder erhobene Anklage, die Kirche sei mitverantwortlich für die desolaten Zustände des Gefängniswesens resultiert aus seiner Grundüberzeugung, dass die christliche Gemeinschaft schwere Schuld auf sich lade, wenn sie die neutestamentliche Vorschrift verleugnet: „Wo ein Glied leidet, da leidet der ganze Leib."[55] Der ekklesiologische Bezug auf 1. Kor 12,19 stellt für Wichern den Anspruch der Gefangenen heraus, als gleichberechtigte Mitglieder der christlichen Gemeinschaft behandelt zu werden. Und weil die Kirche die Gefangenenbetreuung vernachlässigte, hat sie sich von der Basis des Evangeliums entfernt. In seiner Forderung nicht müde werdend, stellt er folglich die Verpflichtung aller Christen heraus, aus Nächstenliebe sich der Menschen in den Haftanstalten anzunehmen – ein auf die Gemeinde ausgeweitetes Verständnis von Seelsorge.

Wichern warnt in diesem Zusammenhang die Christen aber nicht nur vor einer Unterscheidung zwischen schuldigen und unschuldigen Straftätern, sondern auch vor einer möglichen Selbstgerechtigkeit und vorschnellen Abwehr ihrer Mitschuld an der steigenden Kriminalität. Er hebt damit den kategorialen Unterschied zwischen Kriminellen und Nicht-Kriminellen auf: „Die Wiege der Verbrechen steht mitten unter uns in allen unsern Land- und Stadtgemeinden, und das Kind der Sünde ist von uns allen mit großgezogen; die Not ist eine gemeinsame, aber auch die Sünde und Schuld an ihr; die Aufstellung der Frage nach der Behandlung der Verbrecher in den Gefängnissen und der entlassenen Sträflinge ist deswegen auch in unserm Kreise nicht bloß vollkommen gerechtfertigt, sondern ihre ernste Erwägung ist zu einer heiligen Pflicht zur Sache des öffentlichen Gewissens geworden."[56]

Im weiteren entwirft Wichern seine Reformideen: Die Prüfung der Vollzugssysteme unter dem Aspekt, wie sie der sittlichen Entwicklung der Inhaftierten

---

[54] Vgl. Schwind, Hans-Dieter: Strafvollzug in der Praxis, S. 13
[55] Brandt, Peter: Die evangelische Strafgefangenenseelsorge, S. 85
[56] Grant, Marion: Personenzentrierter Umgang mit Schuld in der Gefängnisseelsorge, S. 68

optimal gerecht werden können; Beschaffung von geeignetem Lesematerial für die Gefangenen; Anstellung von hauptamtlichen Geistlichen und Lehrern. Die Zeit für Reformen ist nach Wicherns Ansicht überreif, denn die hohe Zahl der Rückfälligen weist signifikant darauf hin, dass die Gefängnisse des alten Systems das sittliche Verderben noch verstärken und die Kriminalitätsrate steigern. In der „Denkschrift an die Deutsche Nation"[57] sind drei für Wichern charakteristische Reformfelder enthalten:
1. Die Frage nach einem neuen Haftsystem.
2. Die Forderung nach Erneuerung des Gefängnispersonals aufgrund der Erkenntnis, dass militärische Zucht die kriminelle Neigung der Gefangenen nicht positiv zu beeinflussen vermag.
3. Die Frage der sittlichen Besserung, d.h. der Sozialisierung und Integration der Straftäter, die im Gefängnis beginnen und nach der Entlassung durch Fürsorge auch für die Familien weitergeführt werden muss.

Wicherns Bestrebungen liefen darauf hinaus, sein Seelsorgekonzept mitsamt seinen Reformforderungen in Preußen durchzusetzen. Auch wenn er zur inhaltlichen Gestaltung der Seelsorge in den Haftanstalten, die er maßgeblich mitbestimmt hat und sie in § 80[58] des Gefängnisreglements von 1856, das den organisatorischen Rahmen der Gefängnisseelsorge abgesichert hatte, ihren Niederschlag fanden, gerät Wichern mit seinen Reformvorschlägen zunehmend unter Druck und sehr bald traten die Gegner der Einzelhaft mit ihrer Kritik vor das Parlament. Die Juristen bemängelten, dass Wicherns Pläne die strafrechtlichen Bestimmungen der sich fortentwickelten liberal-rechtsstaatlichen Staats- und Straftheorie umgingen. Hiernach hätte man die Wichernischen Diakone als Gehilfen des Anstaltspastors vielleicht noch toleriert, aber die (stets bedenkliche) Verquickung von religiösen Zielen und staatlicher Ordnungs- und Sicherheitsfunktion war es gerade, die dem Zeitgeist entgegenstand und zum Widerspruch herausforderte. Schließlich stießen Wichern und seine Gefangenendiakone auf Argwohn und Abneigung in der übrigen Beamtenschaft der preußischen Gefängnisverwaltung. Sie fühlten sich durch die offenbare Bevorzugung der „Rauhhäuslerbrüder"[59] – einer, wie man sagte „pietistischen Sekte" – begreiflicherweise zurückgesetzt. Die Bruderschaft hatte ja in der evangelischen Kir-

---

[57] Die innere Mission der deutschen evangelischen Kirche, eine Denkschrift an die deutsche Nation im Jahre 1849. Die Ausführungen über die Aufgaben der Inneren Mission gegenüber Straffälligen befinden sich S. 201-209.

[58] Keinem der Gefangenen darf der seelsorgliche Zuspruch versagt werden und für jedes Gefängnis des Justizministeriums mit über 10 Gefangenen wurde ein Geistlicher eingestellt, beauftragt mit Gottesdienst, Unterricht und Einzelseelsorge.

[59] Stromberg, Eberhard: Gefängniswesen u. christliche Verantwortung, in: Seelsorge im Strafvollzug, Bd. 2, S. 30

che und Gesellschaft keine Tradition. Ihre straffe Konviktsordnung mit der von Wichern als „Oberkonviktmeister" ausgeübten Aufsichts- und Weisungsgewalt erinnerte an katholische Orden (womöglich Jesuiten) und war und blieb dem protestantischen Gemüt noch lange Zeit suspekt. Nach einem Vorfall in der Strafanstalt Moabit, der die Öffentlichkeit in große Erregung versetzte (ein als Oberaufseher tätiger Bruder gab dem Soldaten der Anstaltswache den Schießbefehl, als ein vielfach vorbestrafter Gefangener sich nicht arrestieren lassen wollte) und der darauf folgenden Revision der Beamtenausbildung resignierte Wichern. Seine Hoffnung, eine neue Klasse von Gefängnisbeamten heranbilden zu können, die ihren verantwortungsvollen Dienst sowohl aus beruflicher Pflicht als auch aus religiöser Überzeugung versehen würden, musste Wichern begraben und er zog sich aus der Gefängnisarbeit zurück.

Trotz der Rückbesinnung auf den ekklesiologischen Begründungszusammenhang der Gefangenenseelsorge wie ihn Fliedner angedacht und Wichern fortgeführt hat, gelang es nicht, die Entwicklung zu modifizieren, dass die Seelsorgearbeit durch Einflussnahme des Staates den Zielen des Vollzugs angepasst wurde. Die Isolation und der Leidensdruck des Gefangenen in seiner Einzelzelle wurden häufig zum Ausgangspunkt genommen, um ihm die Rechtmäßigkeit seines Leidens aufgrund der von ihm begangenen Straftaten zu verdeutlichen als Ausdruck des göttlichen Zornes über seine Verstöße gegen die Rechtsordnung. Solange sich die Gefangenenseelsorger mitverantwortlich fühlten für die Erfüllung des Strafzweckes, konnte ihre eigentliche Aufgabe, die kirchliche Begleitung der Gefangenen, nur zweitrangige Bedeutung gewinnen. So zeigt sich gerade an den beiden großen Gefängnisreformern des 19. Jahrhunderts exemplarisch jene Problematik der traditionellen Strafethik: Beide sehen sich von ihren praktischen Erfahrungen her überdeutlich mit den Problemen des Strafens konfrontiert. Es ist aber bezeichnend, dass beide bei der Gestaltung eines sinnvollen Strafvollzugs stehen bleiben, und es ihnen gar nicht in den Sinn kommt, die Fragen und Grundlagen des Strafrechts selbst auch nur zu überprüfen. Für beide sind die Grundfragen des Strafrechts, wie etwa die Frage nach dem Sinn der Strafe, kein theologisches Problem. Für sie geht es nur darum, die Vergeltungsstrafe zu humanisieren.[60]

5. Versöhnungstheologie im 19. und 20. Jahrhundert

Die Reformbewegung zu einer spezialpräventiven Ausrichtung des Strafvollzuges gewinnt nach 1900 wieder an Boden. Der Mensch als Täter und Objekt des Strafvollzuges, die Rücksichtnahme auf seine Persönlichkeit, die

---

[60] Vgl. Wiesnet, Eugen: Die verratene Versöhnung, S. 154

im Mittelpunkt der Überlegungen zum Strafverständnis steht, und die hohe Einschätzung seiner psychologischen und sozialen Situation lässt den spezialpräventiven Ansätzen große Bedeutung zukommen. Nicht mehr die Straftat allein dient zur Bemessung der Strafe und zur Beurteilung des Tatbestandes, sondern wesentlich ist die Persönlichkeit des Täters in Betracht zu ziehen, so dass Besserung und vor allem Erziehung Vorrang haben vor Sicherung und Verwahrung des Straftäters. „Die Freiheitsstrafe hat also nur da einen Sinn, wo ein erzieherischer Einfluss auf den Gefangenen ausgeübt werden soll."[61] Es hat damit eine neue Ausrichtung des Strafverständnisses stattgefunden. Während bei Wichern die Besserung des Straftäters als Nebenzweck der vergeltenden Strafe Bestand hatte, ist er nun als eigenständiger und wesentlicher Strafzweck anerkannt. Verbunden wurde der Erziehungs- und Besserungsgedanke mit der Tendenz, der Individualisierung in der Behandlung von Tätern weiten Raum zu geben. Über das „dass" der pädagogischen Ausrichtung der Haft bestand kein Zweifel mehr, umstritten war allerdings, ob die Erziehungsarbeit an den Häftlingen nur ihr äußeres Verhalten verändern sollte im Sinne einer Anpassung an gesetzliche Normen, oder ob sie darauf ausgerichtet werden sollte, auch seine sittlichen Wertvorstellungen zu verändern und zu bilden, also eine ethische Ausrichtung verfolgen sollte. Aber dieses Ziel, so war man sich einig, ist ohne die Mitarbeit der Gesellschaft, die schließlich Mitschuld an der Delinquenz trägt, auf lange Sicht nicht zu erreichen, denn die Reintegration in die Gesellschaft vollzieht sich nicht automatisch mit der Strafverbüßung. Nach der Entlassung ergeben sich auch bedingt durch den Strafvollzug als „eigene Welt" soziale Aufgaben, welche die Rechtsgemeinschaft zu leisten hat, um die Erziehungsarbeit des Vollzugs nicht wirkungslos werden zu lassen. Es ist absolut notwendig, den Entlassenen „in feste und geordnete Hände zu bringen, ihm Arbeit zu verschaffen und ihn nicht wieder scheitern zu lassen an der Einstellung der Gesellschaft, durch deren Mitschuld er schon einmal gestrauchelt ist."[62] Hier zeigt sich, dass trotz hundertjähriger Bemühungen es nicht gelungen ist, die öffentliche Meinung gegenüber Strafgefangenen und Entlassenen (die ablehnende Haltung hat wesentlichen Einfluss auf eine effektive Gestaltung des Strafwesens) zu verändern. Eine Problematik, die bis zum heutigen Tage geblieben ist.

Diese neuen Entwicklungen fordern die Gefangenenseelsorge zu adäquaten Antworten heraus, vornehmlich aus zwei Gründen: einmal ist die Integration der Besserungsaufgabe in ihre Zielvorstellungen zu leisten, zum anderen aufgrund der politischen und sozialen Umordnungen in einigen Ländern, welche die Notwendigkeit der Seelsorgearbeit im Vollzug in Frage stellten. Aber selbst

---

[61] Brandt, Peter: Die evangelische Strafgefangenenseelsorge, S. 164
[62] Koch, Chr.: Der soziale Gedanke im Strafvollzug, in: Deutsches Gefängniswesen, S. 391

die nach dem ersten Weltkrieg vollzogene Trennung von Staat und Kirche in Deutschland konnte auf Dauer, auch wenn dies politisch mehrmals versucht wurde, die Kirche nicht aus dem Strafvollzug verdrängen. Gerade die Tradierung der institutionellen, vom Staat getragenen Gefangenenseelsorge ist ein Beweis dafür, dass die Vollzugsverwaltung ein Interesse an der Arbeit der Kirche im Strafvollzug hatte; andererseits liegt die Vermutung nahe, dass vonseiten der Kirchenleitungen der Gefangenenseelsorge keine besondere Beachtung zugemessen wurde. Diese wäre allerdings notwendig gewesen, um eine größere Unabhängigkeit von der staatlichen Organisation zu erlangen. Das schwindende Interesse an den Problemen der Seelsorge in den Haftanstalten wird auch belegt durch die geringe Zahl von Veröffentlichungen, die diesem Themenkreis gewidmet sind. Die Strafanstaltsseelsorge wird funktional eingeordnet und durchweg als wertvolles Mittel betrachtet, den Erziehungszweck des Strafvollzuges zu fördern. Dabei ist festzustellen, dass in der Seelsorgetheorie die Aufgabenstellung überwunden wurde, die noch im 19. Jahrhundert dominierte, nämlich die inhaltliche Füllung des staatlichen Vollzugssystems zu leisten. So konnte – unter Umkehrung des bisherigen Ansatzes – die Grundtendenz des neuen Strafvollzuges, die Individualisierung des ganzen Vollzugswesens, in die Seelsorgediskussion aufgenommen werden. Nicht mehr die dogmatische Vorentscheidung, die Umformung der Gefangenen anhand fremdbestimmender Normen dominierte, sondern die Ausrichtung des Seelsorgeverfahrens am Individuum. Die Tendenz, im Seelsorgeverfahren vom Menschen auszugehen, führte zu einer Aufnahme von humanwissenschaftlichen Fragestellungen in die Gefangenenseelsorge. Es setzte sich die Einsicht von der sozialen Bedingtheit von Delinquenz durch. Man griff nun auf ein Sündenverständnis im paulinischen Sinne zurück (nicht mehr das moralische Verständnis des 19.Jahrhunderts war maßgebend), das den Menschen von seiner Existenz vor Gott her als Sünder begriff und in der Lage war die Einzeltat zu relativieren.[63]

Während der staatliche Strafvollzug auf einen bürgerlichen Normenkodex hin sozialisieren sollte und dazu die Mithilfe der Kirche beanspruchte, wurde von der Gefangenenseelsorge ein Wertesystem entwickelt, das aufgrund theologischer Grundsätze dem Häftling zu seiner eigenen Selbstentfaltung verhelfen sollte, um ihn dann mit dem Anspruch Gottes zu konfrontieren mit dem Ziel, sein zukünftiges Leben in christlicher Selbstannahme und sozialer Verantwortlichkeit zu gestalten. Die neuen Lebensnormen behielten ihre transzendente Verankerung und implizierten damit zugleich eine Kritik der rein immanent orientierten staatlichen Ziele. Eines blieb bestehen: die institutionale Einbindung der Gefangenenseelsorge in den staatlichen Organismus behinderte die innovatorische Umsetzung der theologischen Grundlegungen.

---

[63] Vgl. Brandt, Peter: Die evangelische Gefangenenseelsorge, S. 210

Die Ausführungen, wenn auch selektiv gewählt, verdeutlichen, dass die theoretische Fundierung der Seelsorge im Strafvollzug wesentlich von dem je aktuellen Strafverständnis mitbestimmt wird. Das von vielen Theologen vertretene Vergeltungsstrafrecht als Sanktionsform (zwar nach dem Ersten Weltkrieg zerbrochen) wirkte aber strukturell bis in die 60er Jahre nach.

Eine Ausnahme innerhalb der langen historischen Kette theologischer Bekenntnisse zur Vergeltungstheorie bilden in der nahen Vergangenheit zwei Namen: die evangelischen Theologen Friedrich Schleiermacher (+1843) und Karl Barth (+1968).

Nicht das Vergehen oder die Tat, sondern der Täter steht für Schleiermacher im Vordergrund. Darum muss die Strafe die wirkliche Besserung der Verbrecher bewirken und kann nur unter diesem Aspekt legitimiert werden. Nicht eine metaphysische bürgerliche Rechtsordnung muss in der Strafe wiederhergestellt werden, sondern der Mensch und dessen Eingliederung in das Gemeinwesen! Strafe muss folglich dem sittlichen Fortschritt des Täters dienen.[64] Seine Besserungs-Theologie konnte sich gegenüber der vorherrschenden „Ordnungs"-Theologie jedoch nicht durchsetzen.

Ein zweiter Lichtblick moderner „Theologie christlicher Gerechtigkeit" sind im 20. Jahrhundert die Gedanken von Karl Barth. Er setzt sich eindeutig von der herkömmlichen theologischen Richtung zum Thema „Sinn und Strafe" ab. „Die Bestrafung des Verbrechers wird eine Form haben müssen, in der die Vergebung, die Jesus Christus auch für ihn erworben hat, ihm selbst und allen anderen ... sichtbar gemacht wird."[65] Deshalb kann es bei einer christlich gerechtfertigten Strafe nicht mehr um Vergeltung, sondern nur um Fürsorge gehen. Von seinem ethischen Grundsatz der Vorläufigkeit und Relativität des positiven Rechts her befragt Barth das Strafrecht darauf hin, ob und wie mit ihm die dem göttlichen Willen adäquate Fürsorge und Bewahrung des Lebens verwirklicht werden kann. Das positive Strafrecht soll also nicht theologisch deduziert oder untermauert werden. Im Gegenteil, Barth unterwirft es dem theologischen Kriterium der Lebensbewältigung. Die spezialpräventive Ausrichtung der Strafe, aufgrund derer in „moralischer, pädagogischer, ja sogar seelsorglicher Absicht"[66] gestraft wird, um den Delinquenten zur Einsicht in sein Fehlverhalten und zur künftigen Neuorientierung zu führen, hat für Barth vorrangige Bedeutung. Die Strafe, zum Schutz des Lebens, muss zuerst und entscheidend für den Übertreter selbst sinnvoll sein. Das gilt umso mehr, da der Delinquent eine „kranke Stelle

---

[64] Vgl. Gründel, Johannes: Schuld – Strafe – Sühne, in: Hat Strafe Sinn? S. 132
[65] Wiesnet, Eugen: Die verratene Versöhnung, S. 157
[66] Brandt, Peter: Die evangelische Strafgefangenenseelsorge, S. 258

am Leibe der Gesellschaft"⁶⁷ darstellt, welche die Sicherheit der menschlichen Gemeinschaft gefährdet. Der soziale Bezug von Devianz verpflichtet die strafende Gesellschaft, Strafziele wie Besserung, Erziehung, Zurückversetzung in die Ordnung vorrangig zu verfolgen. Die Strafe wird damit als rettende Erziehungsstrafe definiert, die eher einen pädagogischen als einen Rechtscharakter – im Sinne des Strafrechts – trägt: Sie ist der Umsetzung *des Versöhnungsgeschehens durch Christus* in menschliche Lebensbezüge verpflichtet und wird von ihm her zugleich relativiert. Die Gesellschaft kann und darf sich nicht auf den Schutz ihrer Rechtsordnung zurückziehen um ihre Sanktionen zu rechtfertigen, sie muss sich so reformieren, dass in ihr Delinquenz weitestgehend verhindert werden kann. Mit diesem Gedanken führt Barth ein massives Element der Gesellschaftskritik ein, die ihn zu der Forderung motiviert: „Will die Gesellschaft durch Strafe ihre Sicherung erreichen, so muss sie Recht setzen, das menschlich und lebenserhaltend für alle ihre Glieder konzipiert ist."⁶⁸

Das bestimmende Element der christologischen Strafbetrachtung Barths ist das Heilshandeln Gottes im Kreuzestod Christi und seine Folgen für das Leben der Menschen. Damit tritt in der theologischen Reflexion an die Stelle der strafenden Norm der Täter und die Bewahrung seiner Lebenschancen: Der schuldige Mensch, um dessentwillen die Versöhnung geschehen ist. Als Konsequenz dieses Ansatzes kann weltliche Strafe nicht mehr mit dem Sühnegedanken verbunden werden. Sühne ist für Barth allein Gottes in Christus vollzogene Tat und keine menschliche Möglichkeit mehr.

Einen vorläufigen Höhepunkt, sieht man von einigen neueren theologischen Impulsen (Rahner, Kleinert, Molinski, Gründel) in Richtung Versöhnungstheologie ab, hat das denkende Ringen um den Sinn von Strafe in den Bemühungen um die Reform des Bundesdeutschen Strafrechts und Strafvollzugs, das am 1. Juli 1977 in Kraft getreten ist, erreicht. Zum ersten Mal ist die Verwirklichung der Strafe als ein selbständiger Akt der Strafrechtspflege begriffen und das Rechtsverhältnis zwischen dem Staat und dem Gefangenen geregelt worden.⁶⁹ Es wurden keine Normen zur inhaltlichen Bestimmung über die Behandlung innerhalb der Resozialisierung gesetzt, denn das Strafvollzugsgesetz sollte als Entwurf für die Zukunft offen sein, um neue Methoden erproben zu können. Die vielen „Soll- und Kann-Bestimmungen" des Gesetzes bieten den Rahmen für eine möglichst flexible Ausgestaltung.

---

[67] Brandt, Peter: Die evangelische Strafgefangenenseelsorge, S. 258

[68] Barth, Karl: Die kirchliche Dogmatik III, Die Lehre von der Schöpfung, S. 509

[69] Basis des Gesetzes ist die „drei-Säulen-Theorie" der Justiz: Das Gesetz droht Strafe an, der Richter spricht sie aus und die Verwaltung vollzieht sie. Damit sind spezifische Aufgabenbereiche verbunden: generalpräventive Gesetzgebung, vergeltende Rechtsprechung und resozialisierender Vollzug.

Der sich daraus entwickelnde Begriff des Behandlungsvollzuges, verbunden mit hohen Erwartungen an die Modelle von sozialtherapeutischen Anstalten, hat die Diskussion um eine Neugestaltung der Freiheitsstrafe bestimmt. Allerdings ist bis heute der Terminus „Behandlungsvollzug"[70] nicht exakt definiert. Tendenziell meint er eine Vollzugsform, die den Straftäter in einen Behandlungsprozess hinein nimmt, der zu einer „sozial angepassten Lebensführung befähigt."[71] Bis zum heutigen Tag ist noch völlig offen, auf welches Wert- und Normensystem der zu Behandelnde, oftmals gegen seine bisherige Lebenseinstellung, sozialisiert werden soll, da es große Differenzen gibt, in den Werten, Normen und Verhaltensmustern, entwickelt und geprägt durch die jeweilige soziale Schicht. Kriminalpolitisch verhängnisvoll war es, dass gerade in der Zeit allgemeiner Reformen und Öffnungstendenzen im deutschen Strafvollzug die bisher unbekannten Kriminalitätsformen des organisierten Verbrechens und des politisch motivierten Terrorismus gewaltig auftraten. Die Öffentlichkeit forderte verstärkte Sicherheit der Anstalten - verschärfte Sicherheitsbestimmungen waren die Folge, die wiederum das gesamte Vollzugsklima prägten. Auch die steigende Zahl von Drogentätern, die seit Mitte der 70er Jahre in den Regelvollzug überwiesen wurden (damit wurde auch die Drogenkriminalität innerhalb des Vollzuges zum Problem), stellte den Strafvollzug vor große Schwierigkeiten.

6. Konsequenzen aus der Entwicklung der Gefangenenseelsorge für die gegenwärtige Situation

Im Blick auf Strukturen und Strömungen innerhalb der Gefangenenseelsorgediskussion wird man feststellen können, dass man im Strafvollzug all das findet, was wir im Rahmen unserer Gesellschaft an Entwicklungen, Bewegungen und Prozessen und auch Konfrontationen erleben und dass auch die Gefangenenseelsorge, in enger Verbindung zum Strafvollzug stehend, diesen Einflüssen unterworfen war. Für die Seelsorge war es wenig hilfreich, gesamtgesellschaftliche Trends, vor allem aus der Humanwissenschaft, unkritisch zu übernehmen. Die Forderung nach einer neuen Standortbestimmung ist ein Indikator dafür, dass die Gefangenseelsorge aufgrund äußerer Einflüsse und mangelnder inhaltlicher theologischer Reflexion in den letzten Jahrzehnten einen Orientierungsverlust erlitten hat, der keine Parallelen in der bisherigen Geschichte der Gefangenenseelsorge findet. Ebenso wie Kirche für Teile der Gesellschaft ihre

---

[70] Ein Vollzug, der auf Beschäftigungsprogrammen, Gruppentherapie, Unterricht und Sport aufbaut. Grundsätzlich erscheinen Behandlungs- und Therapiemodelle als der einzige Lösungsweg, der aber zugleich den Regelvollzug überfordert.

[71] Brandt, Peter: Die evangelische Gefangenenseelsorge, S. 242

Funktion an die Psychotherapie abgegeben hat, vollzieht sich dieser Prozess, wenn auch mit anderen Folgen, im Strafvollzug. Durch die im Behandlungsvollzug entstehende Konkurrenz zwischen Pfarrer und Psychologe, Seelsorge und Sozialarbeit liegen sowohl bei den Bediensteten wie auch bei den Gefangenen Misstrauen und Vertrauen, Aggressivität und Zuneigung, Ressentiments und Dankbarkeit gegenüber dem Seelsorger nicht selten eng beieinander. Existieren doch dann sozusagen in einem unauflösbaren „Bekehrungsgemisch"[72] weltliche und geistliche Bekehrung neben- und miteinander. Das Problem für den Seelsorger ist wohl darin zu sehen: im alten Gefängnissystem waren seine angestrebten geistlichen Bekehrungsversuche akzeptiert, während er im neuen Strafvollzug unter der Hand zum Vertreter sozialer Kontrolle durch Therapie wird und damit auch seine spezifische Identität verliert.

Für sein eigentliches Fachangebot existiert, jedenfalls aus meiner Erfahrung in der JVA- München-Stadelheim, immer weniger Nachfrage. War früher Kirchenzugehörigkeit und damit die freundliche Aufnahme des Pfarrers die Regel und zumindest für Bedienstete eine Selbstverständlichkeit, so ist das heute, gerade für Fachdienste, welche fast durchgängig aus der Kirche ausgetreten sind, längst nicht mehr der Fall. Für die Insassen betreffend gilt, dass sie vielleicht noch einen Kontakt zum Pfarrer als Mensch wollen, aber was er als Pfarrer zu bieten hat, das „Eigentliche", das scheint vollkommen uninteressant und lässt sie total gleichgültig – so scheint es zumindest. Die Alltagspraxis kann der Seelsorger versuchen theologisch oder fachdienststrategisch so geschickt wie möglich zu meistern, die Perspektive hat dennoch gewechselt. Fast überall hat Kirche, haben Seelsorger Funktions- oder Prestigeverlust erlitten. Das ist bitter und schwer. Ein Gefangener brachte die beschriebene Situation während einer Auswertungsdiskussion in der JVA Hameln treffend auf folgende Formel:

„Wenn ein Pfaffe in dieser Anstalt sich mit der Therapie verheiratet, wird er schnell Witwer, heiratet er seinen schwarzen Kittel wieder, kann er gleich am Grab sitzen bleiben."[73]

Bezogen auf die Frage nach einer Perspektive seelsorgerischen Handelns im Vollzug stellt sich vor diesem Hintergrund die Frage, ob sich irgendeine Methode, eine Handlungsstrategie vorstellen lässt, die es ermöglicht, den spezifischen Platz der Seelsorge im komplexen Sozialsystem Strafvollzug zu sichern, zu behaupten oder zu verbessern. Vonnöten scheint allemal eine zukunftsorientierte Trauerarbeit zu sein, die es erlaubt, sich von alten Rollen frei zu machen, damit etwas Neues entstehen kann. Die Kirche muss ihr Verhältnis zu den

---

[72] Lüdemann, Rolf: Statt Therapie und Strafe, S. 179
[73] Lüdemann, Rolf: Statt Therapie und Strafe, S. 186

straffällig gewordenen Mitgliedern in anderer Weise regeln, als einen hauptamtlichen Mitarbeiter für sie zu reservieren. Inwieweit der Gefangene Kirche erfährt, hängt also einzig und allein von dem Gefängnisseelsorger ab. Mit ihm hat sich die Kirche gegenüber dem Gefangenen sozusagen ein Alibi erkauft. Durch die Betonung seiner besonderen Rolle wird er zum Alibidarsteller - als jemand, der sich mit einer spezifischen Klientel auf spezifische Weise auseinandersetzen soll. Der „stille Dienst hinter Gittern" oder der „schwere Dienst des Gefängispfarrers" bildet in einer moralisch seelsorgerlichen Überhöhung Berührungsängste der Kirche ab: Man stellt dem Kriminellen einen Seelsorger zur Seite, um genau dadurch Distanz zu ihm zu halten. Wenn Kirche Sonderpfarrämter für Randgruppen etabliert, hat das im Wesentlichen zur Folge, dass der stigmatisierende Charakter dieser Gruppe erhalten bleibt. Die Bezeichnung „Sonder" verweist eben nicht nur auf eine besondere Form von Seelsorge, sondern auch auf die Absonderung von „normalen" Kirchenmitgliedern.

Dieser Alibidarsteller hat in jedem Fall die Spannungen innerhalb der Partnerschaft Gefängnis-Seelsorge auszuhalten. Er ist – im Gegensatz zu den professionellen Vertretern des Behandlungsvollzugs – innerlich freier und nicht der Justiz unterstellt. Doch hat er, ausgehend von der Hierarchie, in der seine Kollegen nach wie vor stehen, diese seine größere innere Freiheit auch zu vertreten. Denn der moderne Justizvollzug fordert seinen Preis und liefert, abgesehen von fraglos menschenwürdigerem Komfort moderner Gefängnisbauten, bezüglich der Wiedereingliederung nach der Haft wenig. Viele Maßnahmen des modernen Behandlungsvollzugs zielen nach meiner Erfahrung darauf, Personen zur Scheinautonomie zu konditionieren. Will der Seelsorger nicht Teil dieser Scheinwelt werden, muss er in stärkerer Weise eine „Exilgemeinschaft anstatt einer Asylseelsorge innerhalb der Institution aufbauen."[74]

Seelsorgerische Praxiserfahrung und theologische Theoriebildung müssten im Sinne einer pastoraltheologischen Aufarbeitung des Arbeitsfeldes Gefangenenseelsorge zusammenfließen. Der Mensch in seinem religiösen, sozialen und institutionellen Bezugsfeld erscheint als Gegenüber Gottes. Aus dieser dualen Sicht erwächst der Auftrag der kirchlichen Sorge am Inhaftierten.

---

[74] Lüdemann, Rolf: Statt Therapie und Strafe, S. 180

II. Kapitel: Das Biotop „Gefängnis" als Beispiel einer totalen Institution

1. Mauern – die wenig durchlässige Eigenwelt des Gefängnisses

„Alle Institutionen sind tendenziell allumfassend. Betrachten wir die verschiedenen Institute innerhalb der westlichen Zivilisation, so finden wir, dass einige ungleich allumfassender sind als andere. Ihr allumfassender oder totaler Charakter wird symbolisiert durch Beschränkungen des sozialen Verkehrs mit der Außenwelt sowie der Freizügigkeit, die häufig direkt in die dingliche Anlage eingebaut sind, wie verschlossene Tore, hohe Mauern, Stacheldraht, Felsen, Wasser, Wälder oder Moore. Solche Einrichtungen nenne ich totale Institutionen ..."[75]

Gefängnisse sind für Goffman ein besonders anschauliches Beispiel für eine totale Institution, nahezu der Idealtyp. Das Ereignis „Gefängnis" beginnt mit der Architektur, es setzt sich fort in einer eigenen Konsum- und Arbeitswelt. Als Ganzes stellt Gefängnis eine nahezu jeden Lebensbereich erfassende Reduktion möglicher Vielfalt und Eigenbestimmung dar. Mit der totalen Einbeziehung des Menschen in eine Institution ist diese Folge unausweichlich, d.h. gesetzmäßig. Wer ein Gefängnis zum ersten Mal von innen sieht, ist beeindruckt von der baulichen Anlage. Die „Kontrollarchitektur"[76] in ihrer augenfälligen Form mit hohen Mauern, unzähligen verschlossenen, schleusenartig aufeinanderfolgenden Türen, Gittern vor jedem Fenster bis hin zur modernen Art der Überwachung mit Kameras und Bewegungsmeldern wirkt als Bewegungssperre für die Insassen. Die Einrichtung der Hafträume mit sanitären Anlagen, mit Wasserbecken und WC reduziert alltäglich nötige Platzveränderungen und dient ebenfalls der Kontrollerleichterung. Im sogenannten „panoptischen Sternbau"[77] (z.B. JVA-Straubing), dem vielerorts noch bestehenden klassischen Gefängnis des 19. Jahrhunderts, liegen meist Hunderte von Einzelhafträumen an strahlenförmig auseinanderlaufenden Gängen. Die Stockwerke werden durch Eisengalerien mit Geländern gebildet. Alle Gänge und damit jede Bewegung ist vom zentralen Schnittpunkt des Sternbaus einzusehen, daher die Bezeichnung „panoptisch". Nur wenige Personen werden zur Kontrolle benötigt. Eine weitere Folge dieses baulichen Systems bei den alltäglichen

---

[75] Goffman, Erwing: Asyle. Über die soziale Situation psychiatrischer Patienten und anderer Insassen, S. 15

[76] Wagner, Georg: Das absurde System, S. 86

[77] Wagner, Georg: Das absurde System, S. 89

Veranstaltungen, wie dem gleichzeitigen Verlassen der Zellen zu Beginn der Arbeit, ist das plötzliche „Umschlagen" hunderter Einzelsituationen in den Crafträumen in die Masse der Mitgefangenen: Jeden Morgen das hundertfache Geräusch des Übertritts „der Individuen in den Zustand der Massen".[78] Natürlich besteht in diesen Großgruppen auch eine unüberschaubare Anzahl informeller Beziehungen, doch das morgendliche Aufstehen der Gefangenen beschreibt beispielhaft, wie die Architektur die soziologische Struktur der Insassen mitbestimmt. Markante Situationen dieser sich ausprägenden soziologischen Struktur sind Alleinsein und Leben in der Masse, weitgehend ohne Übergang.

Ist der Kontrollcharakter der Gefängnisarchitektur für den Außenstehenden noch ein Merkmal, das seinen Vorstellungen von Gefängnis entspricht, so ist der Funktionalismus einer Strafanstalt, besonders ausgeprägt in großen Anstalten, überdeutlich: die sichere Absonderung des Insassen von der Außenwelt. Der rechtskräftig verurteilte Strafgefangene soll sich seiner Strafe nicht entziehen können, gleichzeitig soll die Allgemeinheit vor ihm geschützt werden. Der (noch) nicht verurteilte Untersuchungsgefangene muss sich dem Verfahren stellen, darf Zeugen nicht manipulieren oder Beweismittel vertuschen können.

Diese künstlich hergestellte Welt, dieses „Biotop"[79] hat Spielregeln ganz eigener Natur, die für den Menschen in der Welt außerhalb des Gefängnisses nur schwer zu durchschauen und zu verstehen sind. Manche Gefangene haben die Spielregeln, die sich im Grunde selbst immer wieder neu erzeugen, intuitiv perfekt gelernt, einige haben auch Lust an diesem Spiel gewonnen, weil sie davon profitieren; andere zerbrechen am ständigen Dagegen-Anrennen nach dem Motto: ich spüre Widerstand, also bin ich. Und das Nicht-Akzeptieren der Spielregeln ist wiederum Teil des Spiels: die totale Institution ist allumfassend.

Das deutsche Strafvollzugsgesetz macht eine klare Aussage über die Funktion des Gefängnisses. In Paragraph 2 heißt es: „Im Vollzug der Freiheitsstrafe soll der Gefangene fähig werden, künftig in sozialer Verantwortung ein Leben ohne Straftaten zu führen (Vollzugsziel und klare Handlungsmaxime). Der Vollzug der Freiheitsstrafe dient auch dem Schutz der Allgemeinheit vor weiteren Straftaten."[80]

Unter dem Begriff „Behandlung" finden sich in der Praxis die unterschiedlichsten auf den Gefangenen bezogenen Tätigkeiten: von der Erlaubnis zum

---

[78] Wagner, Georg: Das absurde System, S. 89
[79] Pecher, Willi: Totale Institutionen und das Thema „Schuld und Strafe", in: Institutionsgeschichten, Institutionsanalysen, S. 135
[80] StVollzG, Beck-Texte im dtv, S. 27

Empfang eines Paketes, über die Gewährung von Ausgang und Urlaub bis hin zu berufsbildenden oder ausdrücklich angeordneten therapeutischen Maßnahmen. In erster Linie aber werden Arbeit und Berufsausbildung als Einwirkungsmöglichkeiten gesehen, sodann in fakultativer Weise Fortbildungsveranstaltungen, schließlich Freizeit und kulturelle Veranstaltungen zeitlich vorgesehen und eingeordnet. So sehr das Strafvollzugsgesetz in seinen Grundsätzen den Gedanken der Resozialisierung betont, so sehr bleibt es in seinen Detailvorschriften dahinter zurück. So gibt es zwar genaue Vorschriften über Sicherheit und Ordnung, unmittelbaren Zwang oder Disziplinarmaßnahmen, aber keine auch nur vergleichbare Regelung über therapeutische Maßnahmen, abgesehen von der Aufnahme in sozialtherapeutische Anstalten. Deren Haftplätze sind aber gemessen an den Gesamtinhaftierungszahlen verschwindend gering.[81]

Wirksamer als gesetzliche Vorgaben erweisen sich nach wie vor (oder erst recht wieder?) über lange Zeit tradierte, zum Teil unbewusste Handlungsmaximen, die den Gefängnisalltag bestimmen und dem Resozialisierungsgedanken zuwider laufen. „Sicherheit und Ordnung"[82] ist nach wie vor das Begriffspaar, das die Begründung für die überwiegende Anzahl konkreter Abläufe im Vollzug bildet und, wenn Behandlungsmaßnahmen mit einem gewissen Sicherheitsrisiko verbunden sind, sich letztlich auch durchsetzt.

Die im Strafvollzug vertretenen Berufsgruppen sind schwerpunktmäßig den beiden erwähnten Handlungssträngen zuzuordnen. Der allgemeine Vollzugsdienst ist in erster Linie für die Gestaltung des möglichst reibungslosen Tagesablaufes (Öffnen und Schließen der Zellen, Versorgung der Gefangenen, Dienst an der Torwache, Überwachung von Besuchen, Aufsicht beim Hofgang, Organisation der Kleiderkammer, Kontrolle bei den Gottesdiensten usw.) und die Gewährleistung der Sicherheit zuständig. Meist Juristen koordinieren als Anstalts- oder Abteilungsleiter die Aufgaben und haben bei den so genannten Haftlockerungen (Ausführung mit einem Beamten, Ausgang zwischen 4 und 8 Stunden mit einer Bezugsperson, Hafturlaub und Freigang, vorzeitige Entlassung) gegenüber der Öffentlichkeit und der Aufsichtsbehörde Verantwortung zu übernehmen.

Fachdienste (Psychologen, Lehrer, Sozialpädagogen, Geistliche, Pastoralassistenten, Ärzte) übernehmen in der Hauptsache Aufgaben der Betreuung und Behandlung, tragen durch ihren Dienst, welcher der „Reparatur" und Nachsozialisation von verhaltensauffälligen Gefangenen gilt, aber auch zu einem störungsfreien Ablauf bei. Auch wenn die Trennung idealtypisch ist und im Einzelfall durchbrochen wird (der Beamte des allgemeinen Vollzugsdienstes als Gruppenleiter für Gefangenengruppen, eingesetzt bei sozialtherapeutischen

---

[81] Vgl. Pecher, Willi: Das Gefängnis als Vater-Ersatz, S. 64
[82] Wagner, Georg: Das absurde System, S. 85

Abteilungen, der Psychologe als Anstaltsleiter), ist der Zielkonflikt strukturell verankert und führt im konkreten Vollzugsablauf zu mannigfachen Reibungsflächen und gegenseitigen Vorurteilen.

Die Tendenz zur Spaltung im Personal ist eine Fortsetzung der noch augenfälligeren Spaltung zwischen Personal und Insassen. „Jede der beiden Gruppen sieht die andere durch die Brille enger, feindseliger Stereotypien. Das Personal hält die Insassen häufig für verbittert, verschlossen und wenig vertrauenswürdig, während die Insassen den Stab oft als herablassend, hochmütig und niederträchtig ansehen. Das Personal hält sich für überlegen und glaubt das Recht auf seiner Seite, während die Insassen sich – zumindest in gewissem Sinn – unterlegen, schwach, tadelnswert und schuldig fühlen. ... In der Regel besteht eine große und oft formell vorgeschriebene soziale Distanz."[83]

Spaltung ist somit in der totalen Institution Gefängnis ein Mechanismus, der sich auf den verschiedensten Ebenen wiederholt und widerspiegelt.

1.1. Der Freiheitsverlust

„Das Heer von Gefangenen besteht aus Gestrauchelten und Gescheiterten, die schon draußen allein waren. In der Zelle verdeutlicht sich ihnen die Wahrheit ihres Lebens: Du stehst für dich; wagst du aufzumucken und auszubrechen, so zeigen wir dir, wie du gefangen bist. Wir zeigen dir die Wahrheit nicht nur, wir zwingen sie dir auf, damit du sie ertragen lernst. Das Leben ist ein Gefängnis."[84] Der Freiheitsverlust ist für den Verurteilten der sichtbarste und offiziell bezweckte Einschnitt. Ihm folgen jedoch mehr oder minder automatisch weitere Einschränkungen mit vielen Folgeschäden. Die mit dem Freiheitsentzug gegebene soziale Isolierung von Menschen, die nichts so nötig hätten wie tragfähige und zuverlässige soziale Beziehungen, werden häufig ihrer letzten familiären Bindungen beraubt. Die darin einmal übernommene soziale Rolle verödet und der durch sie bestätigte Selbstwert der Person wird zerstört. Das Leben verliert an Information und Sinn. Zu durchlaufende Degradierungsrituale (besonders nach der Einlieferung in die Anstalt) machen für alle Beteiligten deutlich, dass der Häftling seinen gesellschaftlichen Status als „anständiger Mitbürger" verloren hat – oder noch verlieren soll. Neue Beziehungen, halbwegs real, können fast ausschließlich nur zu Mitgefangenen geknüpft werden. Der Gefangene, seines personalen Wertes, seiner eigenen Kleidung, sowie weitestgehend auch seiner Rechte beraubt, hat im Rahmen dieser Beziehungen nur noch wenige Möglichkeiten, einen gewissen Selbstwert und eine gewisse Identität zu wah-

---

[83] Goffmann, Erwing: Asyle. Über die soziale Situation psychiatrischer Patienten und anderer Insassen, S. 19

[84] Rottenschlager, Karl: Das Ende der Strafanstalt, S. 25

ren. Er kann etwa versuchen, sich unter den Mithäftlingen eine Machtposition aufzubauen und durch Akte der Selbstverletzung oder sonstige Störung des Anstaltsbetriebes kurzfristig Aufmerksamkeit auf sich lenken. Durch die Tätowierung gewinnen die Häftlinge etwas Persönliches, das man ihnen nicht mehr wegnehmen kann. All dies muss als Versuch der Identitätswahrung und Kommunikation gewertet werden.[85]

1.2. Der Verlust heterosexueller Beziehungen

Die meisten Menschen benötigen zur Entfaltung und Erfüllung ihres Menschseins (wir haben zur Beziehung keine Wahl) das andere Geschlecht. Gerade im Strafvollzug wird diese Tatsache verschwiegen oder heruntergespielt. Da Verschweigen das Problem nicht löst, ergeben sich zwingend vielerlei Fälle von sexueller Ausbeutung und Abhängigkeit. „Eines der größten Probleme für zwangsgetrennte Paare und nicht nur für die inhaftierten Männer, stellt das Fehlen sexueller Kontakte dar."[86] Das Sexualproblem im Strafvollzug ist durch eine Reihe von Fakten bestimmt, die vor allen Beziehungsproblemen die Ausgangslage definieren. Hierher gehört in erster Linie die Tatsache, dass die Lebenswelt des Gefangenen aus einer reinen Männergesellschaft besteht. Sexualität kann also in der Anstalt lediglich als Homosexualität oder in Form von Onanie realisiert werden. Die erhöhte Sexualisierung in der Einzelhaft zeigt sich auch bei der Häufung sexueller Symbole und Wandinschriften. So berichtet ein junger Gefangener über seine Zeit in der Isolation: „Im Arrest kann er nichts tun ... . Er sieht nur die Mauer. Er sucht eine Beschäftigung, er hat keine Mittel sich zu beschäftigen, da vergreift er sich an seinem Körper. Das ist das Einzige, was er hat. ... Was bleibt einem auch anderes übrig. Man kann sich damit trösten, wenn man gar nichts anderes mehr hat. Wenn man nichts mehr zu tun hat, onaniert man."[87]

Wegen des Entzugs von auch nur visuellen Kontakten mit dem jeweiligen anderen Geschlecht kommt es zu einer sexuell betonten Verrohung von Sprache und bildhaften Vorstellungen. Tagträume und nächtliche Träume sind da-

---

[85] Vgl. Schwind, Hans-Dieter: Strafvollzug in der Praxis, S. 244
[86] Busch, M.: Menschliche Bindungen – Eheprobleme und sexuelle Not im Strafvollzug, in: Seelsorge im Strafvollzug, Bd. 4, S. 11
[87] Sperle, Fritz: Sexuelle Probleme im Jugendstrafvollzug, in: Seelsorge im Strafvollzug, Bd. 4, S. 25

her überfrachtet mit sexuellen Phantasien[88], Wünschen und Handlungen, die teilweise sadistisch und pervers gefärbt sind. Die Beschäftigung mit sexuellen Inhalten nimmt einen breiten Raum im Denken, Fühlen und Erleben der Gefangenen ein, wobei andere Interessen absorbiert werden.

Auch wenn in den Strafanstalten gegenüber Homosexualität der Gefangenen untereinander und gegenüber der Onanie heute eine wesentlich entspanntere Einstellung herrscht, wenn Homosexualität nicht mehr kriminalisiert wird und eine negative Registrierung homosexueller Aktionen oder Verhaltensweisen der Selbstbefriedigung unterbleibt, sind die Probleme noch groß genug. Gerade in relativ primitiven Männergesellschaften gelten Homosexualität und Onanie nach wie vor als negative Verhaltensweisen. Selbst wenn sie allgemein ausgeübt werden, erfolgt eine negative Bewertung auch in der Subkultur.

Dass in der Subkultur einer Strafanstalt durch sexuelle Abhängigkeit auch weiterhin kriminelle Abhängigkeit hergestellt wird, ist in einer Zwangsgemeinschaft Straffälliger nicht zu vermeiden. Bis hin zu Erpressungsversuchen werden homosexuelle Abhängigkeitsverhältnisse ausgenutzt. Es muss auch damit gerechnet werden, dass ein Gefangener es als eine für ihn gefährliche Drohung betrachtet, wenn Mithäftlinge ihm ankündigen, dass sie sein homosexuelles oder überhaupt sein Sexualverhalten der Ehefrau mitteilen würden.

Ein weiteres Problem ergibt sich aus der Tatsache, dass Mitgefangene herabsetzend über die Treue von Ehefrauen und Freundinnen sprechen und unter Umständen damit drohen, während des Urlaubs oder einer früheren Entlassung die Partnerin aufzusuchen und ihre Treue zu erproben. Hier werden Ängste aufgebaut und aktiviert, die bereits vorhanden sind und die negativen Kräften zur Ausnutzung offen stehen. Gemeinschaftszellen erschweren zusätzlich die Problematik sexueller Beziehungen im Strafvollzug. Hier können Gefangene ihre Kontakte zur Ehefrau oder zur Partnerin nicht geheimhalten. Befindet sich ein Gefangener aus einer Gemeinschaftszelle z.B. am Arbeitsplatz, so stehen den anderen Insassen Briefe und persönliche Unterlagen (Fotos, Anschriften usw.) zur Verfügung. Eine Intimsphäre ist in Gemeinschaftszellen nicht herzustellen.

Den Frauen ist durchaus bekannt, dass die Angst der Männer vor der Aufnahme sexueller Kontakte zu einem anderen Mann zu den gravierendsten Befürchtungen Inhaftierter zählt. Etwa 2/3 aller Männer äußern gegenüber den

---

[88] In den Phantasien kündigt sich für die Zeit nach der Entlassung eine höchst bedenkliche Entwicklung an, da den Vorstellungen bezüglich sexueller Praktiken während der Haft kaum Grenzen gesetzt sind. Damit und mit der Steigerung der Frequenz der sexuellen Betätigung vollzieht sich auch ein Abbau der Erotik und häufig geht mit dieser Entwicklung auch eine destruktive Tendenz einher, die im Zerstören, Schänden, Entweihen und Deformieren der Gefangenen selbst und der Partner gipfelt. Das Bedürfnis nach menschlicher Nähe und Zärtlichkeit, das Gefühl von einem Menschen geliebt zu werden, ist durch eine reine „Trieb-Befriedigung" überlagert und abgespalten.

Frauen reglementierende Wünsche und Erwartungen und setzen sogar Freunde und Bekannte als Kontrolleure ein. Im Gespräch spielen die Männer im Allgemeinen dieses Problem jedoch herunter.[89]

1.3. Der Verlust der Selbstbestimmung

Die Strafanstalt ist der klassische Fall einer totalen Institution. Das Schlimmste ist für die Häftlinge das Gefühl, einem allmächtigen System hilflos ausgeliefert zu sein. Gleich beim Zugang muss der Gefangene sich vor den „Schlüsselknechten" dieses Systems ausziehen und bücken, er muss sich waschen, er wird umgekleidet. „Gefangene sagen, sie müssen ihre Persönlichkeit auf der Kammer abgeben."[90] Vieles, was ihnen wichtig ist, lebenswichtig ist, wird ihnen auf der Kammer genommen. Frauen müssen z. B. ihre Kosmetika abgeben. Der Tagesablauf ist genauestens reglementiert und wird kontrolliert. Die geringste Begünstigung muss schriftlich mit einem Rapport- oder Wunschzettel beantragt werden. *Freiheitsstrafe bedeutet mehr als Freiheitsentzug.* Auch Selbstbestimmung und Selbstverantwortung werden dem Gefangenen weitgehend entzogen, so dass bei manch einem sich das Gefühl einstellt, sein eigenes Leben gehöre ihm nicht mehr. „Von der Anstalt beköstigt, bekleidet, behaust, bis tief ins Fühlen und Trachten von ihr bestimmt, ohne die gewohnte Verantwortung für sich selbst und ohne Verantwortung für Angehörige wahrnehmen zu können"[91], ist der Insasse auf die Stufe eines unmündigen Kindes degradiert. Totale Überreglementierung führt dazu, dem Häftling das Rückgrat zu brechen und Selbstständigkeit abzugewöhnen. Er erlebt sich als Mensch zweiter und dritter Klasse oder oft nur noch als eine Nummer, die verwahrt und verwaltet wird. Hinter Türspionen und Kostklappen, zwischen eingebauten Klos und Stockbetten liegen sie, oft mit dem Gefühl nicht beachtet zu werden, allein gelassen mit ihren Sorgen und Nöten, im Stich gelassen. Wer dennoch nicht verkümmern und im Strafvollzug die andernorts geforderten Werte wie Selbständigkeit und Eigeninitiative üben will, schadet entweder der Anstaltsruhe oder seinem Charakter. Denn er kann sich nur gegen seine eigene Überreglementierung auflehnen oder versuchen in eine Machtposition zu gelangen, die es ihm erlaubt, die anderen selbst zu unterdrücken, sei es durch Ausnützen ihrer ökonomischen Lage bei Tauschgeschäften oder durch direkte Wucherzinsen beim Arbeiten mit der Tabakwährung oder dass er einfach als

---

[89] Vgl. Busch, M.: Menschliche Bindungen – Eheprobleme und sexuelle Not im Strafvollzug, in: Seelsorge im Strafvollzug, Bd. 4, S. 12

[90] Ceelen, Petrus: Macht das Gefängnis krank?, in: Seelsorge im Strafvollzug, Bd. 4, S. 99

[91] Harbordt, Stefan: Die Subkultur des Gefängnisses, S. 13

"guter Gefangener" wie ein Kriegsgewinner von jenem Vollzugssystem zu profitieren sucht.

1.4. Selbstbeschädigungen, Suizidtendenzen und Selbstbestrafung

Es besteht der Eindruck, als ob der sich Selbstbeschädigte eine veränderte Einstellung zum Schmerzerlebnis aufweist. Die Schmerztoleranz scheint durchweg größer zu sein. Die verwahrlosten Lebensgeschichten mit den mangelnden Befriedigungen körperlicher Bedürfnisse und zahlreiche Züchtigungen mögen den späteren Strafgefangenen in eine vertraute Beziehung zum Schmerz bringen. Der Schmerz ist ein Gefahrensignal der gestörten Integrität des Körpers und ist in der Regel mit dem Leiden als einer Reaktion der Gesamtpersönlichkeit verbunden.

Bei der Selbstbestrafung ist die Verletzung eigentlich oft einem anderen zugedacht, dem Richter oder dem Justizbeamten, man trifft sich aber „zufällig" selbst. Was hier als Zufall erscheint, ist das Aufrechterhalten eines kindlichen Mechanismus der Selbstbestrafung und hat Ähnlichkeit mit dem Verhalten eines Kindes, das die gegen die Eltern erhobene Hand gegen sich wendet. Mit der Beschädigung seiner selbst geht auch eine direkte unabgewandelte Aggression nach außen einher. So lassen sich die mit der Selbstbeschädigung häufig verbundenen Zellenkoller, die sich bis zur Tobsucht steigern können, erklären. Oft ist die direkte, nach außen gerichtete Aggression durch den Satz charakterisiert: „Seht, so weit habt ihr mich gebracht!"[92] Der Selbstbeschädiger greift seine Umgebung (Gesellschaft, Staatsanwalt, Justiz usw.) dadurch an, dass er ihr die Schuld an der Selbstbeschädigung zuzuschreiben versucht. Die Monotonie der Haft kann zu einer Situation führen, deren Veränderung auch um den Preis von Selbstverletzung und Schmerzen erkauft werden will. Eine Selbstbeschädigung kann aber auch Alarmsignal einer durch exogene Faktoren bedingten Notsituation des Gefangenen sein. Jede Selbstbeschädigung muss als Hilferuf einer sich in seelischer Not befindlichen Persönlichkeit gewertet werden.

Auch wenn das „Schnippeln" oft demonstrativen Charakter hat, will der Gefangene seiner Umwelt signalisieren: „Schau doch mal, ich bin so krank oder verzweifelt, dass ich mich ins eigene Fleisch schneide."[93] Das „Schlucken"[94] ist die häufigste Form der Selbstbeschädigung bei Gefangenen. Geschluckt wird alles: Löffel, Gabel, Messer, halbierte Rasierklingen, Nägel und Sputniks:

---

[92] Rottenschlager, Karl: Das Ende der Strafanstalt, S. 29
[93] Ceelen, Petrus: Macht das Gefängnis krank?, in: Seelsorge im Strafvollzug, Bd. 4, S. 103
[94] Ceelen, Petrus: Macht das Gefängnis krank?, in: Seelsorge im Strafvollzug, Bd. 4. S. 104

zwei kreuzweise durch ein Gummibändchen verbundene und in Papier gewickelte Stahlnadeln, die sich nach Auflösung des Papiers spreizen. Sie können den Magenausgang nicht passieren und machen eine Operation erforderlich.

Die Selbsttötungsrate im Strafvollzug liegt sechsmal höher als in der Gesamtbevölkerung; bei den Frauen soll sie zehnmal höher liegen. Etwa 60 – 80 Inhaftierte nehmen sich pro Jahr in deutschen Gefängnissen das Leben, darunter besonders viele Untersuchungsgefangene. Mehr als vierzig Prozent aller Suizide im Vollzug werden im ersten Haftmonat begangen. Nicht nur der Schock der Inhaftierung, sondern auch das Erleben der Schuld bei Mord, Totschlag oder Sittlichkeitsdelikten kann Menschen in den Selbstmord treiben. Viele Selbsttötungen im Vollzug haben sogenannten Bilanzcharakter und können nicht als Kurzschlusshandlung abgetan werden. Darauf weist auch die Art der Selbsttötung hin: fünfundachtzig Prozent durch Erhängen. Sehr hoch ist die Zahl der Suizidversuche, die immer ernst zu nehmen sind, auch wenn sie „nur" demonstrativen Charakter haben und aufmerksam machen wollen. Während Selbsttötung und Suizidversuche durchaus nachvollziehbar sind, ist das Schlucken meist unbegreiflich. Auch wenn Selbstbestrafungstendenzen beim Schlucken oft eine Rolle spielen dürften, so ist und bleibt es doch weitgehend unerklärlich, warum Gefangene so fixiert sind auf das Schlucken.

1.5. Die Normen der Insassen

Als wichtigstes Element einer Insassensubkultur wird gern ein besonderer Kodex oder ein System von Werten und Normen oder von Verhaltensorientierungen genannt. Ein Problem deren Beschreibung liegt darin, dass ihre Verbindlichkeit für die Insassen variiert. Bemerkenswert ist, dass die Werte und Ansichten der am wenigsten erziehbaren Gefangenen in der Subkultur dominieren. Daher haben Gelegenheitstäter oder relativ nichtkriminelle Häftlinge nur einen geringen Status.

Vorrangig gilt das Gebot des Zusammenlebens und der Loyalität unter den Häftlingen und der Solidarität gegen die Beamten. Dies schließt neben dem absoluten Verbot des Kontaktes mit den Beamten eine Reihe allgemeiner Anstandsregeln ein. „Verpfeife nie einen Mitgefangenen, misch dich nicht in fremde Angelegenheiten, lass dir von den Beamten nichts gefallen, rede nicht so viel, schnüffle nicht hinter dem Rücken anderer"[95] sind solche Generalnormen. Besonders hochgeschätzt werden Souveränität und Unabhängigkeit. Die Unbeeinflussbarkeit durch Insassen und Beamte dient der Berechenbarkeit und Verlässlichkeit des Verhaltens von Mitgefangenen. Ein häufig erstrebter Wert

---

[95] Harbordt, Steffen: Die Subkultur des Gefängnisses, S. 22

ist „*Macht*", und zwar nicht als Wert „an sich", sondern als Mittel, um sich von der bedrückenden Überwachung soweit wie möglich unabhängig zu machen. Denn derjenige, der Mitinsassen und auch Aufsehern seinen Willen aufzwingen kann, hat dadurch bedingt einen erweiterten Handlungsspielraum. Macht steht somit im Dienste des Wertes „Unabhängigkeit". Damit im Zusammenhang steht die Fähigkeit „Ruhe zu bewahren, in Ruhe lassen, verlier nicht den Kopf (diese Vorschrift soll Streitigkeiten mit Aufsehern und Mitgefangenen möglichst gering halten), störe nicht die Ruhe oder Ordnung im Bau."[96] Diese und ähnliche Anpassungsnormen gelten vor allem unter Gefangenen mit langen Strafen, deren Beziehungen zu den Beamten eingespielt sind und die so angenehm wie möglich leben wollen.

Eine eminente Wertschätzung genießt „Männlichkeit". Da aber eines der wichtigsten Kriterien der Männlichkeit, die heterosexuelle Aktivität, im Gefängnis wegfällt, gewinnen andere Bezugsgrößen eine verstärkte Bedeutung. Man ist „ein Mann", wenn man bei allen Deprivationen und Züchtigungen Härte und Zähigkeit zeigt und Würde bewahrt. Besonders unter Gefängnisinsassen, die aus dem Jugendstrafvollzug kommen, gilt Gewaltsamkeit als Beweis für Männlichkeit. An diesen Wert erinnern Normen wie: „Lass dich nicht unterkriegen, nicht weich werden, lerne Nehmen und Geben wie ein Mann."[97]

Dieser mit vielerlei männlichen und ehrenhaften Imperativen fortsetzbare Katalog von Verhaltensorientierungen dient teilweise als Maßstab für die Zuschreibung von Status innerhalb der Gefangenenhierarchie. Tatsächlich scheinen die genannten Normen dieses Männer-Ehren-Kodex besonders durch Lippenbekenntnisse aufrecht erhalten, aber längst nicht von allen eingehalten zu werden. Damit stellt sich die Frage nach der Durchsetzung der Normen.

Sie geschieht, wie überall, prinzipiell durch Einübung, Ermahnung und Gewöhnung. Erst bei ernsteren Fällen der Abweichung greifen die Insassen zu Sanktionen. Den Strafgefangenen trifft es hart genug, wenn er – von der konventionellen Welt abgelehnt – auch unter seinesgleichen ausgestoßen wird. Der Ausgestoßene kann mit keiner Gefälligkeit rechnen, er kann auf dem Tauschmarkt seine Güterversorgung nicht verbessern, er erfährt wichtige Nachrichten nicht, er findet bei niemandem Schutz. Die Anwendung von physischer Gewalt bei der Bestrafung reicht vom warnenden „Denkzettel" bis zur buchstäblichen Verwendung als Prügelknabe. Der zu Bestrafende kann an einem entlegenen Ort zusammengeschlagen werden, „er kann eine Treppe hinunterfallen, oder es kann ihm bei der Arbeit ein Unglück zustoßen."[98]

---

[96] Harbordt, Steffen: Die Subkultur des Gefängnisses, S. 23
[97] Harbordt, Steffen: Die Subkultur des Gefängnisses, S. 24
[98] Harbordt, Steffen: Die Subkultur des Gefängnisses, S. 26

Wichtig ist dieser Normenkatalog insbesondere, weil er Verhaltensanweisungen zur Verfügung stellt, wie aus der Sicht eines „erfahrenen" Gefangenen die Haft am besten zu überstehen sei. Im Hinblick auf das Resozialisierungsziel ist über das Wert- und Normensystem des Gefängnisses folgendes zu sagen: Der Insassenkodex unterbindet fruchtbare Kontakte zum Resozialisierungsstab und verringert die Chance, dass ein Häftling gute Vorsätze fasst. Die starke Tendenz zur Opposition gegen die Beamten erfasst selbst die relativ nichtkriminellen Insassen. Die Nonkonformität mit der Insassenkultur und deren eigenen Normen besagt nicht zwangsläufig eine Übereinstimmung mit den konventionellen Normen in der Freiheit. Wer im Gefängnis die Eigentruppe hintergeht, um des persönlichen Vorteils willen auch vor dem Beamtenstab heuchelt, hat in der Zeit nach der Entlassung große Schwierigkeiten, die in der Freiheit verbindlichen Normen zu befolgen. Hier zeigt sich eine grundlegende psychologische Seite des Resozialisierungsproblems: die Fähigkeit, überhaupt Normen einhalten zu können. Dieser Aspekt muss als wichtige Einschränkung der ganzen Normendiskussion beachtet werden.[99]

1.6. Die Sozialstruktur der Insassen

Mit der Sozialstruktur der Insassen ist jene ungeplante – und bisweilen unerkannte – Gliederung oder Ordnung gemeint, die sich die Insassen selbst zu geben scheinen. Diese informelle Struktur ist trotz fortlaufenden Wechsels relativ gleichbleibend. Fragt man, wie sich die Insassen selbst und andere einstufen, so kehren zwei Kriterien immer wieder: „erstens das Verbrechen bzw. die Tat, zweitens der Mensch, genauer: der Charakter."[100] Die Abstufung nach der Tat (von den Einbrechern, die sich als kriminelle Creme betrachten, über Betrüger bis hin zu den Sexualstraftätern) bietet eine verwirrende Vielfalt, auf die ich hier nicht näher eingehen möchte.

Wenn die Gefangenen ihre Mitinsassen beurteilen, d.h. ihre Persönlichkeit und ihren Charakter, dann geschieht dies vor allem unter dem Gesichtspunkt, wie sie sich im Kampf gegen den Beamtenstab verhalten. Schwache und labile Menschen werden sowohl von der „Elite" als auch von der „Mittelklasse" in die unterste Schicht eingestuft.[101] Ihnen gilt nicht Mitleid, sondern Verachtung und Hass. Weiterführend als die Drei-Schichten-Vorstellung ist es, den Blick auf die Beschreibung des tatsächlichen Verhaltens der Häftlinge zu richten. So

---

[99] Harbordt, Steffen: Die Subkultur des Gefängnisses, S. 31
[100] Harbordt, Steffen: Die Subkultur des Gefängnisses, S. 53
[101] Es ist unnötig zu betonen, dass eine strikte Trennung zwischen diesen Schichten nicht möglich ist. Mobilität gibt es jedoch nur für die beiden oberen Schichten: aufwärts durch Renitenz gegen den Stab, abwärts durch Verstöße gegen den Normenkodex der Insassen.

II. Kapitel: Das Biotop „Gefängnis"

werden Verhaltensweisen und Rollenerwartungen des Strafgefangenen wesentlich aus vier Quellen gespeist: „1. Den formellen Anstaltsvorschriften, 2. den informellen Erwartungen des Vollzugspersonals, 3. den Verhaltenserwartungen der Mitgefangenen und 4. den individuellen Normen und Bedürfnissen"[102] des Insassen, von seiner eigenen Vorstellung der Häftlingsrolle. Diese Normengruppen können sich widersprechen und zu einem Rollenkonflikt führen. Versuche, derartige Konflikte zu lösen, bereiten dann den Boden für gefängnisspezifische Verhaltensweisen. In all diesen Rollen wird der Versuch gesehen, die bereits erwähnten Deprivationen zu meistern.

Zwei grundsätzliche Alternativen zeichnen sich im Normenkonflikt ab: „sich strikt an den Insassenkodex zu halten oder eindeutig und offen den konventionellen Werten und den Stabsnormen zu folgen."[103] Wer die Normen der Insassen optimal erfüllt, gilt als „real man". Dieser Häftlingstypus steht völlig loyal zu den Gefangenen. Er ist ein harter, „ganzer Mann", dem mit Strafen nicht beizukommen ist, der eine meist ausgedehnte kriminelle Karriere aufweisen kann und der als Vorbild wirkt, da er uneigennützig die Interessen der Gefangenen vor seine eigenen stellt. Er bittet nicht um Mitleid, vor allem kriecht er nicht; er bewahrt seine Würde. Falls er Privilegien hat, sind sie verdient. Er lässt niemanden im Stich, hält sein Versprechen, ist verlässlich und vertrauenswürdig, hasst aber Denunzianten. Selbst bei den Beamten genießt er einen gewissen Respekt, wobei die Aufseher aufgrund seiner Stellung lieber die Finger von ihm lassen und mit ihm eine Art Waffenstillstand bevorzugen.[104]

Wer dagegen die andere Alternative gewählt hat, ist ein „square John". Hier entscheidet der Häftling den Normenkonflikt zugunsten der Anstaltsleitung und arbeitet bei gewünschten Aktivitäten bereitwillig mit. Sein eifriger Gehorsam gegenüber den Beamten und sein offenes Bekenntnis zu deren Werten und Meinungen schließen allerdings nicht den Verrat von Mitgefangenen an den Stab ein. In diesem Punkt bleibt er seinen Gefährten gegenüber loyal. Diese Art von Häftling ist oft Erst- und Gelegenheitstäter ohne kriminelle Karriere, der von der Mehrheit der Gefangenen wenig geschätzt und wenig gehasst wird.

Anders wird mit Denunzianten (auch als „rat" bezeichnet) verfahren, die den Beamten Informationen zum Schaden eines Mitgefangenen geben. Dieser Gefangene ist überproportional häufig wegen Betruges oder anderer, das Opfer manipulierender, Delikte verurteilt worden. Als glänzender Rollenspieler verschafft er sich in den gefängniseigenen Betrieben, besonders bei der Essen-

---

[102] Schwind, Hans-Dieter: Strafvollzug in der Praxis, S. 246
[103] Harbordt, Steffen: Die Subkultur des Gefängnisses, S. 57
[104] Vgl. Schwind, Hans-Dieter: Strafvollzug in der Praxis, S. 247

sausgabe, Aufgaben, die es ihm erlauben, sowohl mit dem Personal als auch mit anderen Gefangenen häufig zusammenzukommen. Daraus ergeben sich Informationsvorsprung und Einfluss. Die Insassen reagieren auf die Überführung eines Denunzianten mit drakonischen Maßnahmen. Wie schon erwähnt, kann er das Opfer eines lancierten Unglücks oder dermaßen verprügelt werden, dass Verkrüppelung oder tödlicher Ausgang vorkommen. Nach der Abrechnung wird er mit Ausstoßung bestraft, kein „anständiger" Insasse spricht mehr mit ihm, und in der Folge muss er bei allen überraschenden Aktionen des Stabes als Schuldiger und Sündenbock herhalten.[105]

1.7. Prisonisierung und Akkulturation

Die Anpassung an verschiedene Aspekte der Gefängniskultur und die stärkere oder schwächere Übernahme ihrer Gebräuche, Sitten und Gewohnheiten wird oft mit dem eingedeutschten Begriff „Prisonisierung" wiedergegeben. Dieser Prozess der geistigen und seelischen Anpassung an das Gefängnisleben geht mehr oder minder unbewusst, langsam und gradweise vor sich. Genau genommen beinhaltet der Begriff zwei Aspekte: die Angleichung an den Anstaltsbetrieb und das Erlernen der Insassenkultur. Zudem dürfte es ohnehin zweckmäßig sein, diesen Sammelbegriff in einzeln mehr fassbare Bestandteile wie „subkulturelle Anpassung, Realitätsverlust, Kontaktverlust, Vereinzelung, ideelle Hypertrophierung"[106], in klar voneinander abzugrenzende neurotische Entwicklungen aufzugliedern. Jeder Insasse wird zu einem gewissen Grad von der Prisonisierung betroffen, denn alle Häftlinge sind den stets präsenten Faktoren der Prisonisierung ausgesetzt. Wichtig aber ist folgende subtil voranschreitende Veränderung: Anfangs werden Essen, Kleidung, Unterhaltung, Arbeit und Sicherheit nur hingenommen, teilweise mit Widerwillen; dann aber setzt sich die Ansicht durch, dass man all dies von der Anstalt fordern kann, dass man Ansprüche stellen kann ohne eine Pflicht zur Gegenleistung. Bedeutsam an dieser feinen Veränderung ist, dass sich darin – meist unbewusst – der Verzicht auf eigene Initiative ausdrückt. Man begibt sich in die Obhut des Systems. Man fügt sich der Anstaltsleitung so weit wie nötig, ansonsten macht man es sich so bequem wie möglich.

Den beschriebenen Prozess könnte man auch die Institutionalisierung des Strafgefangenen nennen. Er geht im Extrem so weit, dass die Haft als Lebensform akzeptiert wird. Genet schreibt von einem Mitgefangenen: „Als er mir versicherte, dass er das Gefängnis liebe ..., begriff ich, dass es Leute gibt, für

---

[105] Vgl. Harbordt, Steffen: Die Subkultur des Gefängnisses, S. 58-59
[106] Schwind, Hans-Dieter: Strafvollzug in der Praxis, S. 249

die das Gefängnis eine Form des Lebens ist, mit der sie sich abgefunden und die sie akzeptiert haben."[107] Bei Jugendlichen wirkt die Prisonisierung besonders intensiv und nachhaltig (selbstständiges Entscheiden und Handeln wird ihnen gleichsam ab erzogen) und verhindert die notwendige Entwicklung ihrer wenig gereiften Persönlichkeit. Ein jugendlicher Strafgefangener beschreibt seine Erfahrung wie folgt: „Ich weiß jetzt bis ins kleinste, wie ich mich verhalten muss – im Gefängnis. Ich weiß, was erlaubt ist und was verpönt, was erwünscht und was verboten ist; ich weiß, wie man Gesuche gut durchkriegt, wie man zu Vergünstigungen kommt, wie man schnell einen guten Posten erringt und sich beliebt macht, ich weiß, wie man fünf Jahre „rumbringt" – ohne Arrest, ohne Meldung; wie man es anstellt, dass man begnadigt wird. Nur – das ist etwas, was ich nicht verwerten kann. Denn jetzt muss ich ja raus, ins Leben, wissen Sie, und das kann ich nicht. Ich weiß nicht mehr, wie man das macht. Denn ich bin ja erzogen worden – fürs Gefängnis ... . Sperren Sie mich ein – und Sie werden bestimmt Ihre Freude an mir haben."[108]

Diese Beispiele mögen zeigen, was es mit der Prisonisierung als Angleichung an den Anstaltsbetrieb auf sich hat. Der zweite Aspekt macht die Prisonisierung aber erst komplett, nämlich das Erlernen der Werte, Normen und Dogmen der Insassenkultur. Dies bewirkt eine Ideologisierung des Gefangenen und eine Verstärkung seiner kriminellen Neigung. Die Prisonisierung als Erziehung zum guten Gefangenen oder zum guten Kriminellen ist damit natürlich nur ansatzweise beschrieben. Es darf aber als sicher gelten, dass den meisten Strafgefangenen die Resozialisierung außerordentlich erschwert, wenn nicht gar unmöglich gemacht wird, wenn sie erst in einem bestimmten Maß prisonisiert sind (Gefängnis als eine Schule des Verbrechens). Daneben ist festzuhalten, dass Ausmaß und Geschwindigkeit der Prisonisierung von Fall zu Fall verschieden sind und dass ihre beiden Aspekte bei einem Insassen nicht unbedingt zusammentreffen müssen. Wenn also Gefangene eine kriminelle Subkultur des Gefängnisses übernehmen, der sie bislang nicht angehört haben, so würde der Strafvollzug nicht zur Sozialisierung oder Resozialisierung, sondern zur Ent-Sozialisierung führen. Dann wäre es schon ein kaum erreichbares Ziel, wenn die Gefangenen das Gefängnis so verlassen könnten, wie sie es betraten.[109]

---

[107] Genet, Jean: Wunder der Rose, S. 301

[108] Harbordt, Steffen: Die Subkultur des Gefängnisses, S. 86

[109] Vgl. Schwind, Hans-Dieter: Strafvollzug in der Praxis, S. 250

1.8. Allgemeine Zusammenfassung

Auch wenn die Überlegungen zur Subkultur des Gefängnisses in diesem Rahmen nicht weiter ausgeführt werden können, lassen sie doch eine Reihe von allgemeinen Schlussfolgerungen zu. Die wichtigsten sollen nochmals geordnet und zusammengefasst werden.

Der Resozialisierung der Strafgefangenen arbeiten zwei wirksame Prozesse der Prisonisierung entgegen, und zwar
1. die Erziehung zum Kriminellen (Einfluss der Insassen und ihrer Subkultur)
2. die Erziehung zum „guten Gefangenen" (Internalisierung der Anstaltsnormen)

Die Insassenkultur wird von einer dominierenden Minderheit extrem antisozial orientierter Krimineller geprägt. Diese Minderheit setzt die Antistabsnormen und die übrigen Konternormen. Von ihr gehen die herrschenden, kollektiven Einstellungen zu gesellschaftlichen Werten und Institutionen aus. Nach ihren Maßstäben wird der Mitgefangene bewertet. Diese Minderheit gilt als Vorbild.

Der Grad der Beeinflussung durch die Insassenkultur variiert aufgrund folgender Faktoren: Persönlichkeit, Haftlänge, Gruppenbeziehungen.

Die Ausprägung der Insassenkultur unterscheidet sich:
1. mit der Beschaffenheit der Insassen
2. mit der Struktur und Politik der Anstalt sowie der Zahl der Insassen

Je mehr die soziale Situation, in die der Strafgefangene im Gefängnis gestellt wird, vom Leben in der freien Gesellschaft abweicht, um so weniger kann die Umerziehung durch Lernen und Übung bewirkt werden. Dies gilt nicht nur für das Verhältnis zu Arbeit, Freizeit, Autorität usw., sondern vor allem auch für die zwischenmenschlichen Beziehungen (sowohl zu Stabspersonen wie zu Mitgefangenen).

2. Vom Umgang der Insassen mit Schuld und Sühne in den Mauern

Schuld ist ein moralisch – ethischer Begriff, zu dem theologische, philosophische, juristische und psychologische Implikationen gehören. Die Auffassung von ethischen Werten mit dem Korrelat von Verfehlungen und Schuld ihnen gegenüber weisen in verschiedenen Gesellschaften und zu verschiedenen Zeiten große Unterschiede, wenn nicht gar Gegensätze auf. Heute kommt noch in starkem Maß dazu, dass das, was konkret als Schuld bzw. Nicht-Schuld betrachtet wird, weitgehend von subjektiven Wertungen abhängt. Prominente gestehen in großer Öffentlichkeit „Fehler" ein, drücken sich jedoch um eine schuldhafte Verantwortung dafür, so als wäre ihre Verletzung der Norm ein Versehen. Übertretungen der Normen verlagern sich immer mehr auf eine Gewinner-Verlierer-Ebene nach dem Motto: Hauptsache nicht erwischt werden! Aus unserer westlichen Gesellschaft scheint die Annahme von Schuld deutlich auszuwandern. Es haftet ihr etwas Muffiges, Gestriges an. Schuldig sein wird also auf verschiedenen Ebenen abgewertet, sowohl was seine Existenz und seine grundsätzliche Bedeutsamkeit als auch die persönliche Akzeptanz betrifft.[110]

Für den Aufenthalt im Gefängnis bildet Schuld den gemeinsamen Nenner. Menschen verschiedenen Alters, verschiedener Herkunft, mit verschiedenen Sprachen, verschiedenen Persönlichkeitsmerkmalen sind einzig und allein aus dem einen Grund in derselben Einrichtung untergebracht: Sie haben sich in den Augen der anderen schuldig gemacht. Schuldeinsicht und Schuldgefühl sind bei gar nicht wenigen Gefangenen vorhanden (besonders stark ausgeprägt während der Untersuchungshaft), werden aber, insbesondere bei langer Haftdauer, verdrängt. „Ich kann mich doch nicht zehn Jahre lang ununterbrochen schuldig fühlen!" ist die durchaus nachvollziehbare Aussage eines Gefangenen. Aus einer US-amerikanischen Studie geht hervor, dass sich die Einstellung zur Schuld während der Haftzeit ändert: In der ersten Woche nach der Einlieferung fühlten sich 60 % schuldig und deshalb zu Recht in Haft. Bei der Hälfte der Strafzeit nach mindestens sechs Wochen waren es nur noch 36%, einige Wochen vor der Entlassung aber wieder 70 %, die sich schuldig fühlten.[111] Zu Beginn und am Ende der Haftzeit vergleicht sich der Insasse wohl eher mit „draußen" und fühlt sich im Vergleich zu den „anderen" schuldig. Inmitten der Haftzeit sind sein Orientierungspunkt überwiegend die anderen Gefangenen, die ebenso unter dem Schuldvorwurf stehen und denen gegenüber er sich nicht schuldig fühlen muss.

Schuldprojektion ist ein Standart-Abwehrmechanismus unter Insassen. Wenn einem ständig die eigene Schuld vor Augen steht - und jedes Gitter zeigt, dass man im Gefängnis ist, weil die Gesellschaft einen für schuldig hält - , ist es ungemein erleichternd, wenn andere schuldiger sind als man selbst und deshalb die eigene Schuld vernachlässigt werden kann. Da können Schuldgefühle dann schnell zu schicksalhaft erlebten Anteilen der Persönlichkeit werden, gegen die man sowieso machtlos ist und mit denen man leben muss – „ich bin halt so (geworden)".[112] Generell wird „Schuld" in zwei Richtungen abgegeben: an Mitgefangene und ans Personal. So erscheinen Diskriminierungen innerhalb

---

[110] Vgl. Gummel, Bettina: Vergeben – versöhnen – befreien, in: Geist und Leben, Heft 2, S. 120

[111] Vgl. Harbordt, Steffen: Die Subkultur des Gefängnisses, S. 15

[112] Vgl. Grant, Marion: Personenzentrierter Umgang mit Schuld in der Gefängnisseelsorge, S. 26

der Gesamtgesellschaft im Gefängnis wie unter einem Vergrößerungsglas: Homosexuelle, Obdachlose, Süchtige, vor allem aber Vergewaltiger und jene, die sich der Unzucht mit Minderjährigen strafbar gemacht haben, werden ausgegrenzt. Man selber ist froh, nicht einer von ihnen zu sein.

Gegenüber dem Personal und der Institution führt die Schuldprojektion zu einer Umkehrung von Täter- und Opferrolle. Die Behandlung und (vermeintliche) Unterdrückung durch das Personal ist das eigentliche Verbrechen, man selbst das wehrlose Opfer. Empörung und Wut über (angeblich) erlittenes Unrecht lenken von eigenen Anteilen ab und wirken gemeinschaftsstiftend. Und natürlich bietet der Tagesablauf der Justizvollzugsanstalt genügend Anhaltspunkte, um sich projektiv mit der außen wahrgenommenen Feindseligkeit zu identifizieren: die niedrige Entlohnung, der frühe Einschluss in die Zelle, das eintönige Kantinenessen – all dies kann als Anzeichen interpretiert werden, dass es einzig und allein um Repression geht.

Überlegungen zur Schuld und der geforderten Sühne bei Straffälligen bleiben nicht nur im luftleeren Raum, sondern führen – sogar praktisch zwangsläufig – in die Irre, wenn man sich nicht zuvor klar wird, inwieweit man es bei den Straffälligen und speziell den Insassen von Vollzugsanstalten überhaupt mit Schuldigen zu tun hat. Das ist heute sehr umstritten, weil man sich über das Wesen von Schuld und Sühne uneinig ist und folglich auch unterschiedliche Auffassungen vom Sinn und Zweck der Strafe und des Strafvollzugs hat.

2.1. Der Begriff der Schuld

Unter Schuld versteht man in diesem Zusammenhang die Haftbarkeit für eine Tat, die man begangen hat und für die sich aus ihr ergebenden Folgen denjenigen gegenüber, denen man durch sein Schuldigwerden Unrecht getan hat. Dieses Unrecht besteht in der Verletzung eines bestimmten objektiven Rechts und dadurch und darüber hinaus in der Verletzung der Personenwürde desjenigen bzw. derjenigen, gegen den bzw. die sich der Rechtsbrecher mit seiner ungerechten Tat wendet. Schuld setzt also immer voraus „einerseits die Verantwortung jemandem gegenüber, von dem man berechtigterweise zur Verantwortung gezogen werden kann (formaler Aspekt) und andererseits eine tatsächliche Rechtsverletzung, für die man haftbar gemacht werden kann (materialer Aspekt)."[113]

Formell haftbar ist man freilich nur demjenigen gegenüber, dem man verantwortlich ist. Verantwortlich ist man immer jemandem gegenüber, der Ansprüche stellen kann, weil man ihm gegenüber verpflichtet ist, seine Ansprüche zu

---

[113] Molinski, Waldemar: Schuld und Sühne, in: Seelsorge im Strafvollzug, Bd. 1, S. 12

erfüllen, sofern man dazu in der Lage ist. Diese Verantwortung kann dann eine sittliche bzw. eine rechtliche sein.

Sittlich verantwortlich ist man unmittelbar den berechtigten Ansprüchen seiner Mitmenschen gegenüber und auch sich selbst gegenüber. Der in sich selbst einleuchtende Grund dafür ist die personale Würde eines jeden Menschen. Durch diese unmittelbare Verantwortung dem Nächsten und sich selbst gegenüber wird man – theologisch gedacht - gleichzeitig und noch weitreichender Gott gegenüber verantwortlich; denn als unser Schöpfer erwartet er von uns berechtigterweise, dass wir uns unserem Nächsten und uns selbst gegenüber – unserer personalen Würde und unserem personalen Wert entsprechend – verantwortlich verhalten. Dementsprechend wird eine unverantwortliche Einstellung durch Taten zum Ausdruck gebracht und verwirklicht, durch die man die Rechtsgüter verletzt, die die betroffenen Personen zur Erhaltung und Entfaltung ihrer Persönlichkeit entsprechend ihrer Würde und ihrem Wert beanspruchen können.[114]

In rechtlicher Hinsicht versteht man unter Schuld die Zurechenbarkeit einer rechtswidrigen Handlung. Diese wird nach dem Grundsatz bestimmt, dass eine Handlung prinzipiell ihrem Verursacher anzurechnen ist, sofern nicht unter bestimmten allgemeinen oder besonderen Voraussetzungen von einer Nichtzurechenbarkeit der Handlung auszugehen ist. Dies kann der Fall sein, wenn jemand zur Zeit der von ihm begangenen rechtswidrigen Tat nicht strafmündig oder in der personalen Steuerung seiner Fähigkeiten mehr oder weniger behindert war. Das Ausmaß der strafrechtlichen Schuld wird durch einen gesetzlichen oder richterlichen Akt bestimmt, durch den die Rechtsgemeinschaft festlegt, wie weit man in dieser Gesellschaft für seine Taten materiell haftbar und formell verantwortlich gemacht und somit rechtlich schuldig wird.

Die humanwissenschaftlichen Erkenntnisse und die praktische Erfahrung zeigen, dass dabei in hohem Maße Unrecht geschieht. Immer wieder werden psychisch und sozial schwer geschädigte Menschen für ihre Taten und deren Folgen in einem Umfange verantwortlich und haftbar gemacht, der ihre Verantwortlichkeit und ihre Fähigkeit, für die Folgen ihrer Taten einzustehen, übersteigt. Für ihre Sozialisierung und für die Tilgung der Folgen ihrer Rechtsbrüche im Rahmen ihrer Verantwortlichkeit ist das eher hinderlich als förderlich.

Unangemessene Strafen dienen nicht der „sittlichen Vervollkommnung der Bestraften, sie dienen auch nicht dem Abbau der Kriminalität und folglich dem Schutz der Gesellschaft – im Gegenteil, sie verführen zum Abbau von Verantwortungsbewusstsein und zu Hass.[115] Sie entwürdigen und isolieren, aber sie richten nicht auf, und sie versöhnen nicht.

---

[114] Vgl. Gründel, Johannes: Schuld – Strafe – Sühne, in: Hat Strafe Sinn?, S. 135

[115] Molinski, Waldemar: Ethik der Strafe, in: Hat Strafe Sinn?, S. 177

Aufgrund ihrer psychosozialen Belastung ist nämlich einerseits ihr Handlungsspielraum häufig viel weitreichender eingeengt, als das die durch die Unrechtstaten irritierte Rechtsgemeinschaft wahrhaben will. Die Art der Strafe ist andererseits häufig ungeeignet, den Straffälligen zum optimalen Einsatz seiner begrenzten Möglichkeiten zur Wiedergutmachung zu motivieren, weil nach dem geltenden – von obrigkeitsstaatlichem Denken geprägten – Recht die Strafe primär eine öffentlich rechtlich verhängte Vergeltung zum Schuldausgleich ist. Die Wiedergutmachung ist dagegen eine privatrechtliche Angelegenheit zwischen Schädiger und Geschädigten, in die sich der Staat wenigstens unmittelbar nicht einzumischen hat.

2.2. Der Begriff der Sühne

„Sühne kann nicht erzwungen werden, sondern ist aktive sittliche Leistung, die der Schuldige selbst zu vollziehen hat."[116] Sie ist ein Ausgleich von sittlicher Schuld durch Bekehrung und Wiedergutmachung. Zu diesem Zweck muss man sich von seiner verantwortungslosen Einstellung abwenden und zu seiner Verantwortung bekehren, die man anderen und speziell Gott gegenüber hat. Darüber hinaus muss man versuchen, den objektiven Schaden, der aus der „sündigen" Tat entstand, im Rahmen des Möglichen wieder gut zu machen. Durch solche Bekehrung zur Verantwortlichkeit und durch Wiedergutmachungstaten kann man jedoch die Sünde nicht ungeschehen machen und den Schaden, der durch sündiges Versagen verursacht wurde, meistens nur in begrenztem Umfange, nicht selten sogar überhaupt nicht wieder gut machen. Aber, „Schuld lässt sich nicht „vergelten" oder zurückzahlen. Wo ein Mensch echte Schuld erlebt, bedarf er geradezu der Versöhnung oder Sühne, will er wieder gesunden."[117] Er muss die Möglichkeit erhalten, die unterbrochene Verbindung mit der Gemeinschaft wieder aktiv aufzunehmen. Gerade in der Sühne zeigt sich die schwerwiegende Verpflichtung, dem schuldig gewordenen Menschen eine Eingliederung zu ermöglichen, sich um Resozialisierung zu bemühen, die nur dann möglich wird, wenn sie vom Schuldigen auch aktiv vollzogen wird. Dies können Gesten und Handlungen sein, mit denen der Schuldige zum Ausdruck bringt, dass er sich seiner Schuld in angemessenen Umfang bewusst ist und die Bereitschaft hat, sie im Rahmen seiner Möglichkeiten abzutragen. Welche Gesten und Handlungen als angemessener Ausdruck der Sühnebereitschaft gelten können, hängt sowohl von den subjektiven Möglichkeiten des Schuldigen als auch vom Ausmaß der subjektiv und objektiv nicht begleichba-

---

[116] Gründel, Johannes: Schuld – Strafe – Sühne, in: Hat Strafe Sinn?, S. 143
[117] Gründel, Johannes: Schuld und Versöhnung, S. 150

ren Schuld als auch von der Betroffenheit derjenigen ab, denen gegenüber man schuldig geworden ist. Der Ritus von Versöhnungsgesten und ihre Deutung richten sich immer nach der sozio-kulturellen Verfassung einer Gesellschaft und der psychischen Entwicklung der einzelnen. Sie nehmen so aufgrund des geschichtlichen Wandels und der mit ihm einhergehenden Bewusstseinsänderungen – bei konstant bleibenden Strukturen – unterschiedliche Gestalt an.

Wer sich darum bemüht, den Resozialisierungsgedanken in das Strafrecht einzubringen, zugleich aber den Gedanken von Schuld und Sühne völlig ausscheidet, sägt den Ast ab, auf dem er sitzt. Wenn aber Sühne und die mit der Sühne zusammenhängende Resozialisierung ohne aktive Beteiligung des Straftäters nicht möglich ist, dann erscheint jedes bloße „Absitzen von Strafe", jede Abrichtung eines Straftäters auf eine rechte Ordnung hin als unzureichend, ja ungeeignet, den Täter in seine Verantwortung gegenüber sich und der Gesellschaft zu stellen - und deshalb als menschenunwürdig.

2.3. Der transpersonale Aspekt der Schuld

Neben der unmittelbar persönlich zurechenbaren Schuld gibt es auch unwissentliche Verstöße, Mitverschuldungen, die uns überhaupt nicht oder nur zum Teil bewusst werden. Geht man davon aus, dass Böses in der Welt auch als ein überpersonales Geschehen in den Strukturen der Gesellschaft und in der jeweiligen Generation verfestigt vorliegt (Ungerechtigkeit, Neid, Verhärtung), und man Tag für Tag sieht, wie Menschen in vielfacher Weise in den Strudel solcher Verhaltensweisen hineingerissen werden, dann erscheint es als angezeigt, „den Begriff der Schuld (wie auch der Sünde) in einem übertragenen Sinne, als „transpersonale Schuld" zu verwenden."[118] Gemeint ist bald etwas, das uns zwar mittrifft, für das wir auch einzustehen haben, das aber dennoch nicht unserer Freiheit entstammt, sondern schicksalhaft auf uns lastet. Oft wird die Grenze zwischen persönlicher Schuld und gemeinschaftlicher Mitverantwortung fließend sein.

So steht hinter jedem kriminellen Geschehen ein in irgendeiner Weise noch schuldig zu sprechender Täter. Mag es die Umwelt, die Vergangenheit des Täters, seine Familie, die Strukturen der Gesellschaft und ebenso das ihn mehr oder weniger belastende Erbe seiner Vorfahren sein. Klar ist, solche transpersonale Schuld kann juridisch nicht verfolgt werden. Wenn uns aber eine Mitschuld für das Versagen von Straftätern in unserer Gesellschaft trifft und wenn nur die Täter, nicht aber die entfernteren „Mitschuldigen" bestraft werden, dann ergibt sich zumindest die Verpflichtung, denen, die für die Tat strafrecht-

---

[118] Gründel, Johannes: Schuld und Versöhnung, S. 82

lich die Konsequenzen zu tragen haben, die Rückkehr und Wiedereingliederung in unsere Gesellschaft zu ermöglichen.

Wesentlich erscheint mir als Ertrag aus dieser Betrachtung des Schuldaspektes für den Umgang mit Schuld in der Gefängnisseelsorge zum einen, dass die Schuld des Gefangenen eine Tatschuld und keine Lebensführungs- oder gar Charakterschuld ist, also der Mensch – auch aus rechtlicher Sicht - mehr ist als die Summe seiner (Un)Taten. Zum anderen wird deutlich, dass die Funktion der Strafe sich zwischen den Polen des Schuldausgleiches und der Resozialisierung bewegt; ein Thema, das Seelsorgegespräche immer wieder prägt, weil Gefangene ihr Dasein im Vollzug mehr als Strafe denn als Möglichkeit empfinden, sich zu resozialisieren oder zu lernen mit ihrer Schuld umzugehen. Der Seelsorger wird sich im Umgang mit Menschen im Strafvollzug gerade im Wissen um die Vorläufigkeit und Begrenztheit allen rechtlichen Schuldurteilens einmal mehr auf sein christliches Proprium zurück besinnen müssen.[119]

3. Risse in den Gefängnismauern – die „geheimen" Verbindungen der totalen Institution nach „draußen"

„Es muss wohl so sein, dass die Strafjustiz noch eine andere, gleichsam geheime Funktion hat, dass sie diese zufriedenstellend erfüllt und gerade wegen dieser Funktion nicht fallengelassen wird, obgleich sie sich für ihre offiziellen Zwecke offensichtlich als untauglich erwiesen hat".[120]

Bestrafung ist kein Vorgang, der nur den Staat als Strafenden und den Kriminellen als Bestraften angeht. Aufsehen erregende Berichte[121] in den Medien, die großes Interesse auf sich ziehen, zeigen, dass die Gesellschaft als Ganzes am Vorgang der Bestrafung emotional mitbeteiligt ist.

Die Gesellschaft verlangt Sühne für das begangene Verbrechen, weil sie es nicht dulden kann, „dass ein anderer straflos etwas ausführen darf, was den Rechtschaffenen verboten ist."[122] Die für das Bestehen der Gesellschaft notwendige Forderung des Triebverzichts des Einzelnen - um die Sprachform der Tiefpsychologie zu benutzen - gerät ins Wanken, wenn sich ein Mitglied

---

[119] Vgl. Grant, Marion: Personenzentrierter Umgang mit Schuld in der Gefängnisseelsorge, S. 22

[120] Fromm, Erich: Zur Psychologie des Verbrechers und der strafenden Gesellschaft, in: Analytische Sozialpsychologie und Gesellschaftstheorie, S. 137

[121] Die angesprochenen Berichte befassen sich vornehmlich mit einem derjenigen, der zu den 0,05% gehört, die Mord oder Totschlag begangen haben, oder zu den 1%, die Straftaten gegen die sexuelle Selbstbestimmung verübt haben. Sie suggerieren dadurch, dass in den Gefängnissen nur oder überwiegend „solche" Täter zu finden sind. Die Zahlen sind entnommen aus: PSB 2001

[122] Alexander, Franz und Staub, Hugo: Der Verbrecher und seine Richter, in: Psychoanalyse und Justiz, S. 408

der Gesellschaft über diese Forderung hinwegsetzt. Würde der Norm-Verletzer nicht bestraft, gäbe es für die anderen wenig Grund, sich weiterhin an die Normen zu halten. Das von Sigmund Freud beschriebene „Über-Ich" vieler Menschen ist nicht so weit verinnerlicht, dass es nicht dieser äußeren Stütze bedürfte.

Das „schlechte Gewissen"[123], die innere Strafe für eine Normverletzung, bedarf der Ergänzung und Stütze der Strafandrohung von außen.

Indem der Nicht-Verurteilte aber dennoch Anteil an den begangenen Normverletzungen hat und haben will (Medien, Stammtischgespräche), kommen die auch bei ihm vorhandenen, aber verdrängten dissozialen Tendenzen zum Zug. Insbesondere die Dunkelfeldforschung hat in beeindruckender Weise zum Vorschein gebracht, dass Kriminalität als uberall verbreitete gesellschaftliche Erscheinung (Steuerhinterziehung, Korruption) anzusehen ist. Die Bestrafung des Verbrechers ermöglicht also zum einen die teilweise Identifizierung, dann aber auch wieder Distanzierung. Beides hilft, den von der Gesellschaft geforderten Triebverzicht aufrecht zu erhalten.

Während die Sühnetendenz der Strafe also nicht in erster Linie dem Täter gilt, sondern die eigenen Triebe im Zaun halten soll, hat die Bestrafung auch die Funktion der Rache. Der Rechtsbrecher bedroht die Rechte anderer Mitglieder der Gesellschaft. Als Reaktion darauf entsteht das Rachebedürfnis. Gemäß dem „Talionsprinzip" (Auge um Auge, Zahn um Zahn) will man dem, dessen Aggressionen man erleidet oder zu erleiden droht, selbst aggressiv begegnen. „Im Strafrecht ist der primitive Rache-Affekt in einer gemilderten und modifizierten Form noch heute vorhanden. Er kommt in dem Vergeltungscharakter der Strafe, insbesondere in der primitiven Härte und in der irrationalen Art der Leidenszufügungen im Strafvollzug noch hinreichend zum Ausdruck".[124]

---

[123] Im Normalfall können wir davon ausgehen, dass die Erfahrung des Gewissens eine zentrale Tatsache unseres persönlichen Lebens ist. Manchmal aber täuschen wir uns, dass wir etwas für Gewissen halten, was nur sogenanntes Überich ist, nämlich verinnerlichte Ansprüche von Erziehungspersonen. Anders als menschliche Erwartungen und Befehle, lässt das Gewissensspruch nicht mit sich reden. Er erträgt es nicht, dass man einen „Handel" vorschlägt – eine Verschiebung – einen Kompromiss. Der Spruch des Gewissens ist ein maßloser Anspruch, absolut. Er fordert bedingungslosen Gehorsam. Auf der anderen Seite spricht der Spruch des Gewissens ohne „Waffen", wehrlos. Das Gewissen führt selbst keinen Stock. Es gibt dafür keine Belohnung, und wenn man es nicht tut, auch keine Bestrafung. Jedenfalls nicht in erster Hinsicht. Das Gewissen ist wehrlos. Es kann nur leise reden, und wir können es ohne jede Schwierigkeit zum Schweigen bringen. Der Preis ist, dass dann genau das geschieht, was wir wollen: die Stimme verstummt, und zwar nicht nur für jetzt, sondern für länger. Die Bibel nennt diese Tatsache Verhärtung.

[124] Alexander, Franz und Staub, Hugo: Der Verbrecher und seine Richter, in: Psychoanalyse und Justiz, S. 414

Eine dritte Funktion der Bestrafung für die Gesellschaft findet ihren Ausdruck in der Aggressionsabfuhr. „Die Identifizierung mit der strafenden Gesellschaft ermöglicht dem Rechtschaffenen ein Ausleben von Aggressionen in erlaubter Form.[125] Während dieser Aspekt früher direkt zur Geltung kam, etwa in öffentlichen Hinrichtungen, beschränkt er sich heute auf einen „Gehirnvorgang ..., der bei der Lektüre der Morgenzeitung stattfindet, der als Phantasiegebilde zum Abreagieren nur bedingt geeignet ist."

3.1. Schuldprojektion und Sündenbockdenken

Der Ruf der Öffentlichkeit nach härterem Durchgreifen der Justiz und vor allem der Ruf nach einer Abschaffung des „Verwöhnvollzuges" wird seit Jahren immer lauter. Das politische und allgemein-gesellschaftliche Klima der siebziger Jahre – heute oft als Strafrechtsromantik bezeichnet –, das eine Strafgesetz- und Strafvollzugsgesetz-Reform noch möglich machte, ist einer Entwicklung gewichen, die zunehmend an das erinnert, was Ellen Stubbe als „Sündenbockprojektion" bezeichnet hat.

Die Fragwürdigkeit des Strafvorgangs durch die in ihm wirksamen gesellschaftlichen Projektionsmechanismen führt zu der grundsätzlichen Frage, ob Strafe sein muss. Und zwar Strafe mit der Intention eines sozialen Befriedungsversuchs, der auf diese Weise kaum etwas anderes sein kann als die Befriedigung eines kollektiven Projektionsbedürfnisses nach dem uralten Muster der Sündenbocktheorie. Die Beharrlichkeit des Vergeltungsgedankens legt die Vermutung nahe, dass in unserem Strafwesen der Mechanismus der Ausstoßung des Sündenbocks aus der Kulturgemeinschaft die wesentliche Prägung im Vorgang von Verurteilung und Bestrafung ausmacht.

Psychologie und Theologie wissen um das Phänomen des sogenannten „Sündenbockdenkens". Eine Möglichkeit – im Sinne einer Scheinlösung – mit der zunehmenden Komplexität unserer Lebenswelt und dem dadurch immer schwieriger werdenden Finden eigener Identität umzugehen, ist eben die Schaffung von Feindbildern und Sündenböcken; „zu ihnen einen Standpunkt zu finden ist leicht: `die da sind schuld an allem!` oder auch `so wie die bin ich nicht!`"[126] So werden eigene Lebenskrisen umgangen und aufgestaut, eigenes Schuld- und Fehlverhalten bagatellisiert oder verharmlost, um es zu verdrängen und dann die verdrängten Inhalte auf einen anderen oder eine bestimmte Gruppe zu projizieren. Im Alten Testament wird dieses Geschehen am Versöhnungsfest geradezu ritualisiert, indem durch Handauflegung auf zwei

---

[125] Alexander, Franz und Staub, Hugo: Der Verbrecher und seine Richter, in: Psychoanalyse und Justiz, S. 415

[126] Grant, Marion: Personenzentrierter Umgang mit Schuld in der Gefängnisseelsorge, S. 177

Opferböcke die Schuld des ganzen Volkes gleichsam aus der Mitte des Volkes verbannt und mit diesen „Sündenböcken" in die Wüste vertrieben bzw. vernichtet werden soll.[127]

3.1.1. Sündenbockphänomen nach René Girard

In Zusammenhang mit dem Phänomen des Sündenbockes ist ein Werk von René Girard bemerkenswert. In „Das Ende der Gewalt" hat er sich mit der speziellen Rolle des Sündenbockes und der damit einhergehenden Gewalt in der Gesellschaft auseinandergesetzt. Seine Thesen wurden im deutschsprachigen theologischen Raum von Raymund Schwager kritisch rezipiert.

a) Anthropologische Grundlegung

Auf die Frage: Was ist der Mensch? antwortet Girard: Er ist ein Nachahmender, einer, der mimetisch handelt. Dies ist wörtlich zu verstehen: „Wenn ein Individuum einen Artgenossen die Hand nach einem Gegenstand ausstrecken sieht, ist es sogleich versucht, dessen Geste nachzuahmen."[128] Insofern sich also dann zwei Individuen um den gleichen Gegenstand bemühen, entsteht Konkurrenz, Wettbewerb, Rivalität: Die Geburtsstunde des mimetischen Konflikts[129] ist gegeben durch die Verfasstheit des Menschen selbst. Er ist unvermeidbar. Die Aneignungsmimesis entsteht durch die „zunächst auf nichts festgelegte Begierde, die erst im Prozess der Nachahmung des anderen ihr Objekt gewinnt und schließlich ins Taumelspiel der Rivalität gerät."[130]

Girard untersucht die Mimesis aber nicht als Theoretiker über Personalität, sondern als Ethnologe. Im Zentrum seines Entwurfes steht zunächst die urtümliche männliche Gesellschaft, die „Frauen, Nahrungsmittel, Waffen, beste Stellen"[131] gemeinsam besitzt, woran sich genau der Streit entzündet. Am Anfang stehen also zwei oder mehr Individuen, die sich zunächst noch deutlich voneinander unterscheiden. In dem Moment, in dem sie in die mimetische Rivalität eintreten, verschwinden diese Unterschiede zwischen ihnen, die Gesellschaft wird entdifferenziert.

Was untergeht, sind die Regeln, die das soziale Miteinander definiert haben, die Individualität ermöglichenden Differenzen, die kulturstiftenden identi-

---

[127] Vgl. Gründel, Johannes: Schuld – Strafe – Sühne, in: Hat Strafe Sinn? S. 138
[128] Girard, René: Das Ende der Gewalt, S. 19-20
[129] Unter „Mimetik" soll die zum Prinzip erhobene Mimesis / Nachahmung verstanden werden.
[130] Lohfink, Norbert im Vorwort zu: Girard, René: Das Ende der Gewalt, S. 6
[131] Girard, René: Das Ende der Gewalt, S. 30

tätsverleihenden Normen, die das friedliche Zusammenleben garantieren. Die Krise zeigt sich zuerst in der Zerstörung der Identität des Sozialkörpers als ganzem, insofern er gegliedert und strukturiert ist. Die Aneignungsmimesis hat eine solche Sogwirkung, dass sich ihr keiner entziehen kann, sich also die gesamte Gemeinschaft in eine entdifferenzierte Masse verwandelt. Es herrscht ein Kampf aller gegen alle. Somit ist aus der ursprünglichen Aneignungsmimesis die Gegenspielermimesis geworden. Jeder bekämpft jeden, weil die Ordnung verschwunden ist. Der Untergang dieser entdifferenzierten Gesellschaft droht. Normalerweise vernichtet sie sich aber nicht selbst, sondern stillt ihren Hunger nach Gewalt an einem eigens dazu auserlesenen Opfer. Dieser Umschlag kommt schlagartig: „Da sich die mimetische Anziehungskraft mit der Zahl der Polarisierten vervielfacht, wird zwangsläufig der Moment eintreten, wo die ganze Gemeinschaft gegen ein einziges Individuum zusammensteht. Die Gegenspielermimesis führt somit eine Allianz gegen einen gemeinsamen Feind herbei und das Ende der Krise, die Versöhnung der Gemeinschaft, besteht in nichts anderem."[132]

Dies ist plausibel, weil die Gemeinschaft dadurch wieder solidarisch werden kann – auf Kosten eines Opfers. Dem Opfer wird die Verantwortung für die entdifferenzierte Krise angelastet. Dann wird das Opfer getötet – und es geschieht das Wunder.[133] Die Gemeinschaft ist wieder versöhnt. Das Opfer, das für die Auslösung der Krise verantwortlich gemacht wird, stiftet durch seinen Tod wieder Frieden. Diese dem Opfer innewohnende Ambivalenz macht es sakral, denn in ihm sind Krise und Versöhnung gleichermaßen inkarniert. Es löst angeblich das Chaos aus und führt wieder zum gesellschaftlichen Frieden. Das Sakrale ist die Gewalt, doch wenn das Religiöse die Gewalt verehrt, dann immer nur deshalb, weil es von ihr annimmt, dass sie den Frieden bringe. Die Wege zu diesem Frieden sind nicht von gewaltsamen Opferungen frei.

Die Gesellschaft, die diese Erfahrungen gemacht hat, wird zukünftig versuchen, ein erneutes Ausbrechen des mimetischen Konflikts zu verhindern. Dies geschieht negativ durch Verbote: Verboten wird all jenes, das die entdifferenzierte Krise auslösen könnte. Es sind Vorgänge, die alle Unterschiede in Familie und sozialer Hierarchie einebnen, die jede gesellschaftliche Ordnung beseitigen; absolute Werte werden nicht nur gelockert, sondern zerstört.[134]

Positiv geschieht die Vermeidung des mimetischen Konflikts durch religiöse Gebote, d.h. Rituale. In ihrem Ritual überlassen sich die primitiven Gesellschaften zeitweilig dem, wovor sie sich am meisten fürchten, nämlich der mi-

---

[132] Girard, Rene: Das Ende der Gewalt, S. 36

[133] „Wunder" natürlich nur für den, der diesen Sündenbockmechanismus nicht durchschaut!

[134] Vgl. Girard, René: Der Sündenbock, S. 27

metischen Auflösung der Gesellschaft. Auf sehr realistische Weise wird so die Verkehrung aller zwischenmenschlichen Beziehungen symbolisch dargestellt und nachvollzogen. Die Riten dienen zwar dazu, die unterdrückte Aggressivität zu wecken, sie wollen diese aber zugleich in geordnete Bahnen lenken, damit aus den simulierten Rivalitäten und Kämpfen nicht ein tatsächliches Blutvergießen folgt. Im Ritual wird ritualisiert, was sonst nicht sein darf. Der Erfolg des Rituals liegt im abschließenden, alle versöhnenden Opfer. Entscheidend ist, dass sich alle auf die eine oder andere Weise am Geschehen beteiligen, damit alle ihre offenen und versteckten Aggressionen voneinander ablösen, auf das Opfer entladen und damit die ursprüngliche Ordnung erneuern.[135]

Woher kommt das? Wieso ist dem so? Wir kommen zu einem zentralen Punkt des Girardischen Systems. Menschen bringen solche Opfer dar, weil ein spontaner erster Mord die Gemeinschaft tatsächlich zusammengebracht und einer wirklichen mimetischen Krise ein Ende gemacht hat. Ein Ritus wird praktiziert, weil es darum geht, zu der Lösung zu gelangen, die als einzig befriedigende Lösung einer vergangenen oder mehrerer vergangener sowie jeder gegenwärtigen und zukünftigen Krise angesehen wird. Es handelt sich um ein erneutes Durchspielen der Urkrise, um die Reproduktion des gesellschaftlichen Mordes. Hier treffen sich Verbot und Ritual: Das Verbot versucht, die Krise abzuwenden, indem es alle Verhaltensweisen untersagt, die sie hervorrufen; die Riten kanalisieren die Krise – auf Kosten eines willkürlich ausgesuchten Opfers im tödlichen Spiel.

Das stellvertretende Opfer[136], der Sündenbock, muss anhand eindeutiger Kategorien bestimmt werden. Diese Zeichen der „Opferfähigkeit" können sein: physisch (Behinderungen wie Blindheit, Lähmung, Stummheit, Taubheit, Buckligkeit), Zugehörigkeit zu rassisch-ethnischen oder religiösen Minderheiten, soziale Anomalie (sowohl Extreme wie Reichtum und Armut, aber auch Erfolg und Misserfolg, Schönheit und Hässlichkeit, Anziehung und Abstoßung). Die Opfer werden entdifferenzierender Verbrechen angeklagt, um die Entdifferenzierung der Krise mit ihnen in Verbindung bringen zu können. In Wirklichkeit sind es jedoch ihre Opferzeichen, die sie als Opfer der Verfolgung kennzeichnen. Die Erfahrung der Menge, dass von einem Wesen Unheil wie Heil in existenzzerstörendem wie -sicherndem Maß ausgehen, ist ergreifend. Diese Befreiung übersteigt menschliche Fähigkeiten. Dieses Opfer muss göttlich sein, lautet die Schlussfolgerung. Das Sakrale ist die Gewalt. Das Opfer verkörpert die Übertragung der Aggressivität und der Versöhnung. Der Gründungslynchmord schafft ein Opfer, Versöhnung und einen Götzen. Das Opfer

---

[135] Vgl. Schwager, Raymund: Brauchen wir einen Sündenbock?, S. 33

[136] Girard verwendet diesen Begriff nur für diesen spontanen Mechanismus, in: Das Ende der Gewalt, S. 14

wird nach seiner Hinrichtung durch die Sakralisierung, sich ausdrückend im Ritual, als Friedensbringer verehrt. Es halten alle Verfolger spontan für schuldig – was zur Gewissheit wird durch die Versöhnung, die das ermordete Opfer nach seiner Hinrichtung stiftet.[137]

Inwieweit die angebliche Schuld des Opfers an der gesellschaftlichen Krise wirklich besteht, interessiert nicht; die Gesellschaft braucht die Opfer zur Bewältigung ihrer Krise. Das Opfer hat dabei die ausschlaggebende Funktion des Sündenbocks. Im Rahmen einer kollektiven Verfolgung wird dieser Sündenbock gemeinsam ermordet. Da ihm die beiden Momente der Krisenauslösung als auch ihre Bewältigung zugeschrieben werden, wird er als heilig verehrt. Darauf gründet das Ritual der Gemeinschaft.

b) Der Rechtsbrecher und die Gesellschaft

Ein besonders beliebtes Objekt der Sündenbockprojektion ist der Rechtsbrecher. Die Bestrafung eines Delinquenten bedeutet für die Mitmenschen nicht, wie schon oben erwähnt, lediglich die Befriedigung eines Sensationsbedürfnisses, sondern die Entlastung der eigenen Schuld. Deshalb schafft oder erfindet sich die Gesellschaft Hassobjekte, die außerhalb oder am Rande der Gemeinschaft existieren. Sie repräsentieren „unsere eigene Insuffizienz, unsere eigene latente Soziophatie und Verwahrlosung, die wir aus unserem Bewusstsein verdrängt haben."[138] Die Gesellschaft benutzt den Übeltäter direkt als „Sündenbock", um selber die Hände in Unschuld waschen zu können. Damit wird versucht, den Gedanken einer irgendwie möglichen Mitverantwortung für eine solche Straftat abzuwehren. Eigenes Vergehen verschwindet hinter der Beschäftigung mit den Untugenden oder Vergehen anderer.

Man kann deshalb sagen, dass der verurteilte Häftling stellvertretend für die Gesellschaft büßt, dass er im Grunde auch stellvertretend delinquiert hat, um auf diese Weise die Funktion des Sündenbocks zu übernehmen. Das Gefängnis reinigt die Gesellschaft, denn es nimmt das Böse in sich auf, schließt es ein und schützt die Gesellschaft vor ihm.

Mit der Vergeltungsstrafe wird der Verbrecher als Sündenbock geradezu „institutionalisiert, er wird sogar zum staatlich gestempelten Schuldsymbol"[139] erhoben. So ist es denn nicht erstaunlich, dass die Menschen so sehr an der Vergeltungsfunktion der Strafe hängen. An der Wiedereingliederung in die Gesellschaft, die den Bestraften aus der Sündenbockrolle entlässt, sind sie wenig

---

[137] Vgl. Girard, René: Der Sündenbock, S. 31-35

[138] Stubbe, Ellen: Seelsorge im Strafvollzug, S. 60

[139] Bitter, Wilhelm: Verbrechen – Schuld oder Schicksal?, S. 51

oder überhaupt nicht interessiert. Die paranoischen Mechanismen, die in der Projektion wirken, verfälschen die innere und äußere Wirklichkeit. Die innere wird verfälscht, denn dank ihrer halten sich die Menschen gegenüber den Dissozialen für aggressionsfrei, für gut und gerecht. Die äußere, weil sie sich gegen einen gesteigerten Verbrecher wenden, der erst mit Hilfe ihrer eigenen Aggressionen, die sie ihm zuschieben, existiert.

Betrachtet man die Rolle des Verbrechers als „Ventil für repressiven Überdruck", als Objekt kollektiv aufgestauter Aggression, so zeigt sich hier die sozial integrierende Funktion, die René Girard heraus gearbeitet hat. Der Straftäter „sorgt für größeren Zusammenhalt unter den Selbstgerechten."[140] Kollektive Übertragungen erzeugen einen hohen Grad von Gruppenkonformität, wandeln die Beziehungen innerhalb der Gemeinschaft um. Es findet ein Übergang von der Zwietracht zur Eintracht statt. Mit den „Wölfen zu heulen" gewährt Sicherheit in der eigenen Gesellschaft.

4. Audiatur et altera pars – Die Bindeglieder zwischen „drinnen" und „draußen"

„Es ist geradezu ein diagnostisches Merkmal starker, unverarbeiteter asozialer Tendenzen, wenn jemand sich allzu eifrig in den Dienst des Sühnegedankens stellt. Die oft merkwürdige unterirdische Affinität zwischen Verbrecherwelt und ihren amtlichen Verfolgern ist aus diesem psychischen Vorgang zu erklären. Mit einem Teil seiner Seele, dem unbewusst triebhaften, steht ja jeder Mensch, aber ganz besonders der eifrige Verfolger des Verbrechers, auf dessen Seite. Diese unbewusste Sympathie wird durch die Verdrängungsinstanz am Bewusstwerden verhindert und in die Verfolgung des Täters überkompensiert."[141]

So wie in helfenden Berufen eigene Hilflosigkeit und Ohnmacht verdeckt werden kann, so kann die Verfolgung oder Bewachung des Täters eigene abweichende Tendenzen kompensieren. Wo Ähnlichkeiten bestehen, aber nicht sein dürfen, wird Identifizierung mit dem jeweils anderen schwierig. Aus der Erfahrung von Seminaren mit Strafvollzugsbeamten wird berichtet, dass es den Beamten nur schwer möglich war, Vergleiche zwischen Gut und Böse zu lockern.[142] Dass Vollzugsbeamte und Gefangene mitunter aus ähnlichen sozialen Schichten stammen, tut ein Übriges, die Kluft zwischen beiden Gruppen zu vertiefen.

---

[140] Stubbe, Ellen: Seelsorge im Strafvollzug, S. 64

[141] Alexander, Franz und Staub, Hugo: Der Verbrecher und seine Richter, in: Psychoanalyse und Justiz, S. 410f

[142] Vgl. Popke, Michael: Wir bleiben mit unseren Problemen oft allein, in: Nicht sitzen lassen, S. 145-154

In jeder totalen Institution hat auch der in der Hierarchie des Personals Untenstehende Vorgesetzten-Funktionen inne, nämlich den Insassen gegenüber. „Freiheitsentzug `zwingt` das Personal zum permanenten Eingriff in die Selbstgestaltung anderer ... Kaum andernorts sind Entscheidungen über Bagatellen derart oft erforderlich und werden so wichtig genommen als gerade im Gefängnis."[143] Diese dem Personal zustehende Machtbefugnis ist durchaus geeignet, narzistische Bedürfnisse nach eigener Grandiosität und Wichtigkeit, aber auch sadistische Bedürfnisse nach Machtausübung über andere zu befriedigen.

Man würde der Realität bei der Betrachtung eines derart komplexen Systems aber in keiner Weise gerecht werden, wenn man Verhaltensweisen (sowohl des Personals als auch der Insassen) allein auf individuelle psychische Aspekte zurückführen würde. Die bestehende Institutionskultur, die zu einem guten Teil durch strukturelle Zwänge bestimmt wird, übt auf den Einzelnen eine mächtige Sogwirkung aus.

Hinzu kommt, dass die Bediensteten im Strafvollzug, und hier weniger die in gehobenen Positionen tätigen, sondern in erster Linie jene Beamten des allgemeinen Vollzugsdienstes, die am häufigsten und unmittelbarsten Kontakt mit den Gefangenen haben, einer Diskriminierung durch die Gesellschaft unterliegen. Der Beruf des „Wärters" hat geringes gesellschaftliches Prestige. Er macht sich der Berührung mit dem Unreinen, dem ertappten Täter schuldig. So wie früher noch viel deutlicher der Henker von jedermann gemieden wurde, obwohl und gleichzeitig gerade weil er eine Aufgabe erledigte, deren Notwendigkeit allgemein anerkannt war. Im Verhältnis zu denen, die Strafe vollziehen, wird nochmals eindrücklich die Zwiespältigkeit der Gesellschaft gegenüber dem Kriminellen sichtbar.

Vor dem Hintergrund, dass der Vollzugsbeamte an der Diskriminierung des Täters durch die Gesellschaft teil hat, ist sein Bestreben zu verstehen, Abstand zu den Gefangenen zu halten, sich möglichst klar von ihnen zu distanzieren. So führt jahrelanges tagtägliches Zusammensein mit den Inhaftierten mitunter nicht zum Abbau, sondern eher zur Verschärfung gesellschaftlicher Vorurteile.[144] Da ein Beamter mitunter für die Beaufsichtigung und Versorgung von knapp einhundert Gefangenen zuständig ist, sind Einfühlung und Differenzierung, bedingt durch strukturelle Vorgaben, reduziert. Negative Erfahrungen mit Inhaftierten werden verallgemeinert: Der Gefangene wird zum „Lump", dem nicht zu trauen ist, der überzogene Forderungen stellt, und der schließlich selbst daran schuld ist, bestraft worden zu sein. Nach etlichen Dienstjahren

---

[143] Wagner, Georg: Das absurde System, S. 118

[144] Vgl. Pecher, Willi: Totale Institutionen und das Thema "Schuld und Strafe", in: Institutionsgeschichten, Institutionsanalysen, S. 143

kann sich diese Einstellung noch verfestigen oder, in gar nicht wenigen Fällen selbst beobachtet, wieder lockern: Jener Typ Beamte, der mit väterlichem Verständnis, das Strenge durchaus einschließt, von Gefangenen geschätzt und um Rat gefragt wird.

Bei den Fachdiensten laufen ebenfalls Sozialisationsprozesse ab. Während in den ersten Jahren oft eine starke Identifizierung mit den Gefangenen zu beobachten ist, die Behandlungsprozesse dadurch verhindert, dass der Insasse in seiner Opferhaltung verstärkt, das notwendige Konfrontieren mit dem Delikt vernachlässigt wird und seiner Eigenverantwortung für sein Tun enthoben wird, findet sich mancher Sozialpädagoge oder Gefängnispfarrer wie Psychologe am Ende seiner Berufskarriere als bürokratischer Sozialverwalter wieder, dem es schwer fällt, nach Hunderten ähnlicher „Fälle" noch auf die Individualität des Einzelnen angemessen und mit entsprechender Achtung einzugehen.

4.1. Die Sichtweise der Gefangenenseelsorge

Inmitten der oben beschriebenen institutionellen Rahmenbedingungen ist den Gefangenen von Seiten der Justiz ein Platz eingeräumt worden, religiöse und spirituelle Fragen mit Seelsorgern ihrer Glaubensgemeinschaft zu besprechen. Religiöse Wirklichkeitssicht und Sinndeutung geht davon aus, dass diese Welt geschaffen ist und getragen wird von Gott, dem Grund allen Seins, dem Heiligen. Alles Geschaffene hat Teil an der göttlichen Nähe und erhält dadurch Würde, Sinn und Heiligung. Dieser Wirklichkeitssicht korrespondiert die individuelle, spirituelle Erfahrung des Heilseins.

Schuld und Sünde sind dann das Herausfallen aus dem Bereich des Heiligen, das Alleinbleiben des Menschen mit sich selbst, die Verminderung der Würde des Seienden. Dem korrespondiert die Erfahrung des individuellen Unheilseins, zu dem das Schuldigsein gehört. Gefängnisseelsorge hat heilsame Funktion und kommt ohne vertiefte Kenntnis des Seelenlebens nicht aus. Ihr ist es vorbehalten, einen Ort der Begegnung zwischen Menschen entstehen zu lassen, an dem Unheil und Schuldempfinden sich lösen lassen, mit dem Wissen, dass Begegnungen dieser Art eines weiteren Rahmens bedürfen als des derzeit kirchlich üblichen.

4.1.1. Der Seelsorger im Spannungsfeld von Strafvollzug und Versöhnung

Auch der Gefängnisseelsorger kann sich dem äußeren Rahmen seines Berufsfeldes nicht entziehen, ist also eingebettet in die Strukturen der Macht und Ohnmacht, bis hin zu dem Umstand, dass auch der Seelsorger seinen Schlüssel gebrauchen muss, um zu Gefangenen in die Zellen zu gehen. Seine Rolle wird bis zum heutigen Tag immer noch von der traditionellen doppelten Loyalität geprägt: Die Ordination eines Priesters bzw. Diakons oder die diözesane Beauftragung eines Pastoralassistenten bindet ihn an seinen kirchlichen Auftrag, der ihm die Sorge um den Menschen im Vollzug anvertraut. Andererseits fordert das deutsche Strafvollzugsgesetz in §154, Abs.1, das auch für den jeweiligen Seelsorger gültig ist: „Alle im Vollzug Tätigen arbeiten zusammen und wirken daran mit, die Aufgaben des Vollzuges zu erfüllen."[145]

Will er Versöhnung in den Gefängnisalltag bringen, muss der Seelsorger immer wieder um eine Position kritischer Distanz zum vergeltenden Strafvollzug ringen und als Sachwalter des „Humanen"[146] gegenüber dem System der Strafe, das den Menschen viel zu wenig achtet, auftreten, damit ein „Mehr" an Menschlichkeit hinter den Gefängnismauern möglich wird. Aus diesem Blickwinkel heraus bedarf es einer Identität, die vom permanenten Versuch der Versöhnung zwischen den Gefangenen und denen, welche die Macht über sie haben, geprägt ist. Um diesen Prozess der Versöhnung glaubwürdig ins Leben zu setzen, braucht es die Aussöhnung mit der Tatsache, selbst in einer „unmenschlichen Institution" tätig zu sein. Das ist keine Unterwürfigkeit, sondern Demut. Sie ist eine seelische Haltung, welche die Situation würdigt, negative Strukturen des Systems Gefängnis kurzfristig nicht ändern zu können, sie zunächst zu lassen und nicht ständig mit ihnen zu hadern. Ob der Seelsorger damit versöhnt ist, wird sich bis in viele kleine Äußerungsformen niederschlagen, bis in die Sprache, wie er Menschen im Knast anredet, bis in die Art sie zu grüßen, ihnen die Hand zu geben, sie anzusehen. Je bewusster die Mängel und Hintergründe der Institution wahrgenommen werden, desto eher wird es gelingen, nicht in ihren Sog von Verfestigung und Hoffnungslosigkeit abzurutschen, sondern in seelsorglicher Detailarbeit ihre innere Umwandlung weiter in Angriff zu nehmen.

Eines scheint mir in diesem Zusammenhang elementar zu sein: Auch wenn der Auftrag des Seelsorgers ein kirchlicher Dienst ist unter den Bedingungen einer staatlich geregelten Institution, so gibt es für den Seelsorger geschützte Freiräume, wo staatlicher Zugriff und Gewalt ihre Grenzen haben. Neben dem Institut der seelsorglichen Verschwiegenheit und dem Schweigerecht ist dies eben auch der Gottesdienst, als konkreter Ausdruck der theologisch begründeten Begrenzung staatlicher Verfügungsgewalt in der prinzipiellen Annahme durch Gott und der nicht hinterfragbaren Würde des Einzelnen als Geschöpf Gottes. Im Rahmen der totalen Institution Gefängnis hat deshalb schon die bloße Tatsache, dass Gottesdienst stattfindet und ungehindert an ihm teilgenommen werden kann, eine besondere Bedeutung, einen bestimmten Symbol-

---

[145] Brandt, Peter: Die evangelische Strafgefangenenseelsorge, S. 298
[146] Brandt, Peter: Die evangelische Strafgefangenenseelsorge, S. 300

wert mit Verkündigungscharakter. Dem Seelsorger bietet sich die ungeheure Möglichkeit, in einer heillosen Welt vom Heil zu reden. In der realen Welt des Gefängnisses mit seinen Bestimmungen, Ordnungen, Reglementierungen und seinen klaren Rechtsverhältnissen, seinen juristischen Eindeutigkeiten, seinen ehernen Gesetzen, zu reden von jener Welt, in welcher der barmherzige Vater auch noch den verlorensten Menschen mit offenen Armen empfängt. Und er kann diese Haltung noch exemplarisch vorleben, in der Weise, dass er im Zusammensein mit dem Gefangenen nicht nur seine delinquente Wirklichkeit, sondern auch seine Möglichkeiten, die er von Gott her schon hat, sieht. Hier kann der Seelsorger, mehr als andere Fachdienstvertreter, unabhängig von äußeren Gegebenheiten Erfahrungsräume schaffen, in denen er mit dem Gefangenen als Mensch zusammen sein und es sich dabei leisten kann, mit dem Inhaftierten wie mit einem Freund zu reden. Das sonst vorhandene Gefälle Betreuer – Betreuter wird ausgeglichen.

Sicherlich werden bestimmte traditionelle Schwerpunkte christlicher Verkündigung, insbesondere das Thema „Schuld und Vergebung", in dem hier beschriebenen Kontext mit besonderer Sorgfalt und Behutsamkeit zu behandeln sein. Gerade deshalb, weil man dem naheliegenden Missverständnis entgehen muss, Sinn und Zweck kirchlichen Redens und Handelns im Gefängnis sei die Legitimation und Sinngebung des sich hier vollziehenden staatlichen Handelns. Der sonntägliche Gottesdienst ist ausschließlich als eine kirchliche Veranstaltung im äußeren Rahmen der staatlichen Institution Strafvollzug, nicht aber in deren eigenem Sinnzusammenhang zu verstehen. „Der Gottesdienst ist das wichtigste seelsorgliche Ereignis, weil da in der Verkündigung des Evangeliums die Solidarität der Sünder angesprochen, Schuld bekannt und Vergebung zugesprochen wird.[147] Er verbindet die Gemeinde im Gefängnis mit der Gemeinde in Freiheit in der einen Kirche. Konkreten Ausdruck kann das in der gelegentlichen Beteiligung von Ortsgemeindegruppen an der Gestaltung des Gottesdienstes finden. An dieser Stelle, wo der Pfarrer, Diakon oder Pastoralassistent als die in Planung und Durchführung des Gottesdienstes in der Regel maßgeblich agierende Person ins Blickfeld kommt, kann und muss dann auch die Rede sein von dem, was Gottesdienst im Gefängnis vom Gottesdienst in der Ortsgemeinde unterscheidet. Anders als es in der Ortsgemeinde üblich und wohl auch kaum der Fall sein kann, ist der Gottesdienst im Gefängnis „integraler Bestandteil des gemeinsamen Lebens und Erlebens des Pfarrers und der ihm Anvertrauten."[148] Vorsteher der Liturgie und Gottesdienstgemeinde

---

[147] Brandt, Peter: Die evangelische Strafgefangenenseelsorge, S. 325
[148] Koch, Herbert: Raum der Bewahrung im Raum der Justiz, in: Gottesdienst im Gefängnis, S. 38

sind hier in unvergleichlich geringem Maße füreinander anonym. Sie wissen mehr voneinander, sie haben eine intensivere Wahrnehmung voneinander. Damit wird die Frage der Glaubwürdigkeit relevant. Der Pfarrer, Diakon oder Pastoralassistent als Prediger und kompetenter Gesprächspartner in Glaubensfragen findet sich hier in einer Situation, in der er auf Dauer der Anfrage an seine ganz persönliche Frömmigkeit, an seine ganz persönlichen Überzeugungen, nicht ausweichen kann. Er muss sich hier selbst zu erkennen geben und gegebenenfalls auseinandersetzen und verteidigen. Gottesdienst kann im Gefängnis gerade in diesem Punkt ein unvergleichlich lebendigeres Geschehen sein, als es anderswo überhaupt vorstellbar ist. Verbale Reaktionen der Gefangenen untereinander auf Aussagen der Predigt, wie auch Zwischenrufe und Rückfragen sind durchaus nichts Ungewöhnliches. Dass dabei der Prediger ganz persönlich ernstgenommen und entsprechend herausgefordert ist, liegt auf der Hand. Dem auszuweichen durch Erörterung allgemeiner, intellektuell-theologischer Probleme, hinter die man sich selbst zurückziehen kann, ist hier nur durch einen Verlust an Glaubwürdigkeit möglich, der für die gesamte Arbeit folgenreich sein kann. Aufgrund der intimen Kenntnis und ständigen Konfrontation mit der konkreten Lebenssituation der Gottesdienstteilnehmer ist ein solcher „Rückzug" nicht mehr möglich.

Gottesdienst unter den genannten Bedingungen, mit einer gegen unechte Töne sensiblen Gemeinde, birgt damit auch ganz besondere Chancen in sich. Der Seelsorger kann die Erfahrung machen, dass Offenheit in den Fragen des ganz persönlichen Glaubens wie auch der individuellen Zweifel mit Anerkennung und taktvollen Reaktionen honoriert wird. Er kann dabei einem für sich selbst gewinnbringenden Prozess unterworfen sein und dabei die Beobachtung machen, dass befreiende Erlebnisse mit Bibeltexten möglich sind, wo offen und ehrlich miteinander und mit dem entsprechenden Thema umgegangen wird. Dies scheint deshalb möglich zu sein, weil die Arbeit im Gefängnis viel mehr der vom Evangelium geforderten Solidarität mit den Armen und Schwachen zu entsprechen scheint. So berichtet ein Seelsorger: „Es ist überraschend und macht mich nachdenklich, dass viele Texte, über die ich draußen nur mit Mühe predigen könnte, hier am Ort der massiven Unterdrückung ... plötzlich brisant werden, so dass ich eigentlich nur nacherzählen muss."[149]

Für den Leiter des Gottesdienstes bedeutet dies, dass er in der Lage ist und sich darin bewähren muss, seine Gottesdienstteilnehmer mitfühlend zu begleiten, indem er sich nicht wie ein Eindringling verhält, sondern als „ein Betrachter, der mit seinem Herzen sieht und auch nicht wegschaut, wenn er Hässliches, vielleicht sogar Obszönes zu Gesicht bekommt."[150] Es kann nicht die Aufgabe

---
[149] Lüdemann, Rolf: Statt Therapie und Strafe, S. 191
[150] Stenger, Hermann: Im Zeichen des Hirten und des Lammes, S. 199

des Seelsorgers sein, durch einen inszenierten Gottesdienst das Leben der Gottesdienstbesucher in Ordnung zu bringen. In einem engagiert gestalteten Gottesdienst kann das sehr schnell passieren. Für eine gottesdienstliche Stunde ist dann die Welt in Ordnung und dieser geradezu rauschhafte Befreiungszustand endet dann nicht selten im Katzenjammer des Vollzugsalltags. Nur die tatsächliche Bereitschaft derjenigen, die sich um Gottes Wort versammeln wollen, fördert in ständig sich wiederholender wechselseitiger Hinterfragung über die eigenen Beweggründe die Entstehung einer *Gemeinde*, auch und gerade im Justizvollzug.

Ein fünfminütiges Schweigen am Anfang des Gottesdienstes kann sowohl für die Gefangenen als auch für den Seelsorger eine Hilfe sein, sich seiner eigenen persönlichen Motive und Beweggrunde bewusst zu werden. Dieses Schweigen kann bisweilen unerträglich sein, weil die ganze Situation (Gefangene und Seelsorger sitzen in einem Boot) immer wieder nach einer Auflösung ruft, nach einer Erklärung. So kann das gottesdienstliche Schweigen häufig der ehrlichste Versuch sein, den Gefängnisalltag auszuhalten und eben nicht zu verdrängen. Der sich an das Schweigen anschließende Gottesdienst ist dann so etwas wie ein „Abfallprodukt"[151], eine Art Erleichterung durch Verbalisierung. In der Selbstartikulation ihres Glaubens verkörpern die Gefangenen mit die größte Anfrage an einen professionellen Theologen im Strafvollzug.

4.1.2. Die Anerkennung des eigenen „Schattens"

Jeder Mensch steht vor der Aufgabe, eine sinnvolle Umgangsweise mit seinem „Schatten", seinem „Bösen" zu finden. Das aber erweist sich erfahrungsgemäß immer wieder als ein großes Problem. Wer starke Ängste vor Kritik und Versagen hat und innerlich fürchtet, nicht mehr akzeptiert zu sein, wenn er schwach und nicht mehr leistungsfähig ist, der muss diese Schwäche abwehren und sie anderen aufladen. „Sündenböcke werden dann zu Symbolträgern für alles Böse."[152] Auch der Seelsorger hat Anteil an diesen Mechanismen. Wie auch immer der Seelsorger seine Arbeit deutet und sie dann bewerkstelligt, der eigene „Schatten" folgt ihm. Der innere Konflikt des Gefängnisseelsorgers, den es zu bewältigen gilt, besteht darin, dass der Umgang mit Kriminellen ihn ständig konfrontiert mit seinen eigenen dissozialen Tendenzen, seiner eigenen „latenten Kriminalität". Die Konfrontierung mit dem Schatten heißt demnach, sich seines eigenen Wesens schonungslos kritisch bewusst zu werden. Durch den Mechanismus der Projektion bedingt, erscheint er jedoch, wie alles was

---

[151] Lüdemann, Rolf: Statt Therapie und Strafe, S. 213

[152] Stubbe, Ellen: Seelsorge im Strafvollzug, S. 227, vgl. auch Kap. 3.1.

uns unbewusst ist, auf ein Objekt übertragen. Die Bewusstmachung, dass das Dunkle sich auch in uns selbst befindet, ist ein mühevoller und manchmal sehr schmerzhafter Prozess. Das „Ich" muss von seinem Thron herabsteigen und seine individuelle, konstitutionelle, schicksalsmäßige und historische Unvollkommenheit realisieren."[153] Wer bereit ist seine eigenen Selbsttäuschungen aufzugeben und gelernt hat, sich von seinem Schatten zu unterscheiden, indem er seine Realität als einen Teil seines Wesens erkannt und anerkannt hat, kann in seiner seelsorgerlichen Tätigkeit das notwendige Einfühlungsvermögen gegenüber Kriminellen aufbringen und ein Stück Freiheit im Umgang mit aggressiven Impulsen vermitteln. Damit beginnt nämlich erst jene objektive Einstellung zur eigenen Persönlichkeit, ohne die es auf dem Wege der Reifungshilfe für Gefangene kein Weiterschreiten gibt.[154]

Seelsorge an Strafgefangenen bedeutet für den Seelsorger also auch immer wieder, eine Antwort zu finden, wie er – auf dem Hintergrund der christlichen Lehre von der Versöhnung – möglichst viel Bewusstheit und Freiheit im Umgang mit seinem eigenen „Schatten" oder dem eigenen „Bösen" erlangt. Nur wer bereit ist, in seine eigenen „Abgründe" hinabzusteigen, kann anderen eine wirkliche Hilfe bei der Verarbeitung von Kriminalität sein. Versöhnung meint dann: „Ich verstehe von mir selber her, wie du dazu kommen konntest. Ich würde mich selber nicht kennen, wüsste ich nicht, was in dir vorging."[155]

5. Kennzeichnende Merkmale dissozialer Menschen

Wie in den vorangehenden Kapiteln immer wieder angesprochen, lassen sich bei vielen dissozialen Menschen bestimmte Persönlichkeitszüge und Verhaltensweisen wiedererkennen, die als charakteristisch für sie angesehen werden können und in der Begleitung solcher zu beachten sind. Im Folgenden sollen die wichtigsten dieser Merkmale dargestellt werden.

5.1. Frustrationsintoleranz

Ein die dissozialen Menschen in besonderer Weise kennzeichnendes Merkmal liegt in ihrer nur geringen Frustrationstoleranz. Dies ist sowohl bei Kindern und Jugendlichen wie auch bei Erwachsenen zu beobachten. Bereits geringfügige Belastungen führen zu unverhältnismäßigen Reaktionen mit Verlust der Impulskontrolle. Belastende Umwelteinwirkungen, die andere Menschen

---

[153] Stubbe, Ellen: Seelsorge im Strafvollzug, S. 80
[154] Vgl. Jacobi, Jolande: Die Psychologie von C.G. Jung, S. 115
[155] Drewermann, Eugen: Leben das dem Tod entwächst, S. 219

durchaus zu ertragen vermögen, reichen bei dissozialen Personen aus, um zu unverhältnismäßigen Reaktionen wie Fortlaufen, Kurzschlusshandlungen, Alkoholexzesse, abruptes Abbrechen von Beziehungen zu führen. Es besteht bei ihnen, auch im Rahmen einer Betreuungs-Beziehung, eine ausgesprochene Neigung zum impulsiven Handeln. „Der dissoziale Mensch handelt, um dem Erleben von Angst, Unlust und anderen ihm unangenehmen Affekten zu entgehen. Er „lebt", statt zu erleben."[156]

Sie sind letztlich außengeleitete Menschen, die nicht aktiv, konstruktiv ihre Umwelt zu gestalten vermögen, sondern deren Handeln vor allem ein Reagieren auf das Verhalten der Umgebung darstellt. Es gelingt ihnen kaum, einen Kompromiss zwischen ihren eigenen Bedürfnissen und den berechtigten Ansprüchen der Gesellschaft herzustellen. So sind sie chronisch Frustrierte, die mehr oder weniger hilflos zwischen einer Unterwerfung unter äußere Normen und einer Durchsetzung eigener Bedürfnisse hin- und herschwanken. Damit verbrauchen sie ein Vielfaches ihrer Lebensenergie, die ihnen folglich fehlt, um eigene Impulse gezielt und in einer für sie befriedigenden Weise realisieren zu können. Psychodynamisch steht hinter der geringen Frustrationstoleranz vor allem die schwere narzisstische Störung, die wir bei vielen dissozialen Menschen finden.

5.2. Störungen im Realitätsbezug

Dissoziale Menschen sind häufig kaum in der Lage, sich und andere Personen realitätsgerecht einzuschätzen und verfügen nicht über das Potenzial aus Erfahrungen zu lernen. Tatsächlich fallen jedem, der mit dissozialen Menschen in Kontakt tritt, ihre zum Teil massiven Realitätsverkennungen und -umdeutungen auf, die sich in Fehleinschätzungen sowohl ihrer Umwelt als auch hinsichtlich ihrer eigenen Person und ihrer Möglichkeiten zu erkennen geben. Solche Einschränkungen der Wahrnehmungsfunktion haben eine Fülle sozialer Konflikte zur Folge. Vor allem das pathologische Größenselbst und die massive Ich-Störung sind ursächlich an massiven Realitätsumdeutungen und -verzerrungen dissozialer Menschen beteiligt.

5.3. Kontaktstörung

Die sozialen Beziehungen dissozialer Menschen entfalten sich oft zu einem nur geringen Teil auf der Ebene einer auf die äußere Realität bezogenen Kommunikation, sondern werden weitgehend von unbewussten Determinanten be-

---
[156] Rauchfleisch, Udo: Außenseiter der Gesellschaft, S. 162

stimmt. Die Beziehungen zeichnen sich durch den flüchtigen Charakter, das abrupte Abbrechen von Beziehungen, Oberflächlichkeit und große Instabilität aus. Die Lebensgeschichten solcher Menschen lassen im Allgemeinen auf den ersten Blick, zumindest was die Quantität von Partnern angeht, keinen Mangel an Bezugspersonen erkennen. Untersucht man jedoch genauer die Qualität dieser Beziehungen, so lässt sich keine Dauerhaftigkeit erkennen; es finden sich immer wieder wechselnde Partnerschaften. Oft kennen die Betreffenden beispielsweise ihre „Freunde" nur beim Vornamen, sind kaum über deren Lebensgeschichten informiert, die Kontakte beschränken sich häufig auf ein mehr oder weniger zufälliges Zusammentreffen in einer Wirtschaft.[157]

Gehen dissoziale Menschen zu einzelnen Partnerinnen und Partnern doch einmal eine intensivere Beziehung ein, so manifestiert sich deutlich ihre große Ambivalenz mitmenschlicher Nähe gegenüber. Einerseits gibt es ungeheure Ansprüche an potentielle Partner, die letztlich unerfüllbar sind, weil sie deren eigene soziale Realität und deren Gefühle nicht im Geringsten berücksichtigen, und ein fast süchtiges Verlangen nach Zuwendung und Bestätigung, andererseits tritt eine massive Angst auf, von der sich der dissoziale Mensch in seiner ohnehin schon labilen Integration bedroht fühlt. Oft wird die Umwelt in ganz „gute", das heißt vor allem nährende, grenzenlos bestätigende und ganz „böse", das heißt ausschließlich versagende Objekte aufgespalten. Gerade hier zeigt sich die enorme Störung im Realitätsbezug. Denn niemals entspricht eine reale Person tatsächlich einer dieser beiden – sich im Erleben von dissozialen Menschen gegenseitig ausschließenden – Kategorien.[158]

Der Persönlichkeit des Partners gegenüber ist ein solcher Mensch weitgehend „blind". Entscheidend für die Beziehung ist allein die Frage, ob der Partner Zuwendung spendet und damit ein „gutes" Objekt ist. Erfüllt er nicht die an ihn gerichteten Wünsche, so wird er zum „bösen", gehassten Objekt. Es kann hier zu keinen korrigierenden Erfahrungen kommen, da der dissoziale Mensch jeweils durch den Abbruch der Beziehung verhindert, dass er am gleichen Partner gute und böse Seiten wahrnehmen könnte. Weil die Beziehungen solcher Menschen kaum objektiven Charakter haben, sind es stark funktionalisierte Beziehungen, bei denen Partnerin und Partner als „Mittel zum Zweck" benutzt werden. Die Ausgestaltung von Beziehungen nach dem beschriebenen Muster kann mitunter eine geradezu „ausbeuterische" Qualität[159] annehmen.

---

[157] Vgl. Rauchfleisch, Udo: Außenseiter der Gesellschaft, S. 164-165
[158] Vgl. Rauchfleisch, Udo: Begleitung und Therapie straffälliger Menschen, S. 14
[159] Die Charakterisierung darf nicht in einem moralisierenden Sinn verstanden werden. Die krankhaften Beziehungsformen waren nötig, weil sie Menschen, die unter schwierigsten inneren und äußeren Bedingungen leben mussten, das Überleben gesichert haben. Folglich bedürfen auch sie einer entsprechenden Wertschätzung.

5.4. Depressivität

Oftmals kann bei dissozialen Menschen eine schwere Depressivität beobachtet werden. Den Kern der depressiven Störung bildet das herabgesetzte Selbstwertgefühl. Häufig wird die depressive Erkrankung durch frühe Traumatisierungen bedingt, durch Beeinträchtigungen zu einer Zeit, in der das Kind noch nicht trauern konnte. Der depressive Mensch bleibt abhängig von narzistischer Befriedigung durch die Umwelt und
ist stets auf der meist vergeblichen Suche nach einem Idealobjekt. Falls es zu kleinen Enttäuschungen durch den idealisierten Menschen kommt, reagieren depressive Menschen oft mit einer Aggressionsentladung.[160]

Um dem ihm unerträglichen Gefühl der Depression auszuweichen werden Konflikte in der Außenwelt inszeniert. So wird die eigene Unvollkommenheit und Aggression in die Umwelt verlegt, damit er sich dann als deren Opfer empfinden kann. Daraus leitet er für sich das Recht ab, nun seinerseits aggressiv zu werden. Die beim depressiven Menschen in Selbstanklagen wirksame Autoaggression findet bei dissozialen Menschen zum Teil ihren Abfluss im antisozialen Akt. Zum Teil aber richtet sie sich auch gegen ihn selbst in Form von andauernder Selbstsabotage und -zerstörung.

5.5. Über-Ich-Pathologie

Es ist hier nicht von einer mangelnden Ausbildung der Gewissensinstanz die Rede, sondern von einer Über-Ich-Pathologie, sich ausdrückend in einer geringen Orientierung dieser Menschen an sozialen Normen, in einem ausgeprägten anti- und asozialen Verhalten, in einer Rücksichtslosigkeit und in der nicht hinreichenden Fähigkeit, aus sozialen Situationen zu lernen. Zu tun hat man es vorwiegend nicht mit einem nur bruchstückhaft entwickelten Über-Ich[161], sondern mit einer mangelnden Integration des Über-Ich in die Gesamtpersönlichkeit.[162]

---

[160] Vgl. Dornes, Martin: Die emotionale Welt des Kindes, S. 143-144

[161] An das ICH werden frühzeitig Forderungen von außen gestellt, durch Gebote und Verbote, anfangs von den Eltern, später von der gesamten Umwelt. Die Vorgaben der Erzieher werden in der Kindheit übernommen und als richtig akzeptiert. Die Anpassung an die Umwelt verlangt Struktur und Ordnung. Das ÜBERICH wird gebildet. Zunächst sind in dieser Instanz noch ganz die Einstellungen, Werte und Normen, Moralprinzipien der Eltern und nächsten Gruppierungen präsent. Nach und nach wird im Laufe der Jugendzeit das ÜBERICH zu einer eigenen individuellen Instanz, der Mensch bildet sein persönliches ÜBERICH aus, das aber unbewusst noch vielfach von den Moralvorstellungen der Eltern und Gesellschaft beherrscht ist.

[162] Vgl. Rauchfleisch, Udo: Außenseiter der Gesellschaft, S. 169-170

Als Fazit dieser hier nur stichwortartig skizzierten Theorie der Entwicklung und Persönlichkeit straffälliger Menschen läßt sich festhalten: Wir haben es vielfach mit Menschen zu tun, die bereits in frühester Kindheit schwere – reale – Mangel- und Verlusterfahrungen erlebt haben. Die Folge sind schwerwiegende Beziehungsstörungen, die Ausbildung eines erheblichen Aggressionspotentials sowie Beeinträchtigungen in verschiedenen Ich-Funktionen und im Aufbau der Gewissensinstanz. Ferner leiden viele dieser Menschen unter einer zentralen Selbstwertstörung, die sich einerseits in Minderwertigkeits- und Ohnmachtsgefühlen, anderseits in einem grandiosen Gebaren und starken manipulativen Tendenzen äußert. Ihre spezifische Prägung erhält diese Persönlichkeitsstörung jedoch erst durch die gravierenden sozialen Schwierigkeiten, welche für die Entwicklung und die aktuelle Situation dieser Menschen ausschlaggebend sind.

6. Sexualstraftaten als besonderes Erscheinungsbild von Dissozialität

„Und was Liebe angeht ... Leute tun alle möglichen Dinge unter diesem Namen, dieser Verkleidung. Die Gewalt ist vielleicht eine Entstellung dessen, was wir eigentlich tun wollen."[163]

Seit dem Sexualmord an der siebenjährigen Natalie im Oberbayerischen Epfach im Jahr 1996 ist in der Öffentlichkeit für längere Zeit eine stärkere Sensibilisierung für das Thema „Sexuelle Gewalt" zu beobachten. Ihr Tod brachte die politische Diskussion um schärfere Strafen für Sextäter neu in Gang. So wurden Forderungen nach härteren Strafmaßnahmen gegenüber den Tätern erhoben und nach vermehrten Hilfsangeboten für die Opfer gestellt. Diese mündeten im Jahr 2003 in Bayern in eine Strafrechtsreform, nach der jeder Straftäter, der wegen eines Sexualdelikts eine Haftstrafe länger als zwei Jahre zu verbüßen hat, Therapie bekommen muss. Trotz vielfältiger Maßnahmen ist eine erkennbare Abnahme sexueller Gewalt allerdings bislang nicht zu verzeichnen. Die Kriminalstatistik weist weiterhin eine seit Jahren unverändert hohe Quote an Sexualdelikten aus. Zudem zeigen neuere Erkenntnisse, abzulesen an dem Fall Ulrike aus Eberswalde[164], dass wir es immer mehr mit sogenannten „Umsteigern" zu tun haben, die ihre kriminelle „Karriere" sehr früh, oft schon mit 12/13 Jahren in anderen Deliktbereichen (Diebstahl, Körperverletzung) begonnen haben und nach einigen Jahren als Täter im Sexualbereich zu finden sind.

---

[163] Maschwitz, Renate: Selbst-, Mutter- und Vaterbilder bei Sexualtätern, S. 11

[164] Im Februar 2001 verschleppt, missbraucht und erdrosselt ein 25 jähriger die 12 Jahre alte Ulrike aus Eberswalde in Brandenburg. Die Leiche wurde nach zwei Wochen gefunden, der Mörder Ende März gefasst.

In der Gesellschaft bestehen bestimmte Vorstellungen über Sexualtäter und in der öffentlichen Auseinandersetzung wird vom Triebtäter, vom Sittenstrolch oder vom Sexualverbrecher gesprochen. Diese undifferenzierten Stereotypen unterstellen eine homogene Gruppe der Sexualtäter, die sich von „normalen" Menschen (Männern) unterscheidet, mit der übrigen Bevölkerung keinerlei Gemeinsamkeiten aufweist und möglichst abzusondern sei. Weitgehend unberücksichtigt bleibt bei der Diskussion, dass ein großer Teil der Sexualstraftaten im sozialen Nahraum geschieht. Die „Allgegenwart von Gewalt" insbesondere im persönlichen Umfeld wird nicht wahrgenommen.

6.1. Erklärungsansätze

Man bewegt sich auf unsicherem Boden, wenn man für wahr halten will, dass, bedingt durch einen Katalog von Behandlungskonzepten, alles längst geklärt sei. Funktionelle Sexualstörungen als Teil der Psychodynamik werden wir letztlich nie erschöpfend begreifen können. Erfahrbar wird uns nur die Erscheinungswelt, das heißt der Erlebnisbereich mit seinen „Angstsignalen, Wahrnehmungsblockaden, Stimmungen und eben der psychosomatischen Symptombildung."[165] So werden wir folglich nur unser Erleben von Sexualität fassbar machen können und damit unsere individuell getönten Wahrnehmungsformen und deren jahre- und jahrzehntelange durch die Umwelt und die gesellschaftlichen Einflüsse modifizierten Bedeutungsgehalte. Selbst Psychologen wie Wolfgang Schmidbauer, der in seiner Arbeit „Du verstehst mich nicht" resümiert, dass ihm das ganze Gebiet Sexualität nach wie vor fremd geblieben ist und auch andere immer wieder das Rätselhafte der Sexualität hervorheben. So machen neuerdings erweiterte Behandlungs- und Erklärungsversuche von sich reden.

Ausgehend von der amerikanischen Frauenbewegung in den 70er Jahren des vorigen Jahrhunderts und zwischenzeitlich auch im europäischen Raum verstärkt beachtet, kristallisiert sich ein Schwerpunkt wissenschaftlicher Forschung heraus, der das psychologisch orientierte Erklärungsmodell durch ein soziologisches ergänzt. Danach wird sexuelle Gewalt zwar als individuelle Handlung gesehen, aber der Zusammenhang mit patriarchalen Gesellschaftsstrukturen mitberücksichtigt und behauptet. Vor allem das Geschlechterverhältnis, die polarisierenden Beziehungsmuster zwischen Männern und Frauen, werden als eine der Ursachen für die Anfälligkeit von Jungen und Männern gegenüber (sexueller) Gewalttätigkeit erkannt. Hierzu gehören Männlichkeitskonzepte, die auf Macht, Stärke, Dominanz und Nicht-Weiblich angelegt sind

---

[165] Kemper, Johannes: Sexualtherapeutische Praxis, S. 33

sowie Weiblichkeitsentwürfe, die als Pendant zu den Männlichkeitskonzepten gelten und Frauen auf passiv, geringwertig und für andere Personen verfügbar festschreiben.
Weitverbreitete und im allgemeinen falsche Vorstellungen (Mythen) dienen dazu, sexuelle Aggression von Männern gegen Frauen zu verleugnen oder zu rechtfertigen. Vergewaltigungsmythen haben eine hohe Akzeptanz in der Gesellschaft, sie werden universell angewandt und beeinflussen die Wahrnehmung und Interpretation einer Vergewaltigung. Zu den gängigen Vorstellungen über die Opfer von Vergewaltigungen gehören folgende Aussagen:
- Alle Frauen wollen vergewaltigt werden; sie fühlen sich durch sexuelle Attacken geschmeichelt.
- Keine Frau kann gegen ihren Willen vergewaltigt werden; es ist technisch unmöglich.
- Die Frau gab dem Mann Anlass dazu; sie provozierte ihn, gab sich verführerisch etc.
- Die Frau ist leichtsinnig gewesen (Anhalterin; nachts alleine im Park etc.).
- Die Frau wollte sexuellen Kontakt und steht nicht mehr dazu.
- Die Frau wollte sich am Mann rächen.
- Die Vergewaltigungsdiskussion wird von frustrierten Emanzen hochgespielt.

Über die Täter heißt es vielfach:
- Männer verfügen über eine natürliche Aggressivität.
- Männer werden von ihren Trieben „übermannt"; sie sind bisweilen im sexuellen Notstand und verlieren dann die Kontrolle über sich.
- Der Täter ist der Fremde, der dem Opfer im Wald oder Park oder in unbeleuchteten Straßen auflauert, es überfällt und dann sexuell missbraucht.
- Der Täter ist geistig oder psychisch abnorm.
- Der Täter entstammt dem unteren sozialen Milieu und zerrütteten Familienverhältnissen.
- Der Täter wurde durch das Opfer verführt.
- Durch harte Bestrafung dieser Sittenstrolche muss die Öffentlichkeit geschützt werden.[166]

Aus dieser Zusammenstellung wird ersichtlich, dass die angeführten Behauptungen den Täter von der Verantwortung für sein Handeln entbinden. Er erscheint implizit als Opfer, und es sind eher die Frauen, denen Schuld zugewiesen wird. „Vergewaltigungsmythen" gehen mit negativen feststehenden (männlichen) Einstellungen gegenüber Frauen einher. Diese tragen zu einer

---

[166] Vgl. Maschwitz, Renate: Selbst-, Mutter- und Vaterbilder bei Sexualtätern, S. 18-19

Entlastung des Täters bei und verstärken somit die gesellschaftliche Verharmlosung von sexueller Gewalt. Männern als Gruppe sind diese Behauptungen dienlich, weil Frauen dadurch insgesamt ängstlicher sind und sich abhängiger von Männern fühlen. Der Bewegungsraum von Frauen wird eingeschränkt.

6.1.1. Sexualität, Gewalt und Männlichkeit

Die Labilität des Selbstgefühls und die Heftigkeit der Triebe und Affekte, die so charakteristisch für Täter im Sexualdeliktbereich sind, sind die Folge von mangelhaften Objektbeziehungen und der daraus resultierenden Unfähigkeit, Triebe und Affekte als dynamisch zu empfinden und dennoch sicher zu integrieren und zu genießen. Das heutige „Unbehagen in der Kultur" scheint sich erheblich von dem vergangener Tage in dem Punkt zu unterscheiden, dass das derzeitige Unbehagen nicht aus einem Übermaß an Triebunterdrückung herrührt (wie zu Freuds Zeiten, als die Libido primär auf der Suche nach Lust angesehen wurde), „sondern aus einem Gefühl der Desorientierung in einer unübersichtlich gewordenen Welt."[167] Der Mensch auf der Suche nach sicheren und verlässlichen Objekten ist wohl das zentrale Problem des „postmodernen" Menschen.

Beim Kind bestehen in erster Linie Bedürfnisse nach zwischenmenschlichen Beziehungen, und demnach wird die menschliche „Triebtätigkeit" als Objektsuche verstanden. Das Bindungssystem ist relativ unabhängig von sexuellen und aggressiven Triebbedürfnissen. Es stellt ein eigenständiges Motivationssystem dar. Das „räumliche" Ziel dieser Verhaltensweisen ist Nähe, das Gefühlsziel ist Sicherheit. Für dieses erweiterte Verständnis libidinösen Strebens findet sich in der Literatur zunehmend der Begriff der „Psycho-Sexualität". Es handelt sich dabei, wie bereits angedeutet, um „eine Sexualität von Bedeutungen und persönlichen Beziehungen, die sich entwickelt und organisiert haben durch das Zusammenspiel unbewusster Phantasien und realer Erfahrungen in einer sozialen Welt."[168]

Folglich kommt den Objektbeziehungen eines Menschen zentrale Bedeutung für dessen Persönlichkeitsentwicklung zu. Sieht man seine Entwicklung – und somit auch seine fehlgelaufene – in Begriffen seiner Objektbeziehungen, so wird sie durch Beziehungsmuster und -erfahrungen beeinflusst. Eltern sind in der Regel früheste Bindungs- und Bezugspersonen. Auf der Grundlage ihrer eigenen Geschichte und als Vertreter der Gesellschaft vermitteln sie dem Kind Normen und Rollenvorstellungen. Dabei stehen „Vater" und „Mutter"

---

[167] Dornes, Martin: Die emotionale Welt des Kindes, S. 37
[168] Keller, Ursula: Was ist eine Perversion? In: Sexuell deviantes Verhalten Jugendlicher, S. 33

beispielhaft für „Mann" und „Frau", das heißt „die verinnerlichten Bilder sind Prototypen für geschlechtsspezifische Muster und Verhaltensweisen, für Einstellungen gegenüber Sexualität und Beziehungen."[169] Zu unterscheiden wären hier drei unterschiedliche Bindungsqualitäten, die durch ein affektives Band zwischen Eltern und Kind grundgelegt wurden. „Sicher" gebundene Kinder und Jugendliche wissen, dass sie sich in jeglicher Kummersituation an ihre Bindungsfigur wenden können und dort Trost und Geborgenheit finden. „Unsicher-vermeidend" gebundene Kinder und Jugendliche haben gelernt, sich bei Verunsicherung und Kummer nicht an ihre Bindungsfigur zu wenden. Bei schlechter Befindlichkeit haben sie häufig die Erfahrung gemacht, zurückgewiesen oder missverstanden zu werden. Sie entwickeln ein Arbeitsmodell von sich selbst als nicht liebenswert und von der Bindungsfigur als nicht zugänglich. Bei Kindern und Jugendlichen mit einer „unsicher-ambivalenten" Bindung waren die Bindungsfiguren kaum berechenbar für das Kind und den Jugendlichen, manchmal feinfühlig und manchmal nicht. Reaktionen auf diese Unberechenbarkeit sind besondere Ängstlichkeit und häufiger Ärger.[170]

Die Beziehungen der Geschlechter werden von der Gesellschaft reglementiert und kontrolliert. Sexualität spielt dabei als Gesamtheit aller Gefühle und Erfahrungen zwischen Menschen eine besondere Rolle. Der Begriff „Sexualität" bezieht sich also nicht nur auf ein biologistisches, triebdynamisches Geschehen, das im Dienste der Fortpflanzung steht, sondern er enthält eine weitreichende Realität, die mit sehr ursprünglichen Bedürfnissen nach zwischenmenschlichem Kontakt zu tun hat. Früheste Erfahrungen sind mitbestimmend für die Gestaltung späterer Beziehungen im Erwachsenenalter, so auch für Einstellungen zum eigenen und damit ebenfalls zum anderen Geschlecht.

Die gesellschaftlichen Strukturen in unserem Kulturkreis weisen Männern und Frauen unterschiedliche Bereiche zu. So werden Frauen eher als zuständig für den familiären (Innen-) Bereich gesehen, während Männer mit dem erwerbsbezogenen (Außen-) Bereich in Verbindung gebracht werden. Dadurch sind Väter – im Unterschied zu Müttern – als positiv besetzbare Identifikationsobjekte weniger verfügbar und bieten den Jungen oft wenig Orientierungsmöglichkeiten am eigenen Geschlecht. Damit einher geht die mangelnde Bereitschaft von Vätern, sich auf die Bedürfnisse des Kindes einzulassen. Sie sind emotional wenig verfügbar, was aber für die Entwicklung männlicher Identität so notwendig wäre. Da es schwierig ist, sich mit einem nicht erreichbaren Vater zu identifizieren, wird die Mutter mit dem in Verbindung gebracht, was nicht männlich ist. Sie wird als Mangelwesen betrachtet, während das Männliche überhöht und idealisiert erscheint, zumal die Realitätsprüfung an

---

[169] Machwitz, Renate: Selbst-, Mutter- und Vaterbilder bei Sexualtätern, S. 81

[170] Vgl. Mestel, Robert: Spezifität und Stabilität von Bindungsmustern, S. 15

der auch real verfügbaren Vaterfigur kaum möglich ist. Die Lücke einer männlichen Orientierungsfigur füllen sodann gesellschaftlich als Ideal dargebotene Männlichkeitsattribute, sei es über Medien, über Pornographie oder über peergroups.[171]

6.1.2. Merkmale in der Täterpersönlichkeit

Die Vielzahl der Störungsmerkmale sowie die zahlreichen, sich teilweise widersprechenden Untersuchungen zeigen, dass es den Sexualtäter respektive Vergewaltiger oder Kinderschänder nicht gibt. Trotz der vielfältigen Befunde kristallisieren sich aus den veröffentlichten Studien und Forschungsprojekten zwei Bereiche heraus, unter denen sich die Störungsbilder zusammenfassen lassen.

6.1.2.1. Störungen im Selbstwertgefühl

Die Selbstwertprobleme artikulieren sich im Vergleich zur Normalbevölkerung in Gefühlen von Wertlosigkeit, Verletzbarkeit und Unsicherheit. Sexualtäter erleben sich als sehr verschlossen und finden zu ihrer eigenen Gefühlswelt nur geringen Zugang. Zugrunde liegen im Verlauf ihres Lebens – zum Teil schwerste – Verlust- und Mangelerfahrungen. Die mangelnde Selbstachtung „manifestiert sich in einem Wechsel zwischen Allmachts- und Ohnmachtsphantasien."[172]. Beide Gefühlszustände stehen unvermittelt nebeneinander, sind gleichermaßen extrem und nicht der Realität entsprechend. Sie haben ein hohes Bedürfnis nach emotionaler Zuwendung, scheinen aber aufgrund ihrer signifikant starken Hemmungen im Kontaktbereich wenig in der Lage zu sein, diese Wünsche und Sehnsüchte entsprechend zufrieden zu stellen. Hierzu trägt möglicherweise auch ihre insgesamt negative Selbsteinschätzung bei, denn sie halten sich für unbeliebt und unattraktiv, sie verspüren weder eine soziale Bestätigung noch entsprechende Wertschätzung, sondern haben den Eindruck in ihrem Umfeld auf Ablehnung zu stoßen. Zum anderen resultieren aus der Selbstwertproblematik gerade bei diesen Menschen so große Schwierigkeiten, weil sie durch ihre hinzukommenden sozialen Einschränkungen und ihren Mangel an sozialen Kompetenzen dauernden Kränkungen ausgesetzt sind und kaum über realitätsgerechte Kompensationsmöglichkeiten verfügen.

---

[171] Vgl. Heiliger, Anita: Strukturen männlicher Sozialisation und (potentielle) Täterschaft sexueller Übergriffe auf Mädchen und Frauen, in: Nicht wegschauen! Vom Umgang mit Sexual(straf)tätern, S. 15-27

[172] Machwitz, Renate: Selbst-, Mutter- und Vaterbilder bei Sexualtätern, S. 30

6.1.2.2. Störungen im Kontakt- und Beziehungsbereich

Was die Störungen im Kontakt- und Beziehungsbereich betrifft, so fehlt den Vergewaltigern ein Vertrauen in zwischenmenschliche Beziehungen bezüglich Mitgefühl, Wärme und Zuneigung. Dadurch stellt sich bei ihnen ein Gefühl der Leere und Depression ein, bis hin zur Feindseligkeit besonders gegenüber Frauen. Die Beziehungen sind durch fehlendes Einfühlungsvermögen, Wechsel der Partnerinnen und Sexualisierungen gekennzeichnet. Vergewaltiger und Missbraucher sind unfähig, gleichberechtigte partnerschaftliche Beziehungen aufzunehmen. Die Beziehungen, die sie dann doch aufnehmen, sind zumeist überladen mit unrealistischen Erwartungen, und andere Menschen sind für sie in der Regel nur „Mittel zum Zweck". Sie haben Probleme im Umgang mit Nähe und Distanz bzw. mit dem Einhalten von Grenzen im zwischenmenschlichen Bereich. Indem sie Angst und Spannungen nicht aushalten können, neigen sie zur Harmonisierung oder Bagatellisierung von Konflikten. Ihre eigene, ausgeprägte Verschlossenheit gibt Hinweise auf eine innerseelische und zwischenmenschliche Isolation. Weil die äußere Welt so unsicher und unerträglich (unbefriedigende Objektbeziehungen) erscheint, ziehen sie sich in eine innere Welt ihrer Seele zurück oder neigen zu Tagträumereien um damit unangenehmen Erlebnissen auszuweichen. Generell fällt ihr Bemühen auf, Konflikte möglichst zu vermeiden und schwierigen Situationen aus dem Wege zu gehen. An dieser Stelle wird das ausgeprägte Bemühen der Sexualtäter um Anpassung verstehbar. Als Folge der starken Verunsicherung in ihrer geschlechtlichen Identität möchten sie nicht auffallen und versuchen sich patriarchal ausgerichteten Sozialisationsmustern anzugleichen. Hierzu gehört, dass sie nicht über Gefühle sprechen, sich damit auch wenig mit der eigenen Problematik auseinandersetzen, was die innere Isolation verstärkt.[173]

6.2. Gedanken zur therapeutischen Arbeit mit Sexualtätern

Die gesellschaftliche Dimension psychotherapeutischer Arbeit zeigt sich besonders deutlich, wenn es um Behandlungsmaßnahmen bei Sexualtätern geht. Der Begriff Therapie oder Behandlung assoziiert meist die Idee von „Heilung". Tätertherapie kann in erster Linie jedoch nicht auf Heilung ausgerichtet sein, sondern darauf, dass der Täter in seinem weiteren Leben seine Impulse so kontrollieren und steuern kann, dass eine weitere Vergewaltigung, ein weiterer Missbrauch nicht mehr vorkommt. Kontovers diskutiert werden dabei insbesondere die Spannung zwischen einem öffentlichen Bedürfnis nach Sicherung des Täters (als Schutz der Allgemeinheit vor weiteren sexuellen Gewalthand-

---

[173] Vgl. Rauchfleisch, Udo: Begleitung und Therapie straffälliger Menschen, S. 110-114

lungen) und der Behandlung des Täters (mit entsprechenden Möglichkeiten zur Erprobung veränderter Einstellungen). Wie schon oben besprochen, tragen defizitäre Objektbeziehungen zu sexuellen Gewalthandlungen bei, und die zugrunde liegende Konfliktdynamik verläuft unbewusst. Von daher muss eine therapeutische Arbeit mit Sexualtätern das Verständnis der bewussten und unbewussten Motivationen für sexuelle Gewalt umfassen. Eckpfeiler dieses Vorgehens ist die „Rekonstruktion des Deliktszenarios"[174]. Sie sollte bereits in einem frühen Stadium der Behandlung stattfinden. Sie bietet die Möglichkeit, dem Täter seine unbewussten Beziehungsmuster, die dazu gehörenden Gedanken und Phantasien dem bewussten Erleben wieder zugänglich zu machen. Sie eröffnet außerdem Chancen, Zusammenhänge von individueller Problematik und gesellschaftlichen Konstruktionen zu entschlüsseln. Ziel therapeutischer Arbeit ist es dabei nicht, den Täter zu entschuldigen, sondern ihn im Gegenteil in die Lage zu versetzen, im Kontext lebensgeschichtlicher Erfahrungen und sozialer Zusammenhänge sein Handeln zu verstehen, um in einem weiteren Schritt die Verantwortung für seine begangene Tat zu übernehmen. Eine Operationalisierungsmöglichkeit stellt der sogenannte „Entschuldigungsbrief"[175] des Täters an das Opfer dar. Der Brief kann über lange Zeit Thema der Behandlung sein und dabei immer den aktuellen Stand des Täters widerspiegeln. Auf diese Weise kann er dazu befähigt werden, nicht mehr auf sexuelle Gewalt zur Kompensation einer brüchigen, männlichen Identität zurückgreifen zu müssen.

Kritisch anzumerken ist die therapeutische Arbeit mit Sexualstraftätern innerhalb eines Gefängnisses, denn für Sexualtäter bedeutet ein solches Umfeld, dass sich ihre frühen lebensgeschichtlichen Erfahrungen in der Realität des Strafvollzuges wiederholen. Die geforderte Anpassung an das System des Vollzuges, der eingeschränkte Bewegungsraum innerhalb des Gefängnisses lässt nämlich kein eigenverantwortliches Handeln zu und Gefühle von Abhängigkeit und Ohnmacht verstärken ihre Selbstwertprobleme. „Gefangene werden re-sozialisiert im Sinne bereits bestehender Männlichkeitsmuster."[176]

7. Die Dämonisierung des Bösen

Das kriminologische Forschungsinstitut Niedersachsen hat sich 2003 in einer Untersuchung mit den Fragen beschäftigt: Wie schätzen die Deutschen die Entwicklung der Kriminalität in den zehn zurückliegenden Jahren ein? Wie

---

[174] Bullens, Ruud: Täterarbeit – neue Wege, in: Nicht wegschauen! Vom Umgang mit Sexual(straf)tätern, S. 190

[175] Bullens, Ruud: Täterarbeit – neue Wege, in: Nicht wegschauen! Vom Umgang mit Sexual(straf)tätern, S. 190

[176] Machwitz, Renate: Selbst-, Mutter- und Vaterbilder bei Sexualtätern, S. 266

werden sie in ihrem Urteil durch die Massenmedien beeinflusst? Welche Folgen hat das für ihre Strafbedürfnisse und die im Namen des Volkes gesprochen Gerichtsurteile? Die Antworten haben gleichermaßen fasziniert und erschreckt. Mehr als vier Fünftel der Bürger glauben, dass die Zahl der Straftaten in den zurückliegenden Jahren massiv, wenn nicht gar dramatisch gestiegen ist. Damit liegen sie gravierend neben der Wirklichkeit.[177]

Was sind Ursachen der vielfältigen Fehlbeurteilungen? Es fällt auf, dass sich die Bürger am deutlichsten bei den besonders schweren Gewaltdelikten verschätzen – am wenigsten dagegen bei der Gesamtzahl der Straftaten. Erklärbar ist dieses Phänomen dadurch, dass über spektakuläre Mordtaten und die Jagd der Polizei auf Bankräuber oder Einbrecherbanden die Massenmedien weit intensiver und zunehmend emotionaler als über Alltagskriminalität oder gar normale gesellschaftliche Vorgänge berichten. Dieser Trend zur Dramatisierung des Kriminalitätsgeschehens ist besonders ausgeprägt, seit die öffentlich und privaten Fernsehanbieter um die Gunst der Zuschauer rivalisieren. Der Anteil von kriminalitätshaltigen Sendungen (Spielfilm, als Serie oder Tatsachenbereicht) am Gesamtprogramm ist dadurch seit Mitte der achtziger Jahre um das dreifache gestiegen. Wenn man weiter berücksichtigt, dass es in diesen Fernsehsendungen vor allem um spektakuläre Straftaten wie etwa Sexualmorde geht, dann können zwei weitere Ergebnisse nicht überraschen. Erstens: Je länger die Bürger nach eigenen Angaben am Tag fernsehen und je häufiger sie dabei kriminalitätshaltige Sendungen einschalten, um so gravierender fallen ihre Fehleinschätzungen über das Kriminalitätsgeschehen aus. Und zweitens: Je mehr die Bürger glauben, dass die Kriminalität und hier insbesondere die schweren Straftaten stark zugenommen haben, um so deutlicher sprechen sie sich für härtere Strafen aus.

Es liegt auf der Hand, welche Folgen daraus erwachsen. Politiker stehen angesichts der aufgeregten Gemüter zunehmend in der Versuchung, sich mit populistischen Forderungen als Kämpfer gegen das Böse zu profilieren. Früher stand noch das Bemühen um Erklärung und Vernünftigkeit im Vordergrund. Man musste nachprüfbare Argumente liefern und seine Vorschläge empirisch anhand gesicherter langjähriger Erfahrung und klarer Forschungsbefunde begründen. Seit einigen Jahren regiert dagegen immer mehr eine Kriminalpolitik des „rauchenden Colts". Gewissermaßen aus der Hüfte schießend produziert

---

[177] Laut der polizeilichen Kriminalstatistik lag die Zahl der Wohnungseinbrüche im Jahr 2002 um 40% unter der des Jahres 1993. Bei Bankraub und Autodiebstahl ist das Bild ähnlich. Die Polizei hat eine Abnahme um die Hälfte beziehungsweise um zwei Drittel registriert. Die krasseste Fehleinschätzung bezog sich auf den vollendeten Sexualmord. Die Bürger glauben, dass sich die Fallzahl explosionsartig von 32 auf 208 vermehrt habe. Die Polizei dokumentiert jedoch seit 1993 eine stete Abnahme auf elf solcher Morde im Jahr 2002. Vgl: Frankfurter Allgemeine Zeitung, Freitag 5. März 2004, Nr. 55 / S. 9

die Legislative als Reaktion auf die in den Medien geschürten Emotionen und Kriminalitätsängste eine Gesetzesverschärfung nach der anderen.[178] Angesichts der knappen Haushaltsressourcen ist es jedoch nicht selbstverständlich, dass der Verschärfung des Strafrechts auf Dauer Vorrang gegeben wird. (80 Euro Haftkosten am Tag belasten Länder und Kommunen zusätzlich) Die Zukunft liegt sicher nicht im Ausbau von Gefängnissen, sondern in Investitionen in die Wissenschaft, in die Erziehung und Bildung der Jugend sowie in der Verbesserung von Lebensbedingungen, unter denen junge Menschen aufwachsen. Letzteres wäre gleichzeitig ein wirkungsvolles Programm zur Prävention von Jugendkriminalität. Es gilt, die Verhängung der Freiheitsstrafe wieder auf das frühere übliche Maß zurückzuführen, ohne gleichzeitig die innere Sicherheit zu gefährden. Es ist unbestreitbar, dass gefährliche Straftäter in den Strafvollzug gehören. Aber in den Gefängnissen befinden sich auch viele kleine bis mittelschwere Straftäter, für die auch andere Formen des Strafens (gemeinnützige Arbeit, Fahrverbot als eigenständige Sanktion) in Betracht kommen. In Deutschland muss es nicht um härtere Strafen gehen, sondern um wirksame Vorbeugung.

---

[178] Seit 1990 hat der Gesetzgeber zu 29 Straftatbeständen die Strafandrohungen deutlich verschärft. Bei gefährlicher/schwerer Körperverletzung ist die durchschnittliche Summe der Haftjahre, die je 100 Angeklagte verhängt wurden zwischen 1990 und 2001 auf fast das Doppelte, von 7.4 auf 14.4 Jahre, gestiegen.

III. Kapitel: Therapie im Strafvollzug – Das Unmögliche möglich machen?

„Worauf es ankommt, ist eine im Gunde paradoxe Situation auszuhalten: Wir müssen, wenn wir realistisch sind, zugeben, dass kein Grund für Hoffnung besteht und wir nirgends einen Anhaltspunkt dafür sehen, dass sich etwas im Leben und Erleben des Klienten ändern könnte. Zugleich aber müssen wir dennoch die Zuversicht in uns bewahren und dem Klienten vermitteln, dass sich irgendwo ein Weg für ihn auftun wird und wir gemeinsam Entwicklungsmöglichkeiten in ihm entdecken werden, von deren Existenz er selber zumeist nichts spürt, und die wir allenfalls erahnen können."[179]

Wie das Zitat zeigt, besteht gegenüber Psychotherapie mit Delinquenten eine große Skepsis, die sich in verschiedene Richtungen entfaltet. Zum einen wird gefragt, ob es sich bei Straftätern nicht überwiegend um eine Klientel handelt, die aufgrund ihrer Persönlichkeitsmerkmale für Psychotherapie kaum empfänglich ist: Borderline-Strukturen mit den typischen Abwehrmechanismen Spaltung, Verleugnung, Idealisierung, Projektion und den häufig auch im Delikt zutage tretenden massiven Externalisierungstendenzen wie Aggression.

Als weiteres Argument gegen Psychotherapie im Strafvollzug wird angeführt, unter den Rahmenbedingungen von Zwang sei Therapie, die auf Freiwilligkeit beruhen müsse, nicht möglich.[180] Primärer Leidensdruck werde ständig durch das Leiden an der Situation im Strafvollzug überformt. Die Motivation Delinquenter, sich im Strafvollzug einer Psychotherapie zu unterziehen, ist sehr schwach ausgeprägt. Andere Motive, etwa aufgrund einer Therapie zu Haftlockerungen wie Ausführung mit einem Beamten, Ausgang, Hafturlaub zugelassen oder gar früher entlassen zu werden, spielen parallel dazu fast immer eine gewichtigere Rolle.

---

[179] Rauchfleisch, Udo: Begleitung und Therapie straffälliger Menschen, S. 109

[180] Spektakuläre Verbrechen, insbesondere im Bereich der Sexualdelinquenz, wie der Mord an der siebenjährigen Natalie Astner im September 1996 haben zu einer Ausweitung der Therapiemöglichkeiten für Sexualstraftäter geführt. So wurde beispielsweise in Bayern eine neue Sozialtherapeutische Abteilung für Sexualstraftäter in der JVA Würzburg eingerichtet. Der Ruf nach mehr Therapiemöglichkeiten ist gekoppelt mit der Forderung längerer und schärferer Bestrafung. Immer häufiger ist von „Zwangstherapie" die Rede. Diese Tendenz fand in der Strafrechtsreform des Jahres 2003 ihren Niederschlag, wonach jeder Straftäter, der wegen eines Sexualdelikts eine Haftstrafe länger als zwei Jahre zu verbüßen hat, Therapie bekommen muss. So ist dies nicht nur eine Frage der Freiwilligkeit, sondern auch eine nach den entsprechenden Therapieplätzen und mehr noch nach geeignetem Personal.

III. Kapitel: Therapie im Strafvollzug

Eng verbunden mit den bereits dargestellten Funktionen des Strafvollzugs für die Gesellschaft als Ganze begegnet Psychotherapie im Gefängnis Widerständen auf politischer Ebene. Drogenabhängigen wird als Sucht-„Kranken" gerade noch eine Behandlung zugestanden (Therapie statt Strafe). Doch warum dem Täter therapeutische Hilfe zukommen lassen? Vergeltung und Behandlung, Sühne und Hilfeleistung sind schwer unter einen Hut zu bringen und sind, bedingt durch die Finanznot des Staates, kaum der Öffentlichkeit zu vermitteln. Sozialtherapeutische Anstalten, mit Inkrafttreten des Strafvollzuggesetzes 1977 als „Modell- und Erprobungsanstalten" konzipiert, um Erfahrungen zu sammeln und diese auf eine therapeutische Gestaltung des gesamten Strafvollzugs zu übertragen, stellen für nicht einmal 1 % der Gefangenen Behandlungsplätze zur Verfügung.[181]

Auch außerhalb der Sozialtherapeutischen Anstalten bieten Psychologen, Sozialpädagogen, vereinzelt auch Pfarrer oder Mediziner psychotherapeutische Hilfe an. Doch mit nur unzureichender institutioneller Absicherung und wenig Anerkennung in der Wertehierarchie der Institution geht einem Therapeuten in diesem schwierigen Metier leicht die Luft aus. Eine Ausnahme bilden wohl noch manche Jugendgefängnisse. Wie in der Psychotherapie allgemein auf dem Boden knapper werdender Geldmittel im Kassensystem eine „neue Zahlengläubigkeit in der Therapieforschung" um sich greift, die schnelle Symptombeseitigung zum alleinigen legitimen Ziel von Psychotherapie erhebt, sind ähnliche Tendenzen im Bereich Straftäterbehandlung ersichtlich. (Allein die Rückfälligkeit wird als Erfolgskriterium herangezogen). Innerhalb und außerhalb der Gefängnisse scheint die Zeit der Psycho-Manager angebrochen zu sein, die schnelle und kostengünstige Symptombeseitigung als Ware anbieten. Tiefenpsychologie, die für Ich-strukturell gestörte Menschen, wie in der Gefangenenpopulation häufig anzutreffen, längere Behandlungszeiten für notwendig erachtet, scheint in diesem Klima keinen Platz mehr zu haben.

Bei aller berechtigten Skepsis meine ich dennoch, dass Therapie unter den Bedingungen des Strafvollzugs möglich und notwendig ist. Was sind die Charakteristika einer solchen Behandlung, anfragend und betrachtend aus dem Blickwinkel, die Beziehungsfähigkeit des Inhaftierten zu vergrößern?

Zunächst, wie oben schon angedeutet, hat die totale Institution ständigen Einfluss auf die Therapie. So ist (zumindest anfängliches) Misstrauen dem Therapeuten als Mitarbeiter der Justiz gegenüber regelmäßig zu beobachten. Da Therapiemotivation eher Inhalt denn Voraussetzung einer Behandlung ist, nimmt deren Erarbeitung einen großen Raum ein. Und selbst wenn ein Gefangener therapeutische Hilfe sucht, weil er an der Haft leidet und auf Vollzugslo-

---

[181] Vgl. Pecher, Willi: Totale Institutionen und das Thema „Schuld und Strafe", in: Institutionsgeschichten, Institutionsanalysen, S. 145

ckerungen hofft, kann er die Notwendigkeit verspüren, sich die Ursachen seiner Delinquenz bewusst zu machen und zu bearbeiten. Da die soziale Dimension (Arbeits- und Wohnprobleme, finanzielle Verschuldung, Beziehungskonflikte) sowohl in der bisherigen Entwicklung und in der Gegenwart als auch im Hinblick auf die Prognose von zentraler Bedeutung ist, gilt es, diesen Bereich besonders ernst zu nehmen. Gerade bei Menschen wie ihnen, die von Kindheit an zu überleben gelernt haben, indem sie sich im Netz der miteinander in Konflikt stehenden Interaktionspartner „hindurchschlängeln" und sie gegeneinander ausspielen, besteht beim Nebeneinanderherarbeiten der verschiedenen an der Betreuung Beteiligten (Psychologen, Sozialarbeiter, Gefängnisgeistlicher, Justizvollzugsbeamter) die große Gefahr, dass diese Verhaltensweisen der Inhaftierten nicht abgebaut, sondern im Gegenteil noch verstärkt und geradezu zementiert werden. Weil es nahezu automatisierende Überlebensstrategien sind, bedarf es oft großer Anstrengungen, diese trotz aller Schutzfunktionen, die sie für die Straftäter erfüllen, sich letztlich selbstdestruktiv auswirkenden Verhaltensweisen durch konstruktive Interaktionsformen zu ersetzen.[182] Aus diesem Grund ist es von großer Bedeutung, alles zu vermeiden, was zur Unterstützung dieser unheilvollen Verhaltensmuster beitragen könnte.

Gegen die meiner Meinung nach drohende Überbetonung von Machbarkeit und Effizienz auch im Bereich der Psychotherapie im Strafvollzug möchte ich eine ethische Sichtweise, von vielen belächelt und als veraltet abgetan, entgegensetzen. Legt man den kategorischen Imperativ von Kant „Handle so, dass du die Menschheit sowohl in deiner Person, als in der Person eines jeden anderen jederzeit zugleich als Zweck, niemals bloß als Mittel brauchest"[183] oder das christliche Gebot der Nächsten- und Feindesliebe als Grundordnung für menschliches Zusammenleben zugrunde, so rückt vor alle zweckbestimmten Überlegungen die Achtung vor der Würde des Individuums. Der Prüfstein, ob es damit auch ernst gemeint ist, ist die innere Haltung jenen Menschen gegenüber, die sich selbst gerade über diese Basis hinweggesetzt haben. Der Rechts- und Sozialstaat muss sich auch und vor allem im Umgang mit denjenigen beweisen, die sich im besonderem Maße schuldig gemacht haben. Denn letztlich gibt es in einem dem Rechts- und Sozialstaatsprinzip verpflichteten Gemeinwesen keine andere Wahl, als auch diesen Menschen eine realistische Chance der Wiedereingliederung zu geben: in ihrem Interesse, aber vor allem im Interesse der Gesellschaft und des Schutzes potentieller Opfer vor Rückfallkriminalität. So hat der Fjodor Dostojewski zugeschriebene Satz „Den Stand der Zivilisation einer Gesellschaft erkennt man bei einem Blick in ihre Gefängnisse" nach wie vor große Bedeutsamkeit.

---

[182] Vgl. Rauchfleisch, Udo: Außenseiter der Gesellschaft, S. 123
[183] Kant, Immanuel: Grundlegung zur Metaphysik der Sitten, Nachdruck 1961, S. 79

Diese Einstellung hat nichts mit Realitätsverkennung und Ausblenden etwa der Gefährlichkeit mancher Straftäter zu tun. Tatsächlich wird es immer gefährliche Straftäter geben, die unbehandelbar sind. Doch um zu dieser Einschätzung zu kommen, genügt keine noch so umfangreiche Diagnostik, zusätzlich müssen ernsthafte Behandlungsversuche unternommen worden sein. Ein Gebot vor allem auch des Schutzes für potentielle zukünftige Opfer ist es, für behandlungsbedürftige und behandlungswillige Straftäter genügend Therapieplätze zur Verfügung zu stellen.

Da die Beziehungsszenen von Straftätern durch Sprachlosigkeit und Grenzüberschreitung, aber auch durch Aktionismus und Rücksichtslosigkeit geprägt sind, plädiere ich für eine dialogisch orientierte Psychotherapie. Denn in irgendeiner Weise haben die Inhaftierten erfahren, dass mit ihnen „kurzer Prozess" gemacht wurde, gemacht wird und – wie sie auch selbst glauben – gemacht werden muss. So haben sie selbst begonnen, mit anderen Menschen „kurzen Prozess" zu machen, „rücksichtslos" zu handeln, um eines kurzfristigen Vorteils willen. „Ohne Rücksicht", das ist hier zu verstehen als „ohne zurückzuschauen", ohne sich selbst, den jeweils anderen und die Beziehung zu ihm anzuschauen, ohne zu reflektieren, was es ist, das man tut, woher es kommt und wohin es führt.

Dialogische Therapie ist nicht an eine bestimmte therapeutische Schule, theoretische Ausrichtung oder Technik gebunden. Ihr maßgebender Grundsatz besagt, dass jeder Ansatz, der Prozess und das Ziel der Therapie in einer dialogischen Perspektive gegründet sein muss. „»Ansatz« meint hier die generelle persönliche und philosophische Einstellung des Therapeuten zur psychotherapeutischen Bemühung; »Prozess« bezieht sich auf die tatsächliche Interaktion zwischen Klient und Therapeut, und »Ziel« bezeichnet das Therapie-Ergebnis, d.h. die erweiterte Beziehungsfähigkeit des Klienten."[184]

Weil unter den Bedingungen des Normalvollzugs die Schaffung eines therapeutischen Milieus, als Voraussetzung um überhaupt unterschiedliche therapeutische Techniken anwenden zu können damit die notwendigen Nachreifungsprozesse gelingen mögen, nicht erreicht werden kann, brauchen wir etwas anderes – etwas jenseits reiner Technik, eine *Psychotherapie des Zwischenmenschlichen.*

1. Martin Buber und „alles wirkliche Leben ist Begegnung"

Im 20. Jahrhundert war Martin Buber der wichtigste Vertreter dieser Philosophie des Zwischenmenschlichen. Buber hat den Zusammenbruch der Be-

---
[184] Hycner, Richard: Zwischen Menschen, S. 20

ziehungen in der modernen Zivilisation tief in sich selbst gespürt und folgerte daraus, dass eine allzu technokratische moderne Gesellschaft zu einer größeren Distanz zwischen den Menschen führt und die zentrale Dimension der Beziehungssphäre in unserem Leben verblassen lässt. Diese Entwertung des Zwischenmenschlichen führt zu Isolation, Entfremdung und dem heute unvermeidbaren Narzismus. Die Realität des anderen gerät durch diesen eingeschränkten Fokus aus dem Blickfeld und zeigt sich in den vorherrschenden Schwierigkeiten von Nähe und Intimität. Beziehung wird einer Überbetonung von Getrenntheit untergeordnet, was nicht nur zu einer Spaltung zwischen den Menschen, in der Beziehung zur Natur, sondern auch innerhalb ihrer Psyche führt. Der dialogische Ansatz ist ein Versuch, diese Spaltungen zu heilen.

Die Grundfrage von Buber lautete: Wer ist der Mensch und wie kann er sich in der Welt zurechtfinden? Für ihn war klar, dass die Antwort dieser Frage nicht im menschlichen Subjekt liegt (Dekartes, Kant, Hegel), sondern in der Ich-Du-Relation gefunden werden muss. Nicht die Sphäre der „Subjektivität" bildet den Ausgangspunkt seiner Philosophie, es ist die Sphäre „zwischen" den Wesen zu betrachten. Er setzt nicht einfach beim Menschen noch bei der Welt an, sondern bei diesem Dazwischen – der Relatio.[185]

Die „Ich-Es-Relation" kennzeichnet für Buber die Erfahrung der Gegenstände-Objekte, ohne die der Mensch nicht leben kann, die ihm aber letztendlich im Grunde fremd bleiben müssen. In der „Ich-Es-Haltung" ist der andere ein Mittel zum Zweck, bleibt aber ein notwendiger Aspekt des menschlichen Lebens. Nicht die Existenz dieser Haltung ist falsch, sondern ihre überwältigende Vorherrschaft in der modernen technokratischen Gesellschaft. Die „Ich-Es-Haltung" wird nur dann problematisch, wenn sie unsere ganze Existenz beherrscht, wenn wir sie auch dann einnehmen, wo eine wirkliche Begegnung zwischen Mensch und Mensch erforderlich ist. Dagegen ist die „Ich-Du-Beziehung" eine Haltung echten Interesses an dem Menschen, mit dem wir interagieren als Person. Sie bedeutet, dass wir seine „Anderheit" schätzen. „Anderheit" meint die Erkenntnis der Einzigartigkeit und klaren Getrenntheit des anderen Menschen von uns selbst, ohne das Bezogensein und die Basis der gemeinsamen Menschlichkeit zu verschleiern. Diese Person ist nicht Mittel zum Zweck[186], sondern Selbstzweck, und wir erkennen, dass wir von diesem Menschen getrennt und zugleich ein Teil von ihm sind. Das Dialogische geschieht also nicht innerhalb eines Menschen, sondern ist die „geheimnisvolle" Erfahrung, die sich im Bereich „zwischen" zwei Menschen vollzieht, sofern beide offen dafür sind.

---

[185] Vgl. Buber, Martin: Das Problem des Menschen, S. 165
[186] Vgl. Buber, Martin: Das dialogische Prinzip, S. 15

2. Das dialogische Therapieverständnis

„Die entscheidende Wirklichkeit ist der Therapeut, nicht die Methoden. Ohne Methoden ist man ein Dilettant. Ich bin durchaus für Methoden, aber um sie zu gebrauchen und nicht, um an sie zu glauben."[187]
Dialogische Therapie ist nicht mit der zwischenmenschlichen Beziehung zwischen Therapeut und Klient oder den zwischenmenschlichen Beziehungen des Klienten außerhalb der therapeutischen Situation gleichzusetzen. Das Dialogische meint etwas ganz anderes. Für den Therapeuten bezieht es sich hauptsächlich auf seine „Einstellung zum Klienten"[188], das heißt er begegnet diesem Menschen auf dessen psychischer Entwicklungsstufe und bemüht sich, ihm zu helfen, eine gesundere Beziehungshaltung zur Welt einzunehmen. Eine solche Beziehung umfasst die drei wesentlichen menschlichen Dimensionen: die innerpsychische, die interpersonale und die transpersonale. Das soll nicht heißen, dass es sich um einzelne, voneinander getrennte Aspekte handelt. Sie stellen eher drei verschiedene Schwerpunkte in der Therapie und vor allem im Leben dar. Es ist die Beziehung zum Therapeuten, die es dem Straftäter erlaubt, seine innerseelischen Konflikte zu explorieren und eine größere Bezogenheit auf den Therapeuten und schließlich auf andere Menschen in der Welt zu erreichen.

2.1. Die Störung

Die Störung, die ein Straftäter im Laufe seines Lebens entwickelt, ist ein „Zeichen". Sie macht deutlich, in welcher Weise seine Existenz gebrochen, entfremdet ist und seine seelischen Grundbedürfnisse nur mangelhaft befriedigt sind. Die Störung ist die Antwort auf seine Haltung dem Leben gegenüber. Der Delinquent ist aufgerufen, wenn er ein „Aufmerkender" ist und sein Leben wirklich verändern will, auf dieses Zeichen seine Antwort zu finden und Verantwortung zu übernehmen. Er hat die Freiheit der Wahl, dieses Zeichen zu ignorieren und die Auseinandersetzung zu vermeiden und damit letztlich Widerstand zu leisten. Den Preis, den er dann zu bezahlen hat, ist, dass der Status quo aufrechterhalten wird, oder was oftmals zu beobachten ist, sich noch verschlimmert. Zwar ergibt sich durch Vermeidung der Problematik eine kurzfristige Erleichterung, aber um den Preis langfristiger negativer Konsequenzen. Die ursprünglich hilfreiche Anpassung wird kontraproduktiv. Das bedeutet aber, dass es etwas gibt, was unerbittlich aufgegeben werden muss.

---

[187] Buber, Martin: Nachlese, S. 174

[188] Hycner, Richard: Zwischen Menschen, S. 68

Ein seelisch kranker Mensch ist immer ein in seinen interpersonellen Bedürfnissen verletzter Mensch.

2.2. Die Weisheit des Widerstandes

Bei dissozialen Menschen kann von einer Behandlungsmotivation der üblichen Art nur ausgesprochen selten ausgegangen werden. Entweder präsentieren sie eine von passiven Erwartungen getragene übergefügige Haltung, etwa im Sinne von „Machen Sie mit mir was sie wollen, ich bin mit allem einverstanden", oder - was noch viel häufiger zutrifft – sie äußern unverhohlen ihre Ablehnung gegenüber jeglicher Art von Behandlung und begeben sich in den Widerstand.

Widerstand wird traditionell als einseitige Angelegenheit verstanden: Der Klient baut unbewusst Hindernisse für die Therapie auf. Das ist richtig, doch Widerstand ist sehr viel mehr. Jeder sogenannte Widerstand ist ein Ausdruck der Verletzbarkeit des Klienten, ist ein Signal für die Angst, Risiken einzugehen, die durch die vorausgegangenen Erfahrungen nicht unterstützt wurden. Widerstand so verstanden bildet eine wichtige Form des Selbstschutzes, eine Mauer, die immer zwei Seiten hat. Von „außen" betrachtet scheint der Klient verschlossen; aber vom subjektiven Standpunkt aus gesehen vermeidet er psychische Verletzungen. Widerstand ist die „Mauer", die frühe und tiefe Wunden umschließt. Sein Ursprung liegt in der typischen Offenheit und Verletzlichkeit der Kindheit. Folglich besteht bei Menschen mit schweren Persönlichkeitsstörungen, beziehungsweise antisozialen Persönlichkeitsstörungen, die sich bei Straftätern immer zahlreicher herauskristallisieren, eine ausgesprochene „Ambivalenz gegenüber intensiven Beziehungen."[189] Einerseits ruft die Situation, in der Abhängigkeit erlebt wird, ungeheure Ängste hervor. Anderseits wird sie aber auch als symbiotische Beziehung ersehnt. Viele dieser Menschen leben im Hinblick auf soziale Beziehungen in einem „Sehnsucht-Angst-Dilemma". Aufgrund dieser psychodynamischen Situation ist es verständlich, dass sie der mit einer Therapie angebotenen intensiven Beziehung höchst ambivalent gegenüberstehen. Sie empfinden die hier entstehende Nähe nicht als positive, sie stützende Zuwendung, sondern als fundamentale Verunsicherung, die sie infolge des erwähnten Sehnsucht-Angst-Dilemmas in massiven Widerstand stürzt. Ein anderes Motiv, den Weg in den Widerstand zu wählen, ist die Angst, dass in der Behandlung die Wunden früherer traumatisch erlebter Beziehungserfahrungen wieder aufgerissen werden. Von daher ist auch zu verstehen, dass das Angebot einer besseren Beziehungserfahrung, wie eine Therapie sie bieten

---

[189] Rauchfleisch, Udo: Außenseiter der Gesellschaft, S. 107

könnte, von Straftätern keinesfalls als entlastend, sondern im Gegenteil als bedrohlich erlebt wird, da sie ihre negative Identität in Frage stellt.

Es dürfte deutlich geworden sein, dass die Tatsache des Widerstands in der Therapie mit dissozialen Menschen keine Randerscheinung, sondern ein zentraler Aspekt ihres In-der-Welt-Seins darstellt. Die Weisheit des Widerstandes zeigt sich gerade darin, dass er ihnen das Überleben garantierte. Der dialogisch orientierte Therapeut muss, und darin besteht seine anfängliche Aufgabe, die Weisheit des Widerstandes schätzen lernen. Der Straftäter muss die Paradoxie begreifen, dass sein Widerstand wächst, wenn er versucht ihn mit aller Macht zu überwinden. Der erste Schritt ist getan, wenn er seinen Widerstand erlebt, ihn als integralen Bestandteil von sich anerkennt und ihn akzeptieren lernt. Es geht also darum, die „Aussage" des Widerstandes zu verstehen, seine Botschaft herauszufinden, warum der zu behandelnde Täter sich so verhalten muss. Obwohl er versucht, dem Therapeuten einen Strich durch die Rechnung zu machen, Informationen zurückhält, die Kooperation verweigert oder mit subtilen Mitteln vermeidet, an der Therapieaufgabe mitzuarbeiten, gibt der Abwehrende gleichzeitig eine Menge an Informationen und arbeitet im weiteren Sinne voll bei der Behandlung mit. Anstatt sich vom Widerstand erschrecken zu lassen oder gar selbst mit narzisstischer Kränkung durch die erfolgte Ablehnung von Seiten des Delinquenten zu reagieren, sollte der Therapeut ihn vielmehr begrüßen und „umarmen".[190]

Dort, wo der Widerstand auftritt, an diesem Punkt ist der straffällig gewordene Mensch am meisten verletzt worden. Er versteckt sich hinter seinem Widerstand, gleichsam im letzten Winkel seines Selbst. Das Bündnis mit dem Widerstand signalisiert ihm, dass man in diesen fernen Winkel, in dem das wahre Selbst wohnt, behutsam eintreten möchte. Es geht darum, sich eine Einladung zu verschaffen, nicht darum, sich den Zutritt zu erzwingen. Man fragt das wahre Selbst des zu Behandelnden so vorsichtig, wie ein verschrecktes Kind um die Erlaubnis, die geheiligte Privatheit des Versteckes betreten zu dürfen. Der Therapeut fühlt nach, wie es ist, mit diesem Schmerz, dieser Angst zu leben. Die Schlagwörter dazu sind Anteilnahme und Empathie, das verstehende „Sich-einfühlen."[191] Den Hintergrund bildet die existentielle Erkenntnis, *dass alle Menschen sich verbergen und voller Angst sind. Die Verborgenheit des Menschen ist eine existentielle Realität und kein pathologischer Zustand.*[192] Der Mensch mit seiner dissozialen Persönlichkeitsstörung muss sich seiner Abwehrmechanismen bewusst werden, die ihn an einem gesunden

---

[190] Vgl. Hycner, Richard: Zwischen Menschen, S. 146-147

[191] Wahl, Heribert: Pastoralpsychologie als beziehungsstiftende Dimension Praktischer Theologie, in: Seelsorge, Pastoralpsychologie und Postmoderne, S. 149

[192] Vgl. Hycner, Richard: Zwischen Menschen, S. 156

Leben hindern. Aber zu einem gesunden Leben gehört auch die Erkenntnis, dass bestimmte Widerstände Teil unserer Existenz sind. Völlige Offenheit ist weder nötig noch möglich. Es bleibt stetige Aufgabe ein kreatives Gleichgewicht zwischen Verborgensein und Offensein zu finden.

2.3. Die spirituelle oder transpersonale Dimension der Therapie

Gemeint ist damit im wesentlichen die Überzeugung (manche würden sagen, die Erfahrung), dass unsere Existenz im Spirituellen gründet und vom ihm durchdrungen ist und wir demnach keine isolierten Wesen, sondern als Teil des größeren Ganzen der Existenz unauflöslich miteinander verbunden sind. Dadurch, dass wir so sehr an unseren rationalen und wissenschaftlichen Tätigkeiten hängen, haben wir das ursprünglichste aller Wunder vergessen: dass wir existieren. Das Faktum unseres Seins stellt alles, was Menschen erreichen können, weit in den Schatten. Die Religion mit ihrer innewohnenden Spiritualität schöpft aus einem tiefen Brunnen: Sie hält heilende Bilder, Geschichten, Symbole und Rituale bereit, die der Mensch braucht um sich zu wandeln und Entwicklung auf ein Ziel hin offen zu halten. Spiritualität weiß aber vor allem auch um unsere Brechlichkeit, um die Paradoxien im Leben. So bleibt Spiritualität ohne wachsende Selbstwahrnehmung frömmelndes, individuelles Getöse oder wird zur ständig überhöhenden, ideologieverdächtigen kollektiven Verschanzung gegenüber anderen. Spiritualität, Gottesfurcht, tendiert zur Blöße, zur Annäherung an die eigene Nacktheit.[193] Die Entleerung der eigenen Hände ist innere Voraussetzung für die Entgegennahme neuen, manchmal durchaus fremden Lebens. Übersetzt kann sich das für einen der Straftat überführten Menschen folgendermaßen anhören: „So kann es nicht mehr weitergehen, der eingeschlagene Weg ist ein Irrweg und er führt mich ins Abseits." Aus der Erfahrung des Tiefpunktes, dass er mit seinen Bewältigungsmitteln das Leben nicht mehr meistern kann, erwächst der Wunsch nach Veränderung. Es ist das Eingeständnis der Machtlosigkeit und der bedingungslosen Kapitulation.

2.4. Ursachenverständnis

Störungen im seelischen Erleben können gesehen werden als ein Rückzug aus dem „Zwischen" oder dessen „Erstarrung", sie sind das Ergebnis eines abgebrochenen Dialogs. Die Person ist in ihrer tiefsten Hinwendung zu anderen nicht „gehört" worden und daraus folgend richtet sich ihre „Stimme" monologisch und auf tragische Weise nach Innen. Störungen und die damit

---

[193] Vgl. Kallen, Werner: Flaschenpost – Drei theologische Notizen zur Spiritualität, in: Prophetie in einer etablierten Kirche?, S. 109

einhergehenden Krankheiten entstehen als Ausdruck der Nichtbefriedigung der zwischenmenschlichen/interpersonellen Grundbedürfnisse. Diese Bedürfnisse sind in einer dialogischen Therapie:

Das Bedürfnis nach Begegnung. Wir sind und werden Mensch durch die Beziehung zu anderen Menschen, können und wollen bedeutungsvolle Beziehungen mit anderen eingehen, wobei es die Einzigartigkeit eines jeden Menschen zu achten gilt. Das bedeutet, dass unsere Existenz unauflöslich mit den anderen verwoben ist und „alles wirkliche Leben Begegnung ist."[194] Das Dialogische als wesentliches Element der menschlichen Existenz ist also nicht innerhalb des Menschen, sondern im Bereich „zwischen" zwei Menschen. Es ist eine spezifische Interaktion, die ein echtes Interesse an der Begegnung mit dem anderen hat. Menschliche Existenz ist in ihrem tiefsten Wesen Beziehung.

Das Bedürfnis nach Autonomie. Das Zwischenmenschliche ist der Bereich, in dem wir sowohl getrennt als auch in Beziehung sind. Gesunde Existenz bedeutet, das rhythmische Gleichgewicht von Getrenntheit und Bezogenheit. Modern ausgedrückt das rhythmische Gleichgewicht zwischen Bindungsbedürfnissen und Autonomiebedürfnissen.

Das Bedürfnis nach Bestätigung dieser Bedürfnisse und seiner Existenz. Anders als Tiere, die fraglos sind, was sie sind, braucht der Mensch die Bestätigung durch andere. Das Fehlen der Bestätigung ist die Grundlage aller Psychopathologie. Denn der Mensch „schaut heimlich und scheu nach einem Ja des Seinsdürfens aus, das ihm nur von menschlicher Person zu menschlicher Person werden kann; einander reichen die Menschen das Himmelsbrot des Selbstseins."[195]

Das Bedürfnis nach körperlichem und seelischem Wohlbehagen. Gelingt es diese drei interpersonellen Bedürfnisse gleichzeitig zu befriedigen, dann reagieren Körper und Seele konsistenter, das heißt der zu Behandelnde fühlt sich körperlich und seelisch wohl. Daraus folgt, dass der Mensch Lust - und nicht Unlust - orientiert ist; es ist seine eigentliche Intension sich seelisch und körperlich wohl zu fühlen. Dieses Wohlfühlen ist die seelische Begleitmelodie einer gelungenen Begegnung.

Das Bedürfnis nach Ganzheit, nach Spiritualität. Wenn Menschen ohne Beziehungen zu anderen und ohne Gefühl für eine umfassende Wirklichkeit sind, kommt es zu Angst-, Leere- und Entfremdungsgefühlen. Durch die Entfremdung kommt es zur „Lücke", die mit Ersatzgöttern gefüllt werden muss (Drogen, Macht, Sex etc.). Weil in unserer Kultur eine Haltung des Staunens verlorengegangen ist, empfinden Menschen das Leben als abgestumpft und

---

[194] Buber Martin: Ich und Du, S. 18

[195] Hycner, Richard: Zwischen Menschen, S. 59/60

seelisch verarmt. Der menschliche Geist kann nur wachsen, wenn er Nahrung von etwas Größerem[196] erhält.

2.4.1. Verarbeitung der Verletzung

Die Verletzung der Grundbedürfnisse führt zu einer elementaren Selbstbezogenheit, die eine Flucht vor der Begegnung anzeigt. Diese Verletzungen werden verarbeitet durch Verinnerlichung in Form einer *Beschädigung des Selbst in Beziehung zu anderen* (strukturelle Schädigung in den Dimensionen: Selbstwahrnehmung, Selbststeuerung, Objektwahrnehmung, Kommunikation und Bindung) und oder durch spezifische *Konflikte*, die einen unflexiblen Umgang mit spezifischen Grundthemen des menschlichen Lebens anzeigen.[197] In der Sprache der dialogischen Therapie nennt man diese Form der Verarbeitung die dialektischen, intrapsychischen Folgen der verletzten Grundbedürfnisse. Die kann man schematheoretisch auch als lebensgeschichtlich gewachsene Muster von zurückliegenden traumatischen Begegnungserfahrungen bezeichnen.

Diese Begegnungsschemata werden externalisiert und bestimmen das jetzige Begegnungsverhalten des Straftäters. Alte traumatische Beziehungserfahrungen werden wiederholt und die Grundbedürfnisse weiterhin nicht befriedigt. Es kommt zudem Phänomen des „Scheinens". Der Delinquent versucht mit dem Scheinen bestmöglich seine Grundbedürfnisse nach Bindung, Autonomie, Selbstwert, Wohlbehagen und Ganzheit zu befriedigen - allerdings auf eine brüchige Art und Weise. Werden diese Kompensationsmechanismen nicht mehr lebbar, dann kommt es zur Störungsbildung als Antwort auf das brüchige Arrangement. Der Anruf zu einer grundlegenden Veränderung ist unüberhörbar.

2.4.2. Die Verantwortung des Straftäters

Der Motor der Veränderung ist die existentielle Krise, die weder gewollt noch gemacht werden kann. Der Straftäter muss sein Leben nicht ändern, sondern durch die Krise wird es not-wendig. Es ist ein „Dürfen" zum geschenkten

---

[196] Die Überbetonung der Ich-Es-Haltung, die Fixierung auf die objektive Dimension der Existenz, die zu einer Objektivierung des Selbst und der anderen führt, macht den Kontakt zu einem umfassenden Seinsgefühl so schwierig. Die Ich-Es-Orientierung ist zwar eine sichere, aber eingeschränkte Art zu leben, die nur ein Minimum an emotionalem Risiko erfordert. Sie ist ungefährlich, aber emotional unbefriedigend. Der spirituelle Ansatz in der Dialogischen Therapie ist in der Überzeugung gegründet, dass jeder Dialog im Dialog mit dem Sein wurzelt und aus ihm erwächst. Spiritualität heißt nicht die irdische Realität hinter sich zu lassen, sondern die Eintrittspforte in den spirituellen Bereich ist die Ich-Du-Beziehung mit einer „Anderheit".

[197] Vgl. Arbeitskreis Operationalisierte Psychodynamische Diagnostik (OPD), Grundlagen und Manual, S. 196

Zeitpunkt (Kairos). Nach Buber beginnt der Weg des Menschen erst, wenn er erkannt hat, dass er sich versteckt, das Leben vermeidet und so sich selber verloren hat.

Zu jeder Zeit und zu jeder Stunde ruft Gott den Menschen an: „Adam wo bist Du?"(Gen 3,9) Wo bist Du in Deiner Welt. (im Urtext heißt es ajekka und klingt wie ein heiliges Pfeilwort) Wenn Gott so fragt, will er vom Menschen nicht etwas erfahren, was er noch nicht weiß, er will im Menschen etwas bewirken, was eben nur durch eine solche Frage bewirkt wird, vorausgesetzt, dass sie den Menschen ins Herz trifft, dass der Mensch sich von ihr ins Herz treffen lässt.

Adam versteckt sich, um nicht Rechenschaft ablegen zu müssen, um der Verantwortung für sein Leben zu entgehen. So versteckt sich jeder Mensch, denn jeder Mensch ist Adam und in Adams Situation. Um der Verantwortung für das gelebte Leben zu entgehen, wird das zu Dasein einem Versteckapparat ausgebaut. Und indem der Mensch sich so „vor dem Angesicht Gottes" versteckt, verstrickt er sich immer tiefer und tiefer in die Verkehrtheit. So entsteht eine Situation, die von Tag zu Tag, von Versteck zu Versteck immer fragwürdiger wird. Diese Situation kann genau gekennzeichnet werden: dem Auge Gottes kann der Mensch nicht entgehen, aber indem er sich vor ihm zu verstecken sucht, versteckt er sich vor sich selber.

Diese Frage will den schuldbeladenen Straftäter aufrühren, sie will seinen Versteckapparat zerschlagen, sie will ihm zeigen, wo er hineingeraten ist, sie will in ihm den großen Willen erwecken, heraus zu gelangen. Alles kommt darauf an, ob er sich der Frage stellt. Allerdings, die Stimme ist die Stimme eines verschwebenden Schweigens und es ist leicht, sie zu übertäuben. Solange dies geschieht, wird das Leben eines straffällig gewordenen Menschen zu keinem Weg. Adam erkennt die Verstrickung und er bekennt: „Ich habe mich versteckt", und damit beginnt der Weg des Menschen.[198]

Gerade für inhaftierte Straftäter gibt es eine „dämonische Frage", eine Scheinfrage, die die Frage Gottes, die Frage der Wahrheit äfft. Sie ist daran zu erkennen, dass sie nicht bei dem „Wo bist du?" innehält, sondern fortfährt: „Von da heraus, wo du hineingeraten bist, führt kein Weg mehr". Oder anders ausgedrückt: Einmal Straftäter, immer Straftäter. Es findet eine verkehrte Selbstbesinnung statt, die den Menschen nicht zur Umkehr bewegt und auf den Weg bringt, sondern ihn damit dorthin treibt, wo sie anscheinend vollends unmöglich geworden ist und der Mensch nur kraft des dämonischen Hochmuts, des Hochmuts der Verkehrtheit, weiterleben vermag.

In der Psychotherapie mit delinquenten Menschen erscheint es mir wichtig, so viel Flexibilität aufzubringen, wie sie benötigen, um überhaupt im therapeu-

---
[198] Vgl. Buber, Martin: Der Weg des Menschen nach der chassidischen Lehre, S. 11-13

tischen Rahmen mitarbeiten zu können. Dabei bewegt sich der Therapeut bei Straftätern oft auf einem schmalen Grat zwischen Verwöhnung und Härte. Er muss bei aller Bereitschaft auch ungewöhnliche und provokative Verhaltensweisen akzeptieren, Konstanz und klare Grenzsetzung garantieren, ohne rigid zu sein. Zudem muss er sich in seinen Interventionen und seinem Verhalten an der momentanen Toleranzgrenze des zu Behandelnden orientieren. Voraussetzung dafür ist ein enormes Sicherheitsgefühl, um den intimen Kontakt mit dem Täter und seinem Delikt zu riskieren. Auch der beste Therapeut kann nicht gegen das grundlegende dialogische Prinzip verstoßen, dass jede Interaktion zwei Seiten hat: beide Partner können ihrer Bereitschaft, in das „Zwischen" einzutreten, Grenzen setzen. Auch im echten Dialog gibt es das "Problem der Grenzen."[199] In anderen Worten: Der Therapeut tut etwas, probiert etwas aus, will etwas, und legt jeden Gedanken seiner Existenz in dieses Unternehmen. Und dann gibt es einen Moment, in dem eine Mauer da ist, eine Grenze, die er nicht ignorieren kann. Das gilt genauso für das, was ihn mehr als alles andere interessiert: wirksamer menschlicher Dialog.

---

[199] Hycner, Richard: Zwischen Menschen, S. 64

IV. Kapitel: Kirche und Religiosität in der Kultur der Moderne

In allen Bevölkerungsgruppen ist in der Gegenwart eine gesteigerte Individualisierung der Lebenslagen, der Lebensstile und der Lebensformen zu beobachten. Die Veränderungen in der radikalen Moderne betreffen die verschärfte Spannung zwischen Pluralität und Einheitlichkeit sowie Differenzierung und Zusammenhalt, bezogen auf das Individuum wie auf die Gesellschaft. Das ganze postmoderne Programm vom „Leben als Projekt"[200] scheint vor allem auf priviligierte Bevölkerungsgruppen zugeschnitten. Denn nur diese verfügen über ausreichend Ressourcen, die neu geschaffene Freiräume uneingeschränkt zu nutzen. Die Postmoderne produziert damit nicht nur Gewinner, sondern hat in den labilen Menschen auch ihre eigenen Verlierer, die ganz besonderen Schwierigkeiten ausgesetzt sind. Um dies abzuschätzen seien im folgenden die Parameter beschrieben, an denen Gefahren festzumachen sind, und welche pastoralen Schritte nötig sind, damit die Kirche ihre Frohe Botschaft so vermitteln kann, dass ihre Überlieferung Anschluss findet an die veränderten Umstände.

Von zahlreichen Religions- und Kultursoziologen wird das heutige, kulturell dominante Kirchenverständnis folgendermaßen interpretiert: Die großen Kirchen, ihre Institutionen und Untergliederungen werden weithin als religiöse „Dienstleistungsgesellschaften"[201] wahrgenommen und in Anspruch genommen; also als gesellschaftliche Großorganisationen, die prinzipiell allen Bürgern zur Erfüllung bestimmter, traditionell als religiös geltender und damit zusammenhängender sozialer und pädagogischer Bedürfnisse zur Verfügung stehen. Von ihrem reichen Angebot macht man nach eigenem Gutdünken und entsprechend der eigenen, vor allem familiären Lebenssituation Gebrauch. Man nimmt schließlich deswegen auch eine – allerdings meist nur noch inaktive – Kirchenmitgliedschaft in Kauf. Wenn man es in eine griffige Formel fassen möchte, könnte man dieses Verhältnis so beschreiben: „Kirche – ja (eben als religiöse Dienstleistungsgesellschaft), Gemeinde – nein"; denn man zieht es vor, mit der Kirche lieber „ohne Bindung" in Verbindung zu bleiben. So werden Glaube und religiöses Handeln, Einstellung und Verhalten nicht wie selbstverständlich nach kirchlichen Vorgaben gelebt. Während herkömmliche Formen der Religion scheinbar immer weniger Resonanz finden, feiern

---

[200] Wittrahm, Andreas: Seelsorge, Pastoralpsychologie und Postmoderne, S. 89

[201] Kehl, Medard: Kirche und Orden in der Kultur der Moderne, in: Geist und Leben, Heft 3 – 2001, S. 181

alle möglichen Formen von Religiosität, Patchworkreligiosität und Pseudoreligiosität fröhliche Urstände. Weisheitslehren, Seelenkräfte und unsichtbare Energiequellen, verbunden mit verschiedenen Meditationspraktiken, werden für das Wohlbefinden des Menschen in Dienst genommen. Ein stetig wachsender Markt tut sich in naturreligiösen Ritualen auf, die das „Weibliche" stark betonen. Diese Bewegung wirkt somit auf Frauen besonders attraktiv, weil sie sich dort mit einer Art „Mutter des Lebens" identifizieren können. Damit stellt sich die drängende Frage: Wie soll man heute eine Religion bekennen und praktizieren, die über Jahrhunderte ihre vertrauten Formen und Lehren ausgebildet hat, in einer Welt, die wir nicht mehr verstehen und die umgekehrt die traditionellen Religionen nicht mehr zu verstehen scheint? Dabei hatte man sich in den großen Volkskirchen alle Mühe gegeben, sich der modernen Welt zu öffnen. Aber diese Welt scheint heute schon nicht mehr einfach die moderne Welt zu sein. Die „heutige" Welt ist etwas, das über Nacht zu etwas anderem geworden zu sein scheint, zu etwas irgendwie Nach-Modernem. Und so liegt es nahe, dass so viele heute von Postmoderne reden und zugleich rätseln, was das überhaupt sei?

1. Postmoderne

Zunächst wird mit „Postmoderne" ein Diskurs bezeichnet, der die realen Grenzerfahrungen der Moderne und insbesondere die Enttäuschungen über die nicht eingelösten Verheißungen dieser Epoche zum Anlass nimmt, um eine neue kritische Theorie der modernen Gesellschaftsverhältnisse zu entwerfen. Die Moderne wird nicht abgelöst, sondern aus der Distanz kritisch betrachtet. Ihre Versprechungen von Fortschritt, Wohlstand und Freiheit werden auf den Prüfstand gestellt.[202] Die Kinder der Freiheit „sehen sich mit einer Welt konfrontiert, die nicht mehr in zwei Lager zerfällt, sondern eine unübersehbare Menge von Bruchlinien, Sprüngen und Klüften aufweist, zwischen denen sich niemand mehr auskennt. Die Zukunft ist multidimensional geworden, die Erklärungsmuster der Älteren greifen nicht mehr ... Es gibt weit mehr Rätsel als Lösungen, und bei genauerem Hinsehen erweisen sich selbst die Lösungen als Säcke voller Rätsel."[203]

Bei einem so deutlichen Wandel des Lebensgefühls, sich nämlich im Zwang befindend ständig wählen und entscheiden zu müssen, liegt die Vermutung nahe, dass sich darin eine grundlegende Veränderung der sozialen Wirklichkeit kundtut. Die Ursachen liegen ganz offensichtlich in der Dynamik der modernen Ge-

---

[202] Vgl. Wittrahm, Andreas: Seelsorge, Pastoralpsychologie und Postmoderne, S. 75
[203] Beck, Ulrich: Kinder der Freiheit, S. 17

sellschaftsentwicklung. Nicht mehr einzelne, zufällige Neuerungen verändern das Gefüge, sondern unsere moderne Lebenswelt ist inzwischen wesentlich so gebaut, dass sie aus sich selbst heraus die Entwicklung immer weiter vorantreibt. Die großen Motoren dieser Dynamik sind das *Wachstum an Wissen,* die *technologische Entwicklung* und die *Umsetzung von Wissen und Technologie in ökonomischen Gewinn.* Alle drei Bereiche sind selbst dynamisch angelegt: In unserem modernen Wissenschaftsbetrieb wird weitgehend mit standardisierten Forschungsverfahren gearbeitet, so dass weithin routinemäßig ständig Neues produziert wird. Der technologische Forschungsbetrieb wandelt ebenso routiniert das neue Wissen immer schneller in neue technische Handlungsmöglichkeiten um. Und ein freiheitlich marktwirtschaftlicher Wettbewerb sorgt dafür, dass alle lukrativ erscheinenden Techniken auch rasch in die Tat umgesetzt werden. Moderne „Innovativwirtschaft"[204] erweist sich so als Konsequenz, aber zugleich als Motor eines Kultursystems, das nach seinem Ansatz darauf ausgelegt ist, die Einrichtung und das Wissen des Menschen in methodischer Weise zu mehren. Es evoziert ständigen Überstieg. Die Welt, die sich der Mensch auf dieser Grundlage einer durch Wissenschaft und Technik geprägten Ökonomie zu schaffen vermochte, stellt alles bisher Erreichte in den Schatten.

Wie kann eine Gesellschaft, einen solch ständigen Wandel nahezu aller Lebensbereiche verkraften? Sie hat ein System entwickelt, das es ihr erlaubt, auf ständige Veränderungen prompt und flexibel zu reagieren. Dieses System beruht, vereinfacht gesagt, auf dem Zusammenspiel zweier Komponenten: auf einer Korrespondenz von Eigenverantwortung (einzelnen Menschen, Gruppen und Institutionen werden erhebliche Freiräume zugestanden, damit sie in ihren je eigenen Bereichen nach bestmöglichen Lösungen suchen) und Rahmenordnung (von den entsprechenden Instanzen verwaltet und bei Bedarf weiterentwickelt). Diese Korrespondenz von Eigenverantwortung und Rahmenordnung, die einem inzwischen auf den verschiedensten Ebenen des gesellschaftlichen Lebens begegnet, hat bisher eine bemerkenswerte Leistungsfähigkeit bewiesen, aber auch ihre bekannte Problematik:

Die Gesellschaftsordnung wandelt sich zu einer Gesellschaftsrahmenordnung, und innerhalb dieses Rahmens entwickeln sich dann die verschiedenen Lebensbereiche weitgehend nach je eigenen internen Regeln und Maßstäben. Und diese Teilbereiche arbeiten wiederum mit dem System von Eigenverantwortung und Rahmenordnung. Damit treten dann die generellen Prinzipien einer gemeinsamen Herkunftskultur und einer gemeinsam gelebten Tradition notwendig in den Hintergrund.[205]

---

[204] Korff, Wilhelm: Wirtschaft vor den Herausforderungen der Umweltkrise, S. 11

[205] Vgl: Gabriel, Karl: Christentum zwischen Tradition und Postmoderne, S. 136-140

Man gesteht einzelnen Akteuren in der Gesellschaft enorme Freiräume zu, weil solche Freiräume oft für die Lösung von komplexen Problemen und Gestaltungsaufgaben tatsächlich nötig sind.[206]

Die großen Motoren der Entwicklung – Wissenschaft, Technik, Ökonomie – arbeiten heute längst wesentlich auf Weltebene und überschreiten damit die Grenzen der gewachsenen Rahmenordnungen. So fragen die Menschen auch im Blick auf die fortschreitende Globalisierung sowohl nach dem erforderlichen Sachverstand, aber auch nach einer integeren und seriösen Instanz, der man die „Weisheit" einer umfassenden uneigennützigen Weltverantwortung zutraut.

Damit wird deutlich: Unsere liberale technologische Gesellschaft beruht selbst wesentlich auf Spezialisierungen, betont singulären Lösungen und spontanen situativen Einfällen, wie sie in der postmodernen Kunst ihren Ausdruck finden. Und wenn diese Kunst häufig jeden Hinweis auf eine Instanz vermissen lässt, die das Ganze tragen soll, dann spiegelt sich offenbar auch hierin ein typischer Zug des gegenwärtigen gesellschaftlichen Lebensgefühl wider.

Die Menschen haben die Freiheit und stehen zugleich vor der Notwendigkeit, sich angesichts von Alternativen zu entscheiden. Sie können und müssen zentrale Bereiche ihres Lebens (Bildung, Lebensform, Partnerwahl) nach eigener Vorstellung gestalten. Ein selbstgestalteter Lebensverlauf in Freiheit, ein Lebensgefühl des „anything goes" scheint möglich. Aber folgt aus dem Fehlen einer alles tragenden Instanz, dass in der Postmoderne de facto alles beliebig und unverbindlich wird? Wo immer Menschen ihr Handeln aufeinander beziehen, wo dann diese Beziehungen eine gewisse Regelmäßigkeit erlangen, und wo diese Regelmäßigkeiten von den Beteiligten auch erwartet werden, entstehen bestimmte Erwartungsstrukturen. Daraus entstehende Verbindlichkeiten stehen am Beginn allen Zusammenlebens von Menschen. Sie stiften Gemeinschaft und tragen wesentlich das zusammenleben von Menschen in Gruppen, Familien und Institutionen. Man wächst meist durch Gewöhnung oder durch Erziehung in die gelebten Sitten einer Gruppe, Familie, Kultur hinein und erlebt sie als das in der jeweiligen Gruppe „gewohnt richtige" Verhalten.

In modernen Gesellschaften entwickeln sich solche Erwartungskulturen zu einer höchst disparaten Größe. An der Stelle einer einheitlichen, allen bekannten und von allen anerkannten Volkssitte tritt ein differenziertes Gebilde von hoch spezialisierten Handlungsräumen und entsprechend differenzierten Verbindlichkeitsansprüchen. Solch interne Verbindlichkeiten enthalten per se eine normative Seite, die sich in der Anerkennung der geltenden Regeln und in der Ahndung abweichenden Verhaltens zum Ausdruck bringt. Das Leben in sozialen Räumen ist folglich alles andere als beliebig und unverbindlich.

---

[206] Vgl: Korff, Wilhelm: Wirtschaft vor den Herausforderungen der Umweltkrise, S. 14-15

Moralische Ordnungen bilden sich aus und stehen in der Postmoderne gleichberechtigt nebeneinander und niemand sollte diejenige Ordnung, die er gerade zufällig für die beste hält, anderen aufzwingen dürfen. „Die Teilnahme folgt vielmehr der Logik selbstbestimmter Entscheidung, die sich an einem komplexen Bündel von Kriterien mit einer deutlichen Präferenz für die Qualität der Funktionserfüllung orientiert."[207] Die Überzeugung, dass die eigene Freiheit das entscheidende Kriterium dafür ist, welche Ordnungen man akzeptiert oder meidet, war selten so ausgeprägt wie im gegenwärtigen Lebensgefühl.

Mit diesen Überlegungen hängt schließlich der bekannteste Grundzug des postmodernen Denkens zusammen: die Ablehnung des herkömmlichen Wahrheitsbegriffs. Wahrheit und Wahrheitssysteme erscheinen letztlich auch nur als Ausdruck einer gewohnt richtigen Sichtweise. Der Wahrheitsanspruch einer Theorie ist folglich nichts anderes als die verbindliche Erwartung an andere, die Dinge genauso zu sehen. Wahrheiten gelten nur hypothetisch, d.h. unter der Voraussetzung, dass ich der Gemeinschaft, in denen diese Theorien akzeptiert sind, angehöre oder angehören will. Entsprechend kann ich mich dem Wahrheitsanspruch schlicht und ergreifend dadurch entziehen, dass ich diese Theorie- oder Glaubensgemeinschaft verlasse und mir die Wahrheiten, die mir selbst wirklich einleuchten, für mich selbst zusammenstelle. Die Folge ist der schon erwähnte Patchwork-Charakter der postmodernen Weltanschauungen und das von Heiner Keupp wieder in die psychologische Diskussion eingeführte Konzept der „Patchwork-Identität"[208] als Identitätsmodell der Zukunft. Was darin abgelehnt wird, ist die Behauptung einer bestimmten allgemeinen Wahrheit.

Nicht mehr die Frage nach der Wahrheit ist für den postmodernen Menschen entscheidend; er fragt nach Relevanz. Er erlebt den modernen Pluralismus nicht mehr als bunte Vielfalt einer im Grunde einheitlichen Kultur, sondern als das Auseinanderfallen in Welten, die einem mehr oder weniger fremd sind. Viele erleben dabei auch, dass sie selbst nur einen sehr kleinen Ausschnitt als ihre eigene kleine Patchwork-Welt kennen, während ihnen der größte Teil der anderen Segmente dieser Welt fremd und für immer verschlossen bleiben.

Das einzige, was jetzt noch trägt und darum gerade für den postmodernen Menschen so enorm wichtig geworden ist, ist die Idee der Toleranz: Lasst mich meine Überzeugungen haben! Lasst mir meine Welt! Niemand darf für sich selbst die Freiheit eines eigenen Weges reklamieren und diese Freiheit zugleich anderen vorenthalten![209] Das Gebot der Toleranz erscheint dann als

---

[207] Gabriel, Karl: Christentum zwischen Tradition und Postmoderne, S. 169

[208] Keupp, Heiner: Identitätsarbeit heute, S. 11

[209] Vgl. Beck, Ulrich: Kinder der Freiheit, S. 20

das einzige, das mich letztlich schützt, wenn diese große und weithin fremd gewordene Welt mich zu überrollen droht. Die Toleranz ist es letztlich, die mir erlaubt, mir in dieser unverständlichen Welt meine eigene kleine Nische einzurichten, in der ich meine Zuflucht finde. Damit wird auch klar, was der postmoderne Mensch selbst als die denkbar größte Bedrohung erkennt: dass nämlich die postmoderne Entwicklung diese einzig verbliebene letzte Grundlage am Ende selbst zerstört.

Die Postmoderne erfasst die Straffälligen zweifach, sozusagen mit einer Scherenbewegung: Zum einen auf der Makro-, zum anderen auf der Mikroebene. Einerseits produzieren Erscheinungen, die unter den Begriffen wie Globalisierung firmieren und für alle Bürgerinnen und Bürger, speziell aber für die Haftentlassenen, bedrohliche Folgen haben können, Zukunftsängste: Ängste vor Arbeitslosigkeit, vor Verarmung, vor Krankheit, davor, dass der Staat irgend wann nicht mehr in der Lage sein könnte, eine gewisse Grundversorgung zu leisten. Diese Ängste werden auf Kriminalität als Bedrohungsszenario projiziert und personifiziert auf Straffällige gerichtet. „Kriminalitätsdiskurse sind in besonderer Weise dazu geeignet, bedrohliche und ängstigende Auswirkungen des sozialen Wandels in der Moderne sichtbar zu machen: Kriminalität indiziert Bedrohungen, die potentiell jeden betreffen, ist quantifizierbar, qualifizierbar, massenmedial darstellbar und fungiert als Metapher für den Zerfall von Werten, Normen und Gewissheiten."[210]

Der zweite Teil der Schere – die Mikro-Ebene: „Alternative" ist das zentrale Stichwort zur Beschreibung der veränderten Lebensstile und Lebensformen der Gegenwart geworden. Die Chance zur Wahl verlangt neben der Freisetzung aus Bedingungen, die eine bestimmte Lebensform unbefragt vorschrieben, das Vorlegen einer Alternative oder gar mehrer Möglichkeiten. Eine wichtige Grundlage für diese Wahlchancen wiederum hat der materielle Wohlstand für große, allerdings nicht für alle Bevölkerungsgruppen geschaffen. Besonders die Gruppe der Strafentlassenen kann die Anforderungen einer immer komplexer werdenden Gesellschaft mit ihren wenigen Ressourcen (mangelnde Schul- und Ausbildung, geringe soziale Kompetenzen, fortschreitende Verarmung) nicht mehr bewältigen. Der Arbeitsmarkt wird, bedingt durch die hohe strukturelle Arbeitslosigkeit, für viele Straftäter unerreichbar. Da nur ein beschränktes Kontigent an bezahlbarem Wohnraum zur Verfügung steht und heutige Freizeitgestaltung zunehmend an materielle Ressourcen gebunden ist, führt der Weg dieser Menschen oft in die soziale Isolation und Ausgrenzung. Strafentlassenen, die in diesem Sinne Modernisierungsverlierer sind, wird zwar durch die Straffälligenhilfe Unterstützung zur Verbesserung

---

[210] Kawamura, Gabriele: Die Antworten der Sozialen Arbeit auf den gesellschaftlichen Wandel – Ansätze für die Straffälligenhilfe, in: Sozialer Ausschluss durch Einschluss, S. 18

ihrer Lebenslagen gewährt. Sie zielt ab auf eine Veränderung von Teilhabemöglichkeiten am gesellschaftlichen Leben. Sie will straffällig gewordenen Menschen die Chance auf Integration bieten. Lange aber haben Justiz, Straffälligenhilfe, Kirche, andere beteiligte Institutionen und Gesellschaft sich dabei auf ein bürgerliches Normalitätsmodell gestützt: annehmbare Wohnmöglichkeiten, gesicherte Existenz, eine Arbeit, tragfähige soziale Kontakte und ein möglichst drogen- und kriminalitätsfreies, sinnerfülltes Leben. Überholt wurde die Sinnhaftigkeit und Aktualität dieses Modells in den vergangenen Jahren von der Individualisierung und Pluralisierung von Lebenslagen, die es schon schwierig macht, Gefährdete als Randgruppe mit bestimmten Defiziten zu identifizieren. Denn wer ist Randgruppe, wenn die Gesellschaft kein identifizierbares Zentrum mehr hat? Und wohin zielen die Integrationsbemühungen von Haftentlassenen, wenn kein Konsens mehr darüber zu erzielen ist, welchen soziokulturellen Normen sie denn folgen?

2. Postmoderne und Religion

Den traditionellen Kirchen bleibt keine Wahl. Sie müssen sich dieser neuen Situation stellen. Sie müssen sich darauf einstellen, dass sie von immer mehr Menschen unter den veränderten postmodernen Perspektiven wahrgenommen werden.

Wie aber verhalten sich Angebot der Religion und Nachfrage des postmodernen Menschen zueinander? Zunächst zum Angebot: Nach traditioneller Auffassung verkündet die christliche Religion den Menschen Antworten auf grundlegende Fragen der menschlichen Existenz. Die Berufung der Kirche, in Wort und Tat Zeugnis vom wiederkehrenden Herrn und der Verheißung auf „Leben in Fülle" (Joh 10,10) für alle Menschen zu geben, ist das Maß für alles, was Kirche in ihrer geschichtlichen Sozialform und Gestalt ausmacht. Das Geheimnis (Mysterium) der Kirche ist somit keine Geheimlehre, von der die Amtsträger mit dem Lehramt an der Spitze den Laien Mitteilung machen, „sondern das allen glaubenden Menschen vorgegebene und damit nicht zur Verfügung stehende Ja der Liebe Gottes Jesu zu den Menschen und ihrer Welt."[211] Es bleibt die zentrale Botschaft, dass Gott mich kennt und liebt. Wie Christinnen und Christen auf dieses unerhört befreiende und Hoffnung schenkende Wort der Liebe antworten, darin ihre Berufung erkennen und Kirche verwirklichen, ist am Evangelium zu messen. Wir kommen nicht umhin: Der Mensch ist als Vernunftwesen und als Person hineingestellt in diese von Gott geschaffene Welt, um sich unter Beachtung der Schöpfungsordnung selbst in

---

[211] Karrer, Leo: Zukunftschancen der Kirche in einer pluralistischen Gesellschaft, in: Aussicht auf Zukunft, S. 102/103

ihr einzurichten. Zugleich wird der Mensch aber auch eingeladen, in eine kritische Distanz zu dieser Welt zu treten, indem er die Welt mit den Augen Gottes zu sehen lernt, sich in die Lebensweise Jesu hineinnehmen lässt und auf eine endgültige Geborgenheit in der Gegenwart Gottes nach diesem Leben hofft.

Wie aber sehen diese existentiellen Fragen auf Seiten der Nachfrage aus? Mit welchen Fragen tritt nun der postmoderne Mensch an die Religion heran? Er wird fragen: Was soll ich hier auf der Welt – auf einem völlig unübersichtlichen Markt der Möglichkeiten? Auf jeden Fall muss ich etwas Gewinnbringendes anfangen, was ich auf dem Markt der Erwerbsmöglichkeiten anbieten kann, um davon leben zu können. In jedem Erwerbszweig herrschen aber andere Sitten und Prinzipien; was können mir da die Ideale einer christlichen Ethik helfen? Und was ist, wenn ich scheitere, verzweifele und entsetzliches Leid durchstehen muss? Braucht man dafür nicht einfach ein gewisses „Standing", eine gehörige Portion Selbstvertrauen und einfach Ideen für eine sachgerechte Lösung? Und ist die Welt nicht so, dass viele Menschen nun einmal scheitern (die Gefängnisse sind voll von Menschen, die gescheitert und mit ihrem Leben nicht mehr zurechtgekommen sind) – muss man das nicht einfach akzeptieren? Und wo finde ich Anschluss? Mein alltägliches Leben ist hochgradig vernetzt mit anderen Menschen, mit denen ich aber immer nur unter ganz speziellen und verschiedenen Rücksichten zu tun habe. Die Grenzen meiner Welt sind die Grenzen dessen, was ich über die Welt erfahren kann und was ich aus meinem Leben machen kann.

Sollte man den Kirchen raten, sich mit ihrem Angebot einfach deutlicher auf diese Nachfrage neu einzustellen? Sollten sie, wie die Berater-Gutachten meinten, sich im Rahmen der modernen ausdifferenzierten Welt auf ihre Kernkompetenzen[212] konzentrieren, die in unserer Gesellschaft ansonsten nicht oder kaum vertreten werden: die Kirche als Anbieter von Sinn, von karitativen Diensten, von nachbarschaftlichem Gemeindeleben und von moralischen Orientierungshilfen?

Dieser Rat stellt die Kirchen jedoch vor ein Dilemma: Entweder sie behaupten in Fortsetzung ihrer bisherigen Tradition, dass sie die Wahrheit über die Welt, über den Menschen und über Gott verkünden; der Preis dafür scheint zu sein, dass sie sich dann allein schon durch einen solchen Wahrheitsbegriff unglaubwürdig machen. Oder sie ziehen sich in eine funktionale Nische der postmodernen Gesellschaft zurück, dies aber um den Preis, dass sie damit auch die Sorge um das Ganze preisgeben würden. Die Zeiten der Postmoderne zwingen uns, die Frage „Was ist Religion?" neu zu buchstabieren. Die Vertreter der Religion müssen den Menschen von heute neu sagen lernen, was Religion ist

---

[212] Wanke, Joachim: Wie betreibt die Kirche ihr Kerngeschäft?, in: Geist und Leben, Heft 4 – 2002, S.245f

und welchen Anspruch die Religion an sich selbst stellt. Dabei muss vor allem plausibel gemacht werden, wie es sein kann, dass Religion einerseits Toleranz und Autonomie unbedingt bejaht und dennoch zugleich an einem universalen Wahrheitsanspruch festhalten kann. Zuder Korrelation zwischen Postmoderne, Religion und der Situation von inhaftierten sowie entlassenen Straftätern und wie ich mir den Ansatz für eine mögliche Antwort der christlichen Religion vorstellen könnte, später mehr.

3. Der Versuch einer Situationsanalyse

Den Kirchen wird zwar immer noch eine marktbeherrschende Position im religiösen Bereich bescheinigt und die Verbundenheit mit den Kirchen sei wesentlich größer, als es die öffentliche Meinung vermuten lasse. Und doch deuten Religionssoziologen wie Karl Gabriel und Michael Ebertz überwiegend darauf hin, dass tiefgreifende Umschichtungen im religiösen Selbstverständnis stattfinden. Insbesondere verflüchtige sich offenbar das, was als konfessionelle Bindung verstanden werden kann, und damit einhergehend verändere sich auch der Charakter religiöser Identität.

Traditionelle kollektiv-kirchliche Identität scheint in fast allen Dimensionen, die soziologisch und psychologisch bedeutsam sind, in Frage gestellt. Die Tradierung dieser Identität ist problematisch geworden. Sozialisationsinstanzen wie die Familie erbringen nicht mehr fraglos jene Leistungen, die sie früher erbracht hatten. Auch die herkömmliche inhaltliche Füllung und Ausdifferenzierung solcher Identität zerbröckelt. Mit nachlassender Bindungsfähigkeit der Kirchen verblassen die inhaltlichen Motive der Kirchenzugehörigkeit. Mitgliedschaftsmotive, welche eine langfristige Bindung an die Kirche auf ideologischer Basis voraussetzen, werden schwächer. Wichtiger wird das Kalkül von Leistung und Gegenleistung. Die sozialen Funktionen kollektiv-kirchlicher Identität werden von der gesellschaftlichen Entwicklung überholt. Konfessionelle Identität ermöglicht keine zusammenhängende Weltdeutung mehr. Das kirchlich vermittelte Weltbild gerät vielmehr zunehmend in Konflikt mit dem gesellschaftlich dominanten Weltbild und wird deshalb leichter abgewählt. Kollektiv-kirchliche Identität scheint also in vielfacher Art in Frage gestellt und steht in Konkurrenz zu alternativen und bunten Entwürfen individueller religiöser Sinngebung und sozialer religiöser Gestaltung.[213]

---

[213] Vgl. Morgenthaler, Christoph: Kollektiv-kirchliche Identität, innerkirchliche Pluralität und religiöse Individualität, in: Aussicht auf Zukunft, S. 271/272

3.1. Von der Wiege bis zur Bahre nicht mehr nur „katholisch"

Das Neue der augenblicklichen religiösen Situation besteht nicht in einem religiösen Pluralismus, der in den letzten Jahren immens zugenommen hat, sondern in der Entwicklung, dass religiöses Erleben und Handeln nicht mehr an feste Sozial- und Lebensmuster gebunden sind und die Menschen die Beziehung dazu verloren bzw. aufgegeben haben. In den konfessionellen Milieus einer Agrar- oder Industriegesellschaft bestand die religiöse Identität der Einzelnen in einer engen und lebendigen Verbindung zu den allgemein geltenden religiösen Inhalten und Werten, die aufgrund der bestehenden Rollenzuschreibung, die den Einzelnen in seiner Religiosität eindeutig bestimmten, noch verstärkt wurden. Durch die Aufhebung dieser sozial festgelegten Rollen hat sich ebenso wie andere Bereiche des Lebens auch die Religion heute als persönliches Erleben und Handeln herausgebildet und selbständig gemacht. Es stehen heute zwar in allen sozialisationsrelevanten Teilsystemen nach wie vor katholische Einrichtungen (Kindergarten, Schule, Krankenhaus) zur Verfügung. Sie sind aber nicht mehr der institutionelle Ausdruck eines katholischen Milieuzusammenhangs, in den die Katholiken hineingeboren werden als Teil eines vorgegebenen Rollenrepertoires. Die Teilnahme folgt vielmehr der Logik selbstbestimmter Entscheidung, die sich an einem komplexen Bündel von Kriterien mit einer „deutlichen Präferenz für Qualität der Funktionserfüllung"[214] orientiert. So lässt sich ein deutlicher Prozess der Entkonfessionalisierung registrieren; ein rapides Verblassen konfessioneller Konturen im Alltagsleben. Folglich sind es immer weniger die konfessionellen Zugehörigkeiten, welche den sozialen Beziehungen der Menschen – z.B. in Ehe und Familie – miteinander, gegeneinander und untereinander Orientierung geben. Auch die Konfessionskirchen selbst tragen zur konfessionellen Entdifferenzierung bei. Die Unterschiede werden feiner. Aufgrund des gesellschaftlichen Druckes zur Entdifferenzierung werden sie zunehmend gefragt werden, was denn heute noch spezifisch katholisch, evangelisch oder orthodox heißt. Damit stehen sie vor der Aufgabe, konfessionelle Unterschiede plausibel zu machen, ohne dadurch einen rückwärtsgewandten Zustand der schroffen Trennung zu befördern.

3.2. „Und raus bist Du": Vom Integrationsschwund kirchlich verfasster Religion

Seit 1995 kehrten mehr als zwei Millionen Menschen den beiden großen Kirchen in Deutschland den Rücken, überwiegend aus der jüngeren Generation, eher Bildungs- und Einkommensstarke, immer noch mehr Männer als Frauen.

---
[214] Gabriel, Karl: Christentum zwischen Tradition und Postmoderne, S. 169

Letztere holen inzwischen aber auf. Die religionssoziologische Interpretation der steigenden Kirchenaustrittszahlen ist relativ einfach. Denn die Befunde passen recht exakt in die aktuelle Diskussionslage, die den Kirchen attestiert, langsam, aber offensichtlich unaufhaltsam das Monopol auf gesellschaftliche Repräsentanz und Organisation von Religion zu verlieren. Damit wandelt sich auch bei jenen, die noch in unmittelbarer Reichweite kirchlicher Sozialformen geblieben sind, deren Partizipationsmuster: „Kirche wird von einer religiösen Schicksalsgemeinschaft zu einer der vielen Anbieterinnen auf dem Markt von Religion, Sinnstiftung und Lebensbewältigung."[215] Freilich ist für die Mehrheit der Kirchenmitglieder, insbesondere für die jetzt Über-40-Jährigen, Kirchenaustritt kein Thema – obwohl er gesellschaftlich kein Tabu mehr ist und man nicht unter Sanktionen zu leiden hat. Aber es nehmen zu: die rituelle Abweichung der Kirchenmitglieder in Glaubenshandlungen, die von den Kirchen erwartet werden; die Abwehr von Glaubensvorstellungen, die als zentral definiert werden (Gottesbild, Glaubensbekenntnis, Lehre von der Auferstehung und vom ewigen Leben) und Synkretismusbildungen, die aus christlichen und anderen religiösen Vorstellungen persönlich zusammengefügt werden.[216] Angesichts dessen kann immer weniger davon ausgegangen werden, dass die Befolgung der rituellen Kirchengebote und/oder die Einheit im Glaubensbekenntnis diejenige Handlungs- und Orientierungsgrundlage sind, die das Sozialgebilde der Kirche integriert und für die Mitgliedschaft in ihr entscheidend ist.

Auch die tatsächliche Integrationsweise der Kirche wandelt sich von einer tendenziellen Zwangs- in eine Freiwilligengemeinschaft, eine Umstellung, welche die Kirchenmitgliedschaft dem Kosten-Nutzen-Kalkül des/der Einzelnen unterstellt. Die Kirchen verlieren auch an politischer Unterstützung. Das Vertrauenskapital, das die Bevölkerung den Kirchen einräumt und damit eine wichtige kulturelle Ressource ist, schmilzt weiter, ganz zu schweigen von der Einbuße als „moralische Instanz".

3.3. Kirche als Event oder: „Was habe ich davon?"

Mit dem Statusverlust der Kirchen als gesellschaftlich gestützte Institutionen verfallen auch die regelgeleiteten Konventionen für religiöses Erleben und Handeln. Auch wenn die Kirchen mehrheitlich nach wie vor als primäre Adressen für transzendent fundierte Sinnvergewisserung gelten, hat die Zustimmung zu ihnen mittlerweile ihren selbstverständlich automatischen Charakter verloren. Sie geschieht in der Weise privater Option. Mitgliedschaft und Ver-

---

[215] Bucher, Rainer: Keine Prophetie, nirgends, in: Prophetie in einer etablierten Kirche?, S. 216
[216] Vgl. Ebertz, Michael: Aufbruch in der Kirche, S. 24/25

bundenheit, Nähe und Distanz werden nach subjektiven Gesichtspunkten bestimmt. Ihre Reichweite und Bindungsfähigkeit hängen nicht mehr allein von ihrer eigenen Überzeugungs- und Durchsetzungskraft ab, sondern mehr noch von Zustimmungsverhältnissen, die durch je private Wahl zustande kommen. Ihr Hauptproblem besteht darin, ein produktives Verhältnis von Mitgliedschaft und kollektiv-religiöser Verbindlichkeit, von Freiheit und Bindung in ihrer Sozialgestalt zu finden.

Für die Mehrheit der Kirchenmitglieder ist die Nachfrage nach kirchlichen Angeboten festtagsbegrenzt. Sie betrachtet die Kirche aus einer Art Kundenperspektive. Die Kirche wird für die Kirchenkunden „zu einem rituellen Dienstleistungsbetrieb, insbesondere an den familienbezogenen Lebenswenden (Taufe, Beerdigung, Heirat), aber auch an Weihnachten, das gewissermaßen zum Geburtsfest der Familie geworden ist, und als – Sozialkirche – zu einem sozialen Dienstleistungsbetrieb."[217] Dagegen ist die gemeindliche Gemeinschaftsorientierung als Grund von Kirchenmitgliedschaft nur noch für eine Minderheit wichtig. In größeren Städten wissen viele nicht einmal, zu welcher Kirchengemeinde sie dazugehören. Die Diskrepanz zwischen dem Konzept von den vielen und dem Wunsch nach Mitgliedern in Gemeinden, die nach dem Evangelium leben, bringt die Kirche in ein Dilemma. Es besteht darin, gleichzeitig zwei Ziele verwirklichen zu wollen: durch effiziente Organisation (Pfarrverbände, Pfarreiengemeinschaften) die eigene Position in einer komplex und differenziert gewordenen Welt zu behaupten und andererseits die Menschen zu einer kollektiven Einheit aufgrund gemeinsam geteilter Überzeugungen zusammenzuführen. Es bleibt die grundsätzliche und unvermeidbare Spannung zwischen Organisation, die ihre oben beschriebenen Dienste anbietet, Möglichkeiten eröffnet, ohne ihre Mitglieder notwendig stark an sich zu binden - und Gemeinde.

Die Gemeinde dagegen hat die Möglichkeit, ihre Mitglieder stark zu integrieren und ihr die wesentlichen Werte zu vermitteln, auf denen sie beruht. Unter Gemeinde wollen wir hier einen Ort verstehen, an dem sich Menschen in aller Freiheit innerhalb eines Rahmens zusammenfinden, der durch frei akzeptierte Werte und Verhaltensweisen bestimmt ist; einen Ort, wo zwischenmenschliche Beziehungen in ausreichendem Maße vorhanden sind, damit ein gewisses gegenseitiges Kennenlernen, ein Akzeptieren des anderen in seiner jeweiligen Nähe oder Andersartigkeit möglich ist. Da es sich um christliche Gemeinde handelt, ist sie in ihrer Mitte nach in Jesus Christus versammelt: „Wo zwei oder drei in meinem Namen versammelt sind, bin ich in ihrer Mitte." Pfarreien entsprechen dem von mir umschriebenen Sinn von Gemeinden nicht unbedingt, weil sie aufgrund ihrer Größe und Struktur mehr einer Organisation

---

[217] Ebertz, Michael: Aufbruch in der Kirche, S. 33

ähneln, auch wenn sie nach Möglichkeit versuchen, gemeinschaftliche Züge zu wahren.[218]

Inzwischen haben sich aber jenseits von Gemeinde- und Kirchenstrukturen freischaffende „Ritendesigner" niedergelassen, die über kommerzielle Agenturen die Nachfrage nach Seelsorge bedienen und gegen Geld eine spirituelle Beratung oder individuelle Erarbeitung und Durchführung persönlicher Riten als unterstützende, bestärkende und erweiternde Bereicherung in besonderen Lebenszeiten (von der Geburt bis zum Tod) anbieten. Dieser Service kommt gut an, da es dem „Seelsorger als Unternehmer"[219] oft besser gelingt, die Riten enger auf die lebensgeschichtliche Situation zuzuschneiden und differenzierten – auch ästhetischen – Ansprüchen (seitens der Ritennachfrager), Rechnung zu tragen.

In einem von Routine und Eintönigkeit geprägten Alltag verheißen Erlebnisse heute ein spannendes und zugleich sinnvolles Leben. Als gesellschaftlich tragendes Leitmotiv verspricht die Suche nach Erlebnissen ein signifikant anderes, vielleicht ganzheitliches Leben und propagiert eine Ästhetik, die das Schöne und Heile zumindest von Zeit zu Zeit in den Mittelpunkt des Lebens stellt. Erlebnisorientierung ist so zu einem neuen, überall anzutreffenden Grundmuster der Beziehung von Menschen zu Menschen, zu Dingen, zu den verschiedensten Einrichtungen in Gesellschaft, Politik, Kultur und auch zur Religion geworden. Es ist eine deutliche Tendenz zur „Eventisierung" des Religiösen, zur kollektiven Inszenierung der Erfahrung von „Transzendenz im Augenblick"[220] festzustellen. Elemente von profanem Fest und religiöser Feier, von profaner Feier und religiösem Fest werden zu einem neuartigen Cocktail aus Spaß und Ernst, modischer Popkultur und traditioneller Volksmission, Wallfahrt und Happening gemischt. Man beachte die diesbezügliche Veränderung bei den letzten Kirchen- und Katholikentagen, insbesondere des Weltjugendtages in Köln. Kennzeichnend ist hier, dass nicht eine bestehende Gemeinschaft ein Fest inszeniert, sondern das Fest konstituiert für den Moment eine Gemeinschaft. Events wollen genau das sein: planmäßig erzeugte, zeitlich begrenzte Massenereignisse, die ein außeralltägliches Erlebnis von Gemeinschaft hervorrufen können.

Der fehlende Zusammenhang von Event-Kirche und Kirchengemeinde vor Ort dürfte dazu beitragen, dass sich der religiöse Event zu einer eigentümlichen, eigensinnigen Sozialform des Religiösen verselbständigt und neuartige

---

[218] Vgl. Donzé, Marc: Rückfragen an das Handeln der Kirchen aus der „Sonderfall"-Studie, in: Aussicht auf Zukunft, S. 173/174

[219] Ebertz, Michael: Kirche im Gegenwind, S. 96

[220] Ebertz, Michael: Aufbruch in der Kirche, S. 38

Typen von selbstaktiven Gruppenkirchen hervortreibt – jenseits der örtlichen Pfarrgemeinde.

3.4. Innerorientierung als Form von Spiritualität

Angesichts der Differenzierung und Pluralisierung sowie des damit verbundenen unbegrenzten Angebots in allen Lebensbereichen ist in der Erlebnisgesellschaft eine spezifische Form des modernen Subjekts entstanden: der Wählende.[221] Im Zentrum des Lebens steht ein bestimmtes Grundmuster des Denkens, das als Wahlhandeln bestimmt werden kann. Weil sich immer mehr Bereiche der Gesellschaft verselbständigen und spezialisieren, dabei funktional agieren und ihre je eigen-sinnigen Werte und Normen etablieren, wachsen schon rein quantitativ die Möglichkeiten, Mitgliedschaften in solchen unterschiedlichen sozialen Kreisen zu kombinieren. So nehmen die Unterschiede im Leben der Einzelnen zu und wachsen durch die Teilhabe an den strukturell vervielfältigten Daseinsbereichen. Es entstehen größere Unterschiede in sozialen Lebenslagen und eine größere Vielfalt an sozialen Zugehörigkeiten und an Lebenslaufmustern. Damit verringern sich die Gemeinsamkeiten der Individuen (mit entsprechenden Folgen für Ehe und Familie), lockern sich soziale Dichte und Integration der traditionalen sozialen Beziehungen. Die Bindungskraft etwa der Herkunftsfamilie, der Verwandtschaft und Nachbarschaft oder auch einer kirchlichen Gemeinde nimmt ab. Dagegen gewinnt der Einzelne im Verlauf seiner Lebensgeschichte eine soziale Zugehörigkeit nach der anderen hinzu oder stößt sie ab, und dementsprechend ist er gezwungen, immer wieder neu zu ordnen. Dieser Freiheits- oder Autonomiegewinn ist für viele weniger eine Lust denn eine Last. Die Frage nach der persönlichen Identität, Selbstvergewisserung – „Wer bin ich?", „Was will ich?", „Gefällt mir, was ich will?", „Was gefällt mir besser?" – gerät zunehmend zum zentralen religiösen Thema. Den Sinn bzw. Maßstab für die Beurteilung des Handelns sowie seiner Selbstwahrnehmung stellt dabei die gewonnene innere Einstellung des einzelnen Menschen dar. Die in diesem Kontext sich entwickelnde Haltung der Innerlichkeit und Verinnerlichung könnte man formal als „Spiritualität" bezeichnen, als eine innere Einstellung, die vom Menschen selbst geprägt und bestimmt wird. Eine solche „Spiritualität" ist für den Menschen in einer Gesellschaft mit einem sich ausdehnenden Markt vielfältigster Angebote, die in allen Lebensbereichen auf ihn einströmen, notwendig, um als Wählender von ihnen nicht erdrückt zu werden. Der Einzelne ist so gezwungen, sich von innen her leiten zu lassen, d.h. spirituell zu leben, um sich so in der differenzierten

---

[221] Vgl. Schulze, Gerhard: Die Erlebnisgesellschaft, S. 249/250

und pluralen Welt mit ihren unterschiedlichen Werten als eigenständiges Subjekt behaupten zu können. Jegliche äußere kirchliche Vorgabe, jegliche christliche Norm und Verpflichtung, jegliche Tradition und Lehre, werden durch die Innenorientierung unmittelbar dem Urteil des Selbst unterworfen. Dies hat zur Folge, dass die traditionell stärker außengerichteten Lebensformen einer ausgeprägten Innenorientierung Platz gemacht haben. Kirche kommt dann allenfalls als Bezugsgröße jenseits einer hierarchischen Struktur in den Blick, in der das Individuum im Zentrum steht und die Aufgabe der Kirche in der Unterstützung der Religiosität des Einzelnen gesehen wird.[222] Der Glaube und die Religion müssen in der Epoche der Moderne folglich mit individueller Freiheit durchbuchstabiert werden. Theologisch ist dies durchaus als positive Folge des Individualisierungsprozesses zu begreifen. Denn wo die überkommenen Traditionen nicht mehr selbstverständlich anerkannt sind und erst recht nicht mehr als verpflichtend vorgegeben werden können, kann die spezifische Eigenart des Glaubens zur Geltung kommen, nämlich selbst eine Wahl zu sein, die von niemandem abgenommen werden kann, sondern persönlich getroffen werden muss. Eine solche persönliche Entscheidung setzt voraus, dass der Glauben wirklich zueigen gemacht werden kann, d.h. dass er zu einer „Sache" wird, die zutiefst mit der je eigenen Lebensgeschichte und den je eigenen Lebenserfahrungen[223] zu tun hat. Wie jedes Individuum einmalig und unverwechselbar ist, fällt auch die Rezeption des Glaubens jeweils einmalig und unverwechselbar aus. Und dabei ist er nicht irgendwann ein für allemal fest angeeignet, sondern hängt aufs engste mit der jeweiligen lebensgeschichtlichen Entwicklung und

---

[222] Vgl. Kochanek, Hermann: Ich habe meine eigene Religion, S. 85/86

[223] Es müssen nicht solche großen Erlebnisse wunderbarer Rettung sein, wie es das Gedächtnis Israels im Schilfmeer beschreibt. Es kann auch das Gesamtgeflecht eines Lebens sein, das einem langsam aufgeht aufgrund der erstaunlichen „Fügungen", durch die es zu einer Einheit verbunden ist, und sich im nachhinein wie die zarten Spuren eines gütigen Plans ausnehmen. Da ahnt man etwas von dem, was die Macht der Weisheit Gottes ist, von der in der Bibel gesagt wird, dass sie milde und sanft alles leitet. Oder es kann im ganz kleinen Maßstab eine Reihe von Übereinstimmungen sein, über die man sagt: Das gibt's doch nicht! Gerade jetzt, wo ich so an dich gedacht habe, rufst du an! Oder man fühlt sich von einer Aufgabe so überfordert und ein Gefühl macht sich breit: das schaffe ich nie! Schon kommt jemand, macht einem Mut und bietet seine Hilfe an. Es sind manchmal so kleine Dinge, an denen man erleben kann, dass man sich umsonst Sorgen gemacht hat. Da war noch „jemand" der für einen sorgte. Es sind Erfahrungen, von denen der Glaube Nahrung bekommt. Aber es ist auch umgekehrt: Ohne jeden Glauben macht man sie wohl kaum. Es mag wohl geschehen, dass einer, unvermutet mit dieser Erkenntnis konfrontiert, überhaupt erst aufwacht, die Gedankenlosigkeit durchbricht und ein erstes Mal ahnt, was wohl die Rede von Gott überhaupt meint. Meistens ist es aber so, dass man Gott schon irgendwie gefunden haben muss, ihm schon ein Zutrauen geschenkt haben muss, dass man ihn wiederfindet im eigenen Leben.

Veränderung der Betroffenen zusammen, kann sogar zum „Motor solcher Entwicklungen und Veränderungen werden."[224]

3.5. Das Religiöse in seinen vielfältigen kulturellen Ausdrucksformen

Nicht wenige Zeitgenossen scheinen ihre „religiöse Nahrung" an Quellen zu finden, wo kein Schild „Religion – hier zu haben!" steht, wo aber dennoch Religiöses – funktional gesehen - an Problemen der Weltorientierung und Ohnmachtsbewältigung zu bekommen ist und zumindest dazu verhilft, auch über Lebensschwierigkeiten hinwegzukommen und in die Lage versetzt wird, das Leben fortzuführen. Angesichts der Schwächung der Kirche als Instanz zur gesellschaftlich verbindlichen Definition von Religion lösen sich die Grenzen von „Religion" auf. Die wachsende Verteilung des Religiösen auf ganz unterschiedliche Orte, Anbieter und Sozialformen scheint eine Signatur unserer Zeit zu sein. Vieles spricht dafür, dass solche Funktionen, die einmal von den christlichen Konfessionen gebündelt erfüllt wurden, heute zumindest teilweise von Akteuren bedient werden, „die im landläufigen Sinne nicht als religiös gelten."[225] So hilft eine ausgedehnte Therapieszene bei der Thematisierung von Schuld und Schuldgefühlen, alte und neue Magier bearbeiten ebenso wie Ethiker das Problem Handlungsführung im Außeralltäglichen. Schon ein Blick in die Programmhefte vieler Volkshochschulen zeigt, dass diese Weiterbildungseinrichtungen neben den Massenmedien äußerst flexibel die ja weiterhin vorhandenen religiösen Interessen und Bedürfnisse der Menschen bedienen. Es sind weniger die Antworten, die von der kirchlich-christlichen Tradition geerbt wurden, sondern die Fragen, nicht die Lösungen, sondern die Problemdefinition, nicht die Sinnstiftung selbst, sondern das Bedürfnis nach ihnen. Exemplarisch zeigt sich diese Entwicklung im Verschwimmen der Grenzziehungen zwischen dem religiösen und medizinischen Feld sowie dem sich rasant entwickelnden Gesundheitsmarkt. Indem das Religiöse seinen angestammten Ort verlässt und säkulare Räume, Zeiten und Ereignisse besetzt, entwickeln sich neue Formen säkularer Religiosität. Die neuen Anbieter von „Religion" mit ihren Heilungs- und Erlösungsvorstellungen treten mit dem „geistlichen Amtsträger alten Schlags"[226] in Konkurrenz und tragen dazu bei, dass Heilung und Gesundheit neu zu definieren und die Grenzen entsprechend neu festzulegen sind. Das kirchlich verfasste Christentum ist weniger durch einen Verdrängungswettbewerb seitens einer geschlossenen und umfassenden, explizit

---

[224] Mette, Norbert: Mitgliedschaft in den Kirchen unter dem Anspruch auf religiöse Individualität, in: Aussicht auf Zukunft, S. 248

[225] Kaufmann, Franz-Xaver: Religion und Modernität, S. 86

[226] Ebertz, Michael: Aufbruch in der Kirche, S. 66

religiösen Sinndeutungsalternative herausgefordert, sondern durch eine Vielzahl von Kräften der Weltorientierung, Handlungsethik und Ohnmachtsbewältigung, die für jeden Mann und für jede Frau, ja für Jugendliche und Kinder über Fernsehen und Internet sozial zugänglich geworden sind.

3.6. Das Recht aller auf ein schöneres Leben

Alltagsästhetische Orientierungen spielen in der Erlebnisgesellschaft eine immer größere Rolle. Dies wird damit erklärt, dass sich die Normen des kulturellen Handelns der Menschen nicht mehr von dem Problem ableiten lassen, sich eine eigene Existenz aufbauen zu müssen. Das Leben in unseren Landen steht, zumindest für einen Großteil der Bevölkerung, immer weniger unter materiellen Knappheitsbedingungen und macht das Alltagsleben nicht mehr zu einem Problem des Überlebens, sondern des Erlebens. Daraus ergibt sich, dass nicht das Leben an sich, sondern Spaß daran und Spannung, Aktion und Spiel das Ziel sind, an dem sich das Alltagshandeln der Menschen zunehmend orientiert. Diese ästhetische Perspektive auf die Dinge des Lebens war früher eher nebensächlich, wird aber heute für immer mehr Menschen zu einer Basisorientierung, über die sie kaum mehr nachdenken, weil sie so selbstverständlich geworden ist. Sie wird zum Maßstab für Wert und Unwert des Lebens schlechthin – zum Beispiel in der Konsumsphäre oder beim Umgang mit dem Körper (z.B. Wellness-Markt, Schönheitschirurgie). Man zeigt, wer man sein will, indem man sich stylt, seinen Körper in Szene setzt, seiner Kleidung das passende Outfit gibt, sein Auto zum technischen Kunstwerk stilisiert. Das Einkaufen in den Konsumtempeln, der Gang in eine Sportarena wird zur kultischen Handlung, der Besuch eines Theaters oder Museums zur liturgischen Feier, das Aufsuchen von Diskotheken zu einer Form von Wallfahrt. Diese Inszenierungen haben für den Einzelnen einen so hohen Stellenwert, weil sie ihm in einem überschaubaren Milieu zu einer Identität verhelfen und an einem konkreten Ort das Gefühl vermitteln, dort beheimatet zu sein, wenn auch nur für eine beschränkte Zeit. Bei Jugendlichen wird neben dem Musikgeschmack der jeweilige Kleidungsstil als augenfälliges Zugehörigkeits- und Bestimmungsmerkmal kommuniziert. Das Wie bzw. die Form und Art der Darstellung und Wirkung wird immer wichtiger als das Leben selbst. „Das Sosein bzw. Design ist in einer Erlebnisgesellschaft daher entscheidender als das Dasein."[227] Als Generalfrage stellt sich für alle auf Vergemeinschaftung zielenden Organisationen heraus: Wie ist unter den gegebenen – auch ästhetischen – Pluralitäts-

---

[227] Kochanek, Hermann: Ich habe meine eigene Religion, S. 88

bedingungen (dauerhafte) Gemeinschaft innerhalb oder auch zwischen den Generationen möglich?

Ähnlich wie die jugendlichen Stilgruppen bilden auch die Erwachsenen unterschiedliche Geschmacksgruppen (eine bestimmte Generation mit entsprechendem Bildungsniveau) im Sinne von Erlebnisgemeinschaften und besetzen damit die durchschnittliche kirchliche Ortsgemeinde, womit sie sozial schließend und ausschließend wirken. Vermutlich ungewollt, wenn auch faktisch, versperren sie anderen Geschmacksgruppen nicht nur der jüngeren Generation den Zugang. Das geistliche Angebot vieler Kirchengemeinden verbaut sich bereits ästhetisch, von Fragen des Geschmacks her, den Zugang zu denjenigen „religiös Hungrigen", die andere ästhetische Vorlieben haben. Das führt dazu, dass diese ihre „religiöse Nahrung" anderswo suchen.

4. Trauer und Abwehr, oder die vor-wissenschaftlichen Versuchungen der Pastoral

Wie Glück und Bindung in vieler Weise miteinander verbunden sind, sind es auch „Entbindung", Trennung und Trauer. In der ganzen Diskussion um die gegenwärtige Kirchenrealität ist von Emotionen, von Verlusterfahrungen und –ängsten, von echtem Trennungsschmerz, von Trauer um verlorene kirchliche Heimat wenig zu spüren. Ich will nicht fragen, ob Kirchen in einer solch akuten Krise, wie sie die Soziologen diagnostizieren, wie sterbende menschliche Organismen reagieren: mit Verleugnung, Wut und Verhandlungen mit dem Schicksal, Depression und Aktivismus. Ich möchte aber zumindest fragen, wie einzelne Gruppen und Institutionen auf bedrohliche Trendmeldungen reagieren, die nicht nur an sich Gefühle auslösen, sondern einen sozialen Prozess beschreiben, der großflächige und tiefgreifende Umschichtungen im emotionalen gesellschaftlichen Haushalt geradezu zwingend mit sich bringt. Ich meine, Abwehrformen solcher Gefühle zeichnen sich in der pastoralen Alltagsrealität zumindest als Möglichkeiten ab. Ich nenne Verleugnung und Depression: Es gibt ein ganzes Arsenal von mehr oder weniger vorgestanzten Argumenten, die den massiven und unaufhaltsamen Akzeptanzverlust der Kirche gerade unter Theologen relativiert und dadurch verleugnet.[228] Zu nennen sind resignative Äußerungen wie: „So ist das nun eben". „Gesellschaftlicher Dynamik ist nichts entgegenzustellen". Dem Einzelnen bekömmlicher, aber nicht weniger problematisch, erscheint mir die projektive Verarbeitung der Bedrohung, in der der eigene Anteil an der Entwicklung verleugnet und die „bösen" anonyme gesellschaftliche Mächte beschuldigt werden. Die Versuchung

---

[228] Vgl. Bucher, Rainer: Keine Prophetie, nirgends, in: Prophetie in einer etablierten Kirche?, S. 217

des Aktivismus verspricht die Lösung durch betäubende Selbstbeschäftigung. Man tut was man immer tat, nur noch mehr davon und besser. Ebertz nennt diesen Prozess „die Option der Selbstregulierung oder die Strategie des sich Durchwurstelns."[229] Er beschreibt dies folgendermaßen: „Der gesellschaftliche Kontext wird als unabänderlich hingenommen, man muss sich – mehr oder weniger ohnmächtig – darauf einstellen, zugleich aber auch der innerkirchlich ausgeprägten Routine und Widerstandskultur gegen Veränderungen und Neuerungen Rechnung tragen."[230]

Doch offenkundig nützt das alles relativ wenig. Zumindest werden gerade jene, um die es geht, durch die wenigsten Aktivitäten erreicht oder wenn sie erreicht werden, nicht auf Dauer der Kirche näher gebracht. Die Versuchung des Aktivismus nimmt nicht wahr, was doch offenkundig ist: Bei dem Autoritätsverlust bis hin zu Sprachlosigkeit gegenüber den eigenen Themen handelt es sich nicht um ein altes Problem, das mit alten Mitteln und einigem guten Willen gelöst werden kann. Es handelt sich vielmehr um ein wirklich neues Problem, das Zeichen grundlegender neuer Konstellationen ist, unter denen Kirche ihre Aufgabe zu erfüllen hat.

Mir ist bewusst, dass sich die individuelle Trauerreaktion nicht ohne weiteres mit kollektiven Formen der Auseinandersetzung mit gesellschaftlichen Verlustprozessen vergleichen lässt. Trotzdem sehe ich hier eine gewisse Unfähigkeit zu trauern. Trauerarbeit würde bedeuten, die Verluste zu benennen, sie mit anderen zu betrauern, sie als wirklichen Abbau von Lebensmöglichkeiten zu beklagen. Was geht verloren, wenn kollektiv-kirchliche Identität immer weiter bis zur Unkenntnis verschwinden sollte?

Ich klage, es gehen verloren: Motivationsgrundlagen für Solidarität und Mitmenschlichkeit; ein bestimmter Konsens über Werte und Leitvorstellungen; wertvolle religiöse Rituale und Feste, die Lebensübergänge von Menschen gestalten und damit gefährdete Identitäten stabilisieren; Möglichkeiten zur Unterbrechung meines Alltages, die mich vor ausschließlichem Selbstbezug bewahrt und dabei an die geschenkte Kraft erinnert, die bei sich selbst nicht zu finden ist; Lebensgeschichten von Heiligen in der Kirche sowie biblische Traditionen mit ihren Erinnerungen an vergangenes Leiden und Hoffen; Charakterstrukturen, die vor den zerstörerischen Konsequenzen der Modernisierung und des ökonomischen Zugriffs schützen können; Formen gemeinschaftlicher Darstellung und Inszenierung der Beziehung zum Göttlichen und Transzendenten; Potentiale der Kirchen, sich innerhalb der Gesellschaft noch angemes-

---

[229] Ebertz, Michael: Kirche im Gegenwind, S. 140
[230] Ebertz, Michael: Kirche im Gegenwind, S. 140

sen abzugrenzen und gegen außen mit einem kulturellen politischen Gestaltungsanspruch aufzutreten.[231]

Viel wäre gewonnen für die Realitätsfähigkeit, für die Fähigkeit wahrzunehmen, was sich unter unseren Augen und in unseren Herzen wirklich abspielt. Warum es „so kommt", vielleicht auch ein Stück weit so kommen musste. Wer die Hilflosigkeit gegenüber Problemen, deren Lösung er noch nicht kennt, nur ein wenig aushielte, ohne gleich nach dem Betäubungsmittel des Patentrezepts zu greifen, der würde mehr sehen, mehr hören; der würde Hilfreicheres zu sagen wissen – nicht sofort und auch nicht das, was man so gerne hören möchte.

Viel wäre gewonnen, wenn wir nicht den Verdrängungsmechanismus einsetzten, der uns die Probleme so sehen lässt, wie wir glauben, sie auch einigermaßen bewältigen zu können. Viel wäre gewonnen, wenn wir auch bereit wären anzunehmen, was der Kirche bevorsteht. Wenn wir nicht zu sehr besetzt und besessen wären, retten zu wollen, was gerade noch zu retten ist. Wer immer schon weiß, was man durch die Wirren der Zeit hindurch retten muss, was man gar nicht erst zur Diskussion stellen darf, der macht sich blind für alle Entwicklungen und Prozesse, die nicht zu seiner „Rettungsstrategie"[232] passen. Wer aber etwa von den gegenwärtigen Entwicklungen nur soviel zur Kenntnis nimmt, dass er die Aufrechterhaltung seines Ideals von „Volkskirche" – wenn auch unter größten Anstrengungen – für möglich halten kann, der wird die, die unmittelbar mit der Alltagsrealität konfrontiert sind, strukturell überfordern.

5. Die Kirche als Dienstleistungsgesellschaft – der Weisheit letzter Schluss?

Erlebnisverarbeitung im religiösen Bereich leisten in unserer Gesellschaft nach wie vor im hohen Maße die katholische und protestantische Kirche als differenzierte Sozialform des Christentums. Ihnen obliegt maßgeblich die gesellschaftliche Versorgung mit „religiösen Dienstleistungen". Diese Kirchenrealität und die daraus abgeleitete und gesehene Form von Christsein und kirchlicher Praxis, die ja „theologisch an sich nur als eine mögliche, eher als Ausnahme angesehene Form einer in sich vielfältig gestuften Zugehörigkeit zur Kirche betrachtet werden kann, gilt inzwischen nicht nur als der Normalfall, sondern wird auch – mehr oder weniger ausdrücklich – von den meisten

---

[231] Vgl. Morgenthaler, Christoph: Kollektiv-kirchliche Identität, innerkirchliche Pluralität und religiöse Individualität, in: Aussicht auf Zukunft, S. 274
[232] Vgl. Werbick, Jürgen: Vom Wagnis des Christ-seins, S. 25

Christen mit einem normativen Anspruch versehen."[233] So und nicht anders soll Kirche sein! Eine kirchlich-institutionell weithin inaktive Form von Christsein soll vollkommen genügen, um an den der Kirche anvertrauten Heilsgütern teilhaben zu können. Es scheint darum zu gehen, verschiedene Möglichkeiten zu eröffnen, damit die Leute zum gewünschten Zeitpunkt jeweils das Leistungsangebot vorfinden, das ihrem religiösen Bedarf entspricht; eine Art Wechselbeziehung im Sinn von Angebot und Nachfrage.

Die Folgen dieser Umkehrung der Instanzen zur Normierung für Christ- und Kirchesein sind auf Dauer existenzgefährdend für die Kirche. Denn sie gerät in ihrer ganzen Pastoral und Verkündigung immer mehr unter einen sich rapide entwickelnden Anpassungsdruck an den normalen Verständnishorizont ihres kirchlichen Umfeldes: Das was allgemein einleuchtend ist, droht zum obersten Maßstab dessen zu werden, was als christlicher Glaube und kirchliche Praxis akzeptiert wird. Sichtbar ist diese Entwicklung selbst schon in den Kreisen derer, die aktiv in der Glaubensverkündigung tätig sind. Ein Blick in das Programm vieler durchaus christlicher Bildungshäuser bestätigt diesen Sachverhalt eindringlich: Da geht es beispielsweise um Träume als Wegweisung zum Göttlichen oder um die heimliche Rückkehr der Seele, um Familienaufstellungen, um postmoderne Sinnsuche, weit seltener aber um theologische Themen im engeren und eigentlichen Sinn. Eine solche normativ behauptete Sicht der Kirche als religiöse „Dienstleistungsgesellschaft" verhindert mehr und mehr, dass sich das tragende Subjekt kirchlichen Handelns angemessen regenerieren kann. Denn mit der Anpassung der inhaltlichen Glaubensverkündigung geht auch eine wachsende personelle Ausdünnung an solchen Christen einher, die den Glauben der Kirche integral teilen und aktiv ihr Leben, ihren Auftrag mittragen. „Viele möchten durchaus zur Kirche dazugehören, in einem kirchlichen Kontext aufwachsen und ihre Kinder in diesen Rahmen stellen. Nur wenige aber räumen diesem Rahmen einen größeren Einfluss auf ihre eigenen Wertpräferenzen, Lebensentscheidungen und Einstellungen ein. Für sie ist Kirchenmitgliedschaft Bestandteil ihrer familiären Tradition, eine Selbstverständlichkeit, auf die man fallweise zurückgreifen können möchte, von der her man aber nicht sein Leben organisiert."[234]

Die Folge: Ohne ein deutlich zu identifizierendes kirchliches Subjekt werden auch die Kompetenzen der Kirche, die für viele Zeitgenossen angesichts des diffusen Wirrwarrs religiöser Sinnkonstruktionen, der immer anonymer und seelenloser werdenden Dienstleistungsbetriebe offensichtlich noch als ein besonderer Garant für Menschlichkeit und Verlässlichkeit gesehen werden,

---

[233] Kehl, Medard: Kirche und Orden in der Kultur der Moderne, in: Geist und Leben, Heft 3 – 2001, S. 186

[234] Pollack, Detlef: Die Bindungsfähigkeit der Kirchen, in: Aussicht auf Zukunft, S. 68

langsam schal und damit für die Gesellschaft irgendwann leicht zu vermissen oder auszutauschen. Viele Gemeinden spüren das, fühlen sich mit der Situation überfordert und bluten langsam aus.

V. Kapitel: Der Wiedergewinn kollektiver Handlungsfähigkeit

„Religion verwirklicht ihre notwendige Funktion für die Gesellschaft verantwortlich einzig dadurch, dass sie sich nicht von der Gesellschaft funktionalisieren und bestimmen lässt, sondern wieder Subjekt des eigenen Tuns wird. Sie wird zum kritischen Ferment in der Gesellschaft, wenn sie nach der sozialen Übersetzung der eigenen Wahrheit fragt, die ja auch Wahrheit über diese Welt sein will."[235]

Dazu müssten die Kirchen die Selbstneutralisation ihres eigenen Anspruchs überwinden, aus der Opferrolle heraustreten und den Sündenbock- bzw. Entschuldigungsmechanismus aufgeben. Dies scheint mir notwendig zu sein, nicht nur, weil sie der Kompliziertheit des Phänomens nicht gerecht werden, sondern auch, weil sie kaum Bereitschaft zeigen, den eigenen Teil der Verantwortung für die derzeitige kirchliche Situation mit zu übernehmen und zugleich Phantasie zu entwickeln, um die nicht nur drohende, sondern schon vielerorts um sich gegriffene Hoffnungs- und Perspektivlosigkeit kirchlichen Lebens zu überwinden. Dazu äußert sich Bischof Joachim Wanke wie folgt: „Wenn ich persönlich Gewissenserforschung halte, bemerke ich, dass ich das pastorale „Jetzt" weithin an dem messe, was ich selbst als junger Priester erlebt habe beziehungsweise was mir ältere Priester aus ihrer „aktiven" Zeit berichten. Wenn wir uns von dieser Perspektive nicht lösen, werden wir nur schwer das bewältigen, was jetzt als Aufgabe ansteht."[236]

Wirklich hilfreich scheint in dieser gegenwärtigen Lage nur jene Grundeinstellung zu sein, die diese Situation als von Gott uns zugemutete Chance und Herausforderung akzeptiert und die im Vertrauen auf den Beistand des Heiligen Geistes entschieden nach neuen Wegen eines authentischen, gemeinschaftlich-kirchlich gelebten Glaubens suchen lässt. Leider sind diese Wege nicht frei von gefährlichen Ambivalenzen. Als Stichworte seien nur kurz genannt: elitäres Gruppenbewusstsein, theologische Engführungen, integralistische oder gar fundamentalistische Tendenzen, Kulturpessimismus, Nischenkultur. Denn Restauration des kirchlichen Lebens ohne Einbettung in die vormals herrschenden gesellschaftlichen Sozialmilieus führt unweigerlich zu Sekten- und Ghettobildung. Damit aber verrät die Kirche ihre vom II. Vatikanischen Konzil

---

[235] Morgenthaler, Christoph: Kollektiv-kirchliche Identität, innerkirchliche Pluralität und religiöse Individualität, in: Aussicht auf Zukunft, S. 277

[236] Ebertz, Michael: Aufbruch in der Kirche, S. 124

ausdrücklich bekräftigte Sendung, in liebender, dialogischer Weise den Glauben universal verstehbar zu verkünden.

Darum die Frage: Wie ist dieser Problematik zu begegnen, wenn man den extremen Alternativen entgehen möchte, nämlich einerseits eine möglichst reibungslose Anpassung an die moderne Mentalität und andererseits der Verschanzung ihr gegenüber?

Lassen sie mich mit einigen wenigen Hinweisen andeuten, wie ich mir den Ansatz für eine mögliche Antwort der christlichen Religion vorstellen könnte.

Die Geschichten des Alten Testaments erzählen von der leidenschaftlichen Suche nach der Gerechtigkeit Gottes und finden darin auch ihre genuine Perspektive: Israel verdankt die Grundlagen seiner Existenz – Freiheit, Eigentum und Rechtsordnung – den Heilstaten Gottes: dem Auszug aus der ägyptischen Sklaverei, der wundersamen Landnahme und dem Erhalt des Gesetzes am Berg Sinai bzw. Horeb. Noch entscheidender als diese Gaben selbst ist aber die Frage nach den Motiven Gottes: Gott wendet sich den Menschen zu und hält ihnen die Treue, weil er sie liebt (Dtn 7,8) und sich deshalb selbst zum Anwalt der Benachteiligten und Rechtlosen macht. Das, was wir die biblische Religion nennen, wird eigentlich erst da als Religion greifbar – erst da wird Religion gewissermaßen „warm" –, wo der Blick auf das Ganze der eigenen Lebenspraxis frei wird und man versucht, dieses Ganze aus einer kontinuierlichen Gotteserfahrung und einer kontinuierlich erfahrenen Gottesnähe heraus kritisch zu begreifen. In diesem Blick auf das Ganze, das die Bibel den führenden Persönlichkeiten und den Propheten zuspricht, liegt eine Chance, aber auch eine Gefahr. Die Chance ist, dass man im Blick auf das Ganze das Wichtige vom weniger Wichtigen unterscheiden lernt und das entwickelt, was die Bibel Weisheit nennt: „Unsere Tage zu zählen lehre uns, dann bekommen wir ein weises Herz" (Ps 90,12).[237] Die Gefahr dagegen ist, dass man meint, man wüsste jetzt ein für allemal alles: Dass der Dogmatiker nur allzu leicht an seinem Wissen erblinden kann, das wirft schon Ijob seinen theologischen Freunden vor: „Wahrhaftig, ihr seid besondere Leute und mit euch stirbt die Weisheit aus" (Ijob 12,2).[238]

Von einem solchen Religionsverständnis her lässt sich meines Erachtens ein Zugang zur Religion beschreiben, der für postmoderne Ohren, aber auch für Gefangene und Strafentlassene, die von der Kirche meist weit entfernt sind, annehmbar scheint: Eine religiöse Erfahrung bedeutet nicht die Erkenntnis irgendwelcher Sachverhalte, die man auf gewöhnlichem Weg nicht wissen könnte, etwa dass es genau zwei erste Menschen gab, die Adam und Eva hießen. Eine religiöse Erfahrung, wird dadurch zu einer religiösen Erfahrung, dass uns

---

[237] Die Bibel, Einheitsübersetzung, Altes und Neues Testament, S. 659
[238] Die Bibel, Einheitsübersetzung, Altes und Neues Testament, S. 591

an einer Stelle des Lebens irgendwie das Ganze der Wirklichkeit aufscheint. Das gleiche lässt sich auch für das religiöse Handeln geltend machen: Eine religiöse Praxis ist nicht ein bestimmtes tradiertes Verbindlichkeitssystem, sondern religiöse Praxis findet überall dort statt, wo uns an einer konkreten Stelle unseres Handelns irgendwie das Ganze des menschlichen Lebens bedeutsam wird, etwa in einem Akt der Liebe, des Trostes oder der Hilfe.

Und im Blick auf die Wahrheitsfrage könnte man sagen: Religiöses Denken findet nicht da statt, wo wir von irgendwelchen mythologischen Traditionen reden, sondern dort, wo es uns an einer konkreten Stelle unseres Redens und Denkens um das Ganze der Wirklichkeit geht. Wer jemals solche Erfahrungen gemacht hat, weiß, dass dasjenige, was hier jeweils mitaufscheint, mit einer eigenen Verbindlichkeit auftritt, die das weitere Denken und Handeln in gewisser Weise zurückbindet (re-ligat). Diese Zurückgebundenheit (religio) an Erfahrungen, die ich als wesentlich erfahren habe, lässt sich im Licht einer Tradition von Erfahrungen gleicher oder ähnlicher Art vertiefen, so dass sich religiöse Identitäten ausbilden können. Eine religiöse Gemeinschaft erscheint dann als eine Gruppe, mit der ich mich über derartige Erfahrungen verständigen und austauschen kann. Und ein solches Gespräch wird um so reicher und tiefer werden, je mehr die Menschen über das Ganze ihres Denkens und Handelns ins Gespräch kommen und darin dem wesentlichen *Grund* dieses Ganzen auf die Spur kommen. Jede Interpretation und jedes Gespräch ist dabei auf diejenigen Begriffe und Denkformen angewiesen, die jeweils zur Verfügung stehen.

Die Jünger Jesu haben ihre religiösen Erfahrungen, die sie an ihm machten, nicht anders als in den gereiften Kategorien der jüdischen Tradition überhaupt verstehen und artikulieren können: „Brannte uns nicht das Herz in der Brust, als er unterwegs mit uns redete und uns den Sinn der Schrift erschloss?" (Lk 24,32)[239] Die folgenden Generationen führen eben dieses religiöse Gespräch weiter, indem sie im Licht der schon benannten Erfahrungen immer wieder neu das Ganze ihres Lebens in den Begrifflichkeiten ihrer Zeit neu zu verstehen suchen.

Wie sich solch religiöse Identitäten bilden und ausgestalten können, die Haftentlassenen die Möglichkeit geben, auf Menschen zu stoßen, die auch in Belastungssituationen hilfreiche und kritische Begleiter sind; die wissen, dass der Mensch nicht nur Objekt von Hilfezuwendungen und Betreuung und permanent Versorgungsempfänger ist, sondern dass jeder einzelne ein Recht auf seine eigene Lebensgeschichte und auch der erfolglose und straffällige im Angesicht Gottes seinen Status hat, in dessen Leben es schöpferische Augenblicke gibt. Dieser Ansatz wird, zwar häufig verkannt und wenig gefördert, hat aber große Chancen auf Erfolg.

---

[239] Die Bibel, Einheitsübersetzung, Altes und Neues Testament, S. 1187

1. Das Postulat nach einer kirchlichen Eigenkultur

Die entscheidende Perspektive für die Zukunftsfähigkeit der Kirche insgesamt in dieser Situation sehe ich darin, dass sie den Mut und die Entschiedenheit für eine (gesamtgesellschaftlich gesehen), wenn auch nur für Teile betreffend, in sich durchaus sehr differenzierte, aber nach außen eindeutig erkennbare kirchliche Eigenkultur aufbringt. Eine Eigenkultur, die sich zwar als Korrektiv, nicht aber prinzipiell als Gegenkultur zur augenblicklichen Entwicklungsphase der europäischen Moderne und den ihr entsprechenden Sozialformen der Kirche versteht. Im Vertrauen auf die einheitsstiftende Kraft des Hl. Geistes wäre die allmähliche Herausbildung neuer „kommunikativer Sozialmilieus"[240] als Formen „geistiger Beheimatung" eine anzustrebende Realität von Kirche.

Dabei geht es um zweierlei: Einmal den Glauben so in eine konkrete, alltägliche Lebenswelt einzugliedern, dass er darin einleuchtend und begreiflich erfahrbar wird und nicht ein davon losgelöstes, religiös-feiertäglich geprägtes Eigenleben führen muss. Auf der anderen Seite lassen sich auch nicht jene Sozialformen restaurieren, die den Glauben bis in die 70er-Jahre hinein getragen haben. Das Rad der gesamtgesellschaftlichen Entwicklung lässt sich nicht zurückdrehen. Wenn die Kirche sich also nicht in immer kleinere und befestigtere Ortsgemeinden zurückziehen will, bleibt ihr in der Tat nur der Weg, sich in Gemeinschaftsformen zu realisieren, die auf kommunikative Weise ihr Eigenleben und ihre Beziehung zur Umwelt gestalten.

In der überschaubaren Zukunft kann die Pfarrgemeinde allerdings kaum mehr die alleinige oder vorrangige kirchliche Form und Gestalt der Glaubenskommunikation zur Sammlung, Erbauung und Sendung der Gläubigen sein. Auch bei allen positiven Aspekten, welche den kirchlichen Ortsgemeinden im Blick auf die Vergangenheit zugeschrieben werden können, sind ihre Begrenzungen gegenüber dem modernen Lebensraum und dem sozialen Nahraum sowie der gesellschaftlichen Vervielfältigung der Daseinsbereiche seit einigen Jahren unübersehbar.

Im Blick auf anstehende Reformen scheint auf allen Ebenen der Kirche hierzulande die Lernphase erreicht, indem das Problem wahrgenommen und als wichtig erkannt ist. Einsicht in die Notwendigkeit macht sich breit – weniger allerdings aus Einsicht darin, dass die Festlegung auf die Ortsgemeinde die Pastoral strukturell und kulturell begrenzt. Eher werden die massiv sinkenden Zahlen der für die Kirchengemeinden verfügbaren Priester und hauptamtlichen Seelsorger und Seelsorgerinnen als Bedrohung empfunden. So bleibt zu hoffen, dass in den nächsten Jahren die Gefahr weiter abnimmt, weniger auf

---

[240] Kehl, Medard: Die Kirche, S. 199

traditionelle Lösungen zurückzufallen und man nur dem Muster des „defensiven Lernens"[241] Raum gibt.

1.1. Aufbau von „Ruhezonen" für Religion und Glaube

Aufgrund der Vielfalt von Religions- und Glaubensformen in der Postmoderne sind „Brachflächen und Ruhezonen"[242] des Religiösen nötig, in denen authentische Glaubenserfahrungen wieder tiefer vermittelt werden können, wo also nicht religiöser Betrieb, Organisation, Strukturen und Anonymität das vorherrschende Bild prägen, sondern der spürbare Sinn für die „mystische Dimension"[243], für das Geheimnis unserer Wirklichkeit, das wir Gott nennen. Sinn und Ziel solcher Orte muss es sein, einen Glauben sich entwickeln zu lassen, der nicht für alles verantwortlich ist, der nicht bereit ist, für jede Idee zur Verfügung zu stehen und sie mit einer religiösen Aura zu versehen. Damit ist eine Askese gegenüber dem Religiösen in einem vielfach religiös überzogenen gesellschaftlichen Umfeld gefordert, um letztlich das Charakteristikum des Glaubens zu schützen. Denn nur wenn der zentrale Gehalt unseres Glaubens, „die Beziehung zum dreifaltigen Gott"[244] und die darin wurzelnde Gewissheit,

---

[241] Ebertz, Michael: Aufbruch in der Kirche, S. 124

[242] Kochanek, Hermann: Ich habe meine eigene Religion, S. 37

[243] Kehl, Medard: Die Kirche, S. 202

[244] Interaktionen, von denen eine das Beten sein kann, sind unverzichtbare Ausdrucksformen des Religiösen. Für einen Christen ist das Beten eine sich in den Begriff des Göttlichen versetzende Entgegennahme dieses Göttlichen und somit urmenschlicher Akt. Manchmal bricht er spontan aus einem heraus. In großer Not, „wenn Gram und Schmerz mich bedrücken", bekennt nachher verschämt mancher: da habe ich sogar gebetet. Aber in der Erfahrung der Überfülle, „wenn freudig pocht mein Herz", wie es in der Deutschen Messe von Schubert heißt, da fragt man nicht nach Gott. Da ist er im Gefühl da, da ruft man ihm zu, schreiend vor Not, jubelnd vor Glück. Wenn man aber nicht unter einem solchen Druck der Not oder der Freude steht und dennoch beten möchte? Da ist es oft so, wie wenn man gegen eine Wand spräche. Kein Gegenüber ist spürbar. Gebet – Zwiesprache mit Gott? Ich höre nur immer mich! Nichts und niemand antwortet. Nicht einmal so etwas wie ein automatischer Anrufbeantworter, der sagt: Ich bin gerade nicht zu Hause – aber ich leite ihr Anliegen weiter und sie werden umgehend zurückgerufen. Das versuchte Gebet kommt einem vor, wie die Karikatur eines Selbstgespräches. Ist es nicht oft so? Wollen wir uns darüber hinweglügen? Mit frommen Phantasien, wie sie zuhauf produziert werden? Zwei Situationen, zwei Hilfen sollen genannt werden.
– Ein Selbstgespräch? Es wäre vielleicht einmal ein gar nicht so schlechter Ersatz für ein Gespräch mit Gott, das nicht so gelingen möge. Freilich nicht ein Selbstgespräch wie man es bei einsamer Arbeit tut, dass man redet aber nicht zuhört. Nein, das ist nicht das Selbstgespräch, das als Ersatz oder Anfangsform für ein Gebet gelten könnte. Aber wenn einer, so gut er kann, sich mit der Wahrheit seines Lebens konfrontiert, dann kann das sehr wohl etwas sein, was Angesichts Gottes stattfindet. Man sagt ja auch manchmal, jemand nimmt sich selbst ins Gebet. Vielleicht wäre es manchmal besser, anstatt zu beten, so ein ehrliches Selbstgespräch zu führen.

unbedingt bejaht und geliebt zu sein, für den Einzelnen auch erfahrbar gemacht werden kann (vor allem durch persönliche Beziehungen der Glaubenden zueinander), behält die Kirche eine unverwechselbare Daseinsberechtigung und Anziehungskraft. In diesen Orten geht es neben der heute dominanten Sozialform von Kirche als Dienstleistungsgesellschaft darum, wieder Raum für das Unerhörte zu eröffnen, neue Aufmerksamkeit und Wachsamkeit für die Entdeckung des „Nichts"[245] zu wecken, wo noch nichts mit verfügbarer Religion besetzt ist, das darüber hinaus noch Unerlöste außerhalb der gängigen religiösen Muster suchend. Aufgabe der Kirche und deren Gemeinden wäre es, sich in unserer Gesellschaft als Wahrnehmungsschulen des Religiösen zu verstehen, in denen Religion und Glaube neu buchstabiert wird, und zwar in dem Sinne, dass die religiösen Begriffe und die dazugehörigen Glaubenserfahrungen miteinander verbunden und damit die gängigen religiösen Stereotypen aufgegeben werden. Dem negativen Einfluss einer religiösen Abgestumpftheit könnte somit offensiv entgegen gewirkt werden. Die übertriebene Ästhetisierungswut, die auf einen permanenten Wechsel und eine künstliche Steigerung fixiert ist, letztlich aber gegenüber den tatsächlichen Vorgängen, insbesondere gegenüber dem Leiden der Menschen, gefühllos bleibt, könnte angegangen werden. Voraussetzung dafür ist freilich, dass die zunehmende Individualisierung im Glauben durch ihre Vertiefung zur Personalisierung im Gauben, sich ausdrückend in der „Zustimmung des Herzens"[246] überwunden wird. Je mehr die personale Begegnung der Glaubenden mit Gott und untereinander im Vordergrund des kirchlichen Lebens steht (wir haben zur Beziehung keine Wahl), umso besser wird es dem Einzelnen gelingen, seine fast „unvermeidliche Selbstbezüglichkeit innerhalb einer pluralistischen Kultur nicht zur subjektiven Beliebigkeit oder Egozentrik verkommen zu lassen."[247] Diese gilt es zu öffnen auf eine

---

– Aber dennoch, das Gebet selbst wollen wir nicht lassen. Wie aber, wenn kein Gegenüber sich andeutet? Dann kann das Gebet die Form annehmen, eben dieses Dunkel anzuerkennen, weil Gott es so gewollt hat und weil es seine Sache ist, wann und wie und ob er sich von uns als gegenwärtig empfinden lässt. Sicherlich eine sehr schwere Form. Und dann gilt es, in dieses Nichtgefühl in diese Leere, das bittende und anbetende Wort auf die andere Seite zu werfen, im Glauben, dass hinter dem „Vorhang" doch einer ist. Eine echte Hilfe ist uns gegeben in den Gebeten großer Beter. Indem wir in sie einsteigen, an dem wir uns an ihren Worten entlanghangeln, tasten wir uns hinein in die Gemeinschaft des Geistes, der zu Gott öffnet. So können wir uns etwa an den Worten des Vaterunsers festhalten und versuchen unser Herz an sie zu hängen. Das können wir auch dann, wenn wir keinen „Vater" spüren oder im Augenblick auch nicht an den Vater im Himmel glauben können.

[245] Kochanek, Hermann: Ich habe meine eigene Religion, S. 37
[246] Kehl, Medard: Missionarisch Kirche sein, in: Geist und Leben, Heft 5 – 2002, S. 344
[247] Kehl, Medard: Die Kirche, S. 202

Selbst-Findung hin, in der sich das „Selbst"[248] in der unbedingten Liebe Gottes gegründet, und dadurch bedingend, zu liebenden Beziehungen befähigt weiß.

In dieser Richtung wird wohl auch in einem noch größerem Umfang als bisher die persönliche Begleitung des Seelsorgers für Inhaftierte und Strafentlassene gefragt sein. Der Mensch als Ebenbild Gottes, auch der Straftäter, läßt sich nicht mit einer biologisch-mathematischen oder anthropologischen Formel umschreiben. Er ist mehr als die Summe seiner Entscheidungen, Taten oder Antworten. Der sich in Schuld verstrickte Gefangene bleibt „offen" in dem Sinne, dass er nicht festgeschrieben werden kann auf seine Vergangenheit, auf seine Tat, dass er nicht abgeschrieben werden kann, sondern zu jeder Zeit die Zuwendung der Gnade erfahren kann, auf Veränderbarkeit oder Wandlung hin offen ist. Ein in diesem Zusammenhang wesentlicher Ausdruck für die Kraft der christlichen Botschaft zeigt sich in der Sprache der Klagepsalmen, die Gefangene unbeabsichtigt und unbewußt verwenden. Eine neuzeitliche Übertragung des 88. Psalms soll das Gesagte verdeutlichen:

„Sie haben mich in ein Heim gesteckt,
doch ich fühle mich wie im Gefängnis.
Ihre Anordnungen habe ich nicht anerkannt,
sie isolierten mich von allen, um meinen Widerstand zu brechen.
Stundenlang bin ich ganz allein,
ist denn niemand da, der mich hören will?
In einen tiefen Brunnen habt ihr mich fallen lassen,
ihr legt noch den Deckel darauf, dass ich keine Aussicht mehr habe.
Herr, zeige mir einen Menschen,
nur einen einzigen Menschen, der für mich da ist,
nicht weil ich in der Akte stehe,
nicht weil ich ein verlorener Sohn bin,
nur weil ich Mensch bin ...
Gott, wenn es Dich gibt, dann mußt Du wissen:
Das hält man auf die Dauer nicht durch.
Ich habe hier nur Kumpels, die genauso hilflos sind wie ich und all die
  anderen.
Nur einen Menschen brauche ich,
warum ist dieser eine nicht zu finden?"[249]

---

[248] Dieses Selbst beinhaltet einen Teil von uns, der nicht krank oder beschädigt werden kann – es ist unsere Gottebenbildlichkeit. Als „Kind Gottes" sind wir absolut gewollt, obwohl wir es in unserem Leben oft anders erfahren.

[249] Sperle, Fritz: Menschsein – Gefangensein, in: Seelsorge im Strafvollzug, Band 5, S. 57

Der Seelsorger, aber auch jene Menschen, die sich in der Betreuung eines straffälligen Menschen mühen, sind die Menschen, die er braucht. Dies bedeutet Begleitung, ein Stück weit Gemeinsamkeit auf einem Weg, auf dem das bestimmende Gefühl das des Ausgeliefertseins, der Ohnmacht und das Gefühl der Unfähigkeit ist, seine Lage zu ändern. Strafgefangene brauchen keine Erlösungsvorstellungen oder Erlösungsstrategien, sondern Anteilhabe an ihrem Leben und in ihr das Vermitteln der Erkenntnis, dass Sinnvolles und Gutes nicht erst unter annehmbaren Bedingungen möglich ist.

1.2. Prophetie als Korrektiv im Suchen und Ausprobieren von neuen Wegen

Mit der katholischen Kirche mag man gegenwärtig vieles verbinden. Prophetische Kraft, was immer man im Einzelnen darunter verstehen mag, dürfte es am wenigsten sein. Wenn sie aber dem unübersehbaren gesellschaftlichen Autoritäts- und Vertrauensverlust entgegenwirken will, wird sie sich dringend auf ihre Kernkompetenzen und dabei notwendigerweise auf ihre prophetische Kraft zu besinnen haben. Neue kommunikative Sozialmilieus können sich zu Orten entwickeln, in denen das kritisch-prophetische Potential des Glaubens stärker zur Geltung kommen kann. Gemeint ist hier weniger eine verbale Gesellschaftskritik, die in einer modernen Kultur sowieso stattfindet, sondern indem solche Gemeinschaften durch ihren Lebensstil Menschen ermutigen, in erkennbarem Gegensatz zu bestimmten Werten und Verhaltensmustern zu leben, die für die Moderne weitgehend selbstverständlich geworden sind. Das Durchbrechen gesellschaftlicher Normalität durch alternative Lebensformen ist ein Dienst, den das Christentum, leidend gerade an seiner eigenen Ratlosigkeit an der Moderne, leisten muss. Dieser Dienst darf jedoch nicht mit einem Aufbau einer Kirche im Sinn einer generell kontrastierenden Gesellschaft (Kirche als Kontrastgesellschaft) verwechselt werden. Denn wenn der Kontrast gleichsam zum Grundprogramm der Kirche erhoben wird, wächst erfahrungsgemäß die Neigung zum Sektiererischen mit seiner Schwarzmalerei: Hier die gute Kirche, dort die böse Welt.

Dennoch: In welchen konkreten Punkten müsste sich dieser Kontrast zur modernen Gesellschaft zeigen, von wem artikuliert und angemessen umgesetzt werden? Ist es Aufgabe nur derjenigen Menschen, die unserem eigenen Kirchenbild entsprechend zukunftsweisende Aussagen machen? Oder ist es jeder und jede, aus deren Forderungen deutlich hervorgeht, dass er bzw. sie sich um die Zukunft der Kirche und Gemeinden – also des Volkes Gottes – redlich bemüht? Klar ist, dass Menschen, die anstößige Fragen stellen, in Gemeinden relativ oft und schnell auf Widerstand stoßen. Kritisches oder prophetisches Mahnen, doch in die Spur Jesu zurückzukehren ist lästig. Es stört das traditionelle, oft auch verbürgerlichte Christentum, das sich dem Zeitgeist angepasst hat und die Botschaft vom Reich Gottes so lebt, dass es möglichst wenig Unannehmlichkeiten bereitet.

Da kann es unangenehm sein, von jemandem beispielsweise zu hören, dass Kirche und deren notwendige Gemeinschaftsformen sich viel mehr entwickeln müssen zu einem „lebendigen Organismus, zu einem lernenden Unternehmen, das sich durch Leitbilder, Grundsätze und Ziele"[250] eine neue Position in der Gesellschaft erarbeiten muss und durch sie einen Lebensstil propagiert, der versucht, alles unter den „eschatologischen Vorbehalt"[251] zu stellen. Denn eine rein auf sich selbst und ihre ständige Veränderung zu höherer Lebensqualität hin bezogene Gesellschaft braucht das gelebte Offenhalten zu einer (göttlichen)Wirklichkeit hin, um nicht an der eigenen narzisstischen Selbstverliebtheit zugrunde zu gehen.

Von daher ergeben sich durchaus eine Reihe verschiedener Kontrastfelder, in denen sich christliche Gemeinden in Zukunft noch stärker profilieren können. Problematisch an dieser Herangehensweise bleibt, dass Gemeindemitglieder aus unterschiedlichen Richtungen denkend dieselben Begriffe verwenden für sehr verschiedene Zielrichtungen von Kirche und Gemeinde. Der Begriff vom Reich Gottes ist für Insider der Kirche recht geläufig, aber auch äußerst unterschiedlich interpretierbar. Nicht anders ist es mit Bildern wie „das Leben in Fülle" (Joh10,10) oder „die Stadt auf dem Berg". All diese – und unzählige andere – Bilder können sehr unterschiedlich verstanden werden. Und entsprechend den Deutungen und der Vision, wenn man darunter einen ersehnten Zustand der Kirche in ferner Zukunft versteht, können sich auch die Ziele weit voneinander entfernen, wenn nicht sogar konträr zueinander verhalten.

Eine Lösung der aufgezeigten Schwierigkeiten scheint mir die gegenseitige und sich durchdringende Bezogenheit von Prophetie und Institution zu sein. Falls man unter Prophetie nur die mahnende und anklagende Kritik an einem System wie dem der Kirche versteht, dann ist die ganze Spannbreite des Begriffs nicht voll erfasst. Denn auch in der Geschichte des Volkes Israel gab es Propheten, (sich mit ihrer ganzen Existenz unter die Botschaft ihres Gottes stellend), die als Konsequenz ihrer Sozial- und Kultkritik nicht nur das Unheil heraufbeschworen, sondern mit dem König oder den Vertretern des Volkes in einen Dialog traten und den Konflikt nicht scheuten. Das Beispiel des Elias, der sich letztendlich unter einem Ginsterstrauch versteckt (vgl. 1Kön 19), weil er mit seiner (Droh-) Botschaft kaum etwas ausrichten konnte, lässt sich an vielen anderen Stellen des AT wiederfinden. Wo es am Dialog mitei-

---

[250] Vögele, Rudolf: Prophetie und Dialog in Kirche und Gemeinde, in: Prophetie in einer etablierten Kirche?, S. 159

[251] Kehl, Medard: Die Kirche, S. 205

nander mangelt, läuft Prophetie ins Leere. So lässt sich auch heute vielfach entdecken, dass charismatische Persönlichkeiten, die auch noch so ein gutes Anliegen in sich tragen, in Gemeinden nicht gehört werden, wenn sie nicht zugleich dialogbereit sind. Andererseits muss es Aufgabe der Leitungsverantwortlichen (sei es auf Diözesan- oder Gemeindeebene) in dieser Funktion sein, ihnen Gehör zu verschaffen. Ein amtstheologisches Denken, das die alleinige Fähigkeit zur rechten Prophetie an die Weihe, Beauftragung oder überhaupt an das kirchliche Amt koppelt, ist heute und künftig mehr denn je fehl am Platz. Prophetische Menschen gibt es zuhauf auch unter den einfachen, nicht theologisch versierten Gläubigen – und auch unter der großen Schar der so genannten kirchlich Distanzierten, sofern in ihnen die Sehnsucht nach einer lebendigen, profilierten und überzeugenden Kirche und Gemeinde (noch) nicht erloschen ist und sie dieser auch Ausdruck verleihen.[252]

Eigentlich wurde der Weg durch eine erstaunliche Kehrtwende auf dem II. Vatikanischen Konzil vollzogen – meines Erachtens hin zu den von Jesus selbst vorgegebenen Quellen. Man wollte sich gemeinsam auf den Weg machen, um den Anforderungen der Gegenwart gerecht zu werden. Rahner beschreibt die Situation wie folgt: „Dieses Konzil ist ein Konzil am Anfang einer neuen Zeit ... Die Zeit der Vereinheitlichung der Welt, der Industrialisierung, der Verstädterung, einer rationalen Verwissenschaftlichung des menschlichen Lebens, ... einer Zeit, in der jedes Volk für jedes andere eine Verantwortung trägt ... Dieser Zukunft, die jetzt schon begonnen hat, sucht die Kirche unbefangen und ehrlich sich zu stellen, letztlich nicht, um in dieser radikal neuen Situation sich selbst besser behaupten zu können, sondern um sich zu fragen, wie sie darin ihren Heilsauftrag an die Menschen und ihren Dienst am Menschen besser erfüllen könne."[253]

Auch der moderate Papst Paul VI. hat in seinem Rundschreiben „Ecclesiam suam" während des Konzils diesen unverzichtbaren „Dienst an der Kommunikation" für sein eigenes Amt folgendermaßen zu Ausdruck gebracht: „Die Kirche muss zu einem Dialog mit der Welt kommen, in der sie nun einmal lebt. Die Kirche macht sich selbst zum Wort, zur Botschaft, zum Dialog. Dieser Gesichtspunkt ist einer der wichtigsten im heutigen Leben der Kirche ... Wir können nicht anders vorgehen als in der Überzeugung, dass der Dialog unser apostolisches Amt kennzeichnen muss ..."[254]

---

[252] Vgl. Fuchs, Ottmar: Dialog und Pluralismus in der Kirche, in: Dialog als Selbstvollzug der Kirche?, S. 218

[253] Rahner, Karl: Kleines Konzilskompendium, S. 28

[254] Vögele, Rudolf: Prophetie und Dialog in Kirche und Gemeinde, in: Prophetie in einer etablierten Kirche?, S. 163

Diese Aussagen und Postulate lassen sich leicht übertragen auf die Institution Pfarr- und Ortsgemeinde: Wenn in ihr – und wiederum vorrangig bei den Leitungsverantwortlichen – nicht ebenso jene dialogbereite Haltung herrscht wie in den oben genannten Zitaten beschrieben, wird jedes prophetische Potenzial verkümmern.

1.3. Orte der Begegnung in den Lebensräumen der Menschen

Es ist ganz gewiss so, dass das traditionelle Band zwischen unseren physischen Orten und den sozialen und psychologischen Erlebniswelten zerschlissen ist. Die Menschen leben nicht mehr nur in einer Region, sondern in einem Kommunikationssystem. Speziell die elektronischen Medien tragen dazu bei, die überkommenen sozialen Strukturen aufzulösen. Sie schaffen ein neues Sozialuniversum in Gestalt einer großen offenen Bühne der Gleichzeitigkeit, auf der das Interessante jederzeit überall verfügbar und zugänglich scheint. „Menschen, Tiere, Sensationen – sie haben ihren unverwechselbaren Ort verloren und werden dem kurzlebigen Fundus der weltweiten Inszenierung der Gleichzeitigkeit einverleibt."[255] Gleichzeitigkeit statt Sich-Einfinden am gemeinsam bewohnten und gestalteten Ort. Es genügt die permanente Erreichbarkeit der Kommunikations-Partner, die es erlaubt, über unabsehbare Räume hinweg wechselseitig Informationen auszutauschen, Projekte zu betreiben oder sich sonst wie in die Welt des anderen einzuloggen.

Diese Gleichzeitigkeit in Ortlosigkeit schafft jedoch nicht wirkliche Bindungfähigkeit und Beziehung, die ja offenkundig in eine starke Krise geraten sind. Sie verspricht universales Dabei-sein-Können und grenzenlose Zugänglichkeit; aber die potentiell universale Gleichzeitigkeit bleibt im radikalsten Sinn eine vorübergehende und die Zugänglichkeit bleibt ausschnitthaft. Dauerhafte Bindung kann sich offenbar nicht allein aus projektbezogenen Arbeitsaufgaben oder gemeinsam zu bearbeitenden Freizeit-Leidenschaften entwickeln. Verlässliche Zugehörigkeit kann sich dabei allenfalls anbahnen. Kriterium und Ausweis der Verlässlichkeit ist ja die tatsächliche, möglichst wenig auswählende Präsenz der Kommunikationspartner; eine Zugänglichkeit, die sie füreinander als Person erfahrbar macht. Sie ist angewiesen auf tragfähige Rückbindungen: Auf Ideen und Überzeugungen, verwirklicht in gemeinsamen, gleich-örtlichen Erfahrungen, die es ermöglichen, „Augenblicksperspektiven in die Zukunft zu verlängern."[256] Denn die *räumliche Verortung* bezieht eine gemeinsame Erfahrungsgeschichte mit ein und bietet die Chance,

---

[255] Werbick, Jürgen: Warum die Kirche vor Ort bleiben muss, S. 70

[256] Kehl, Medard: Die Kirche, S. 206

in ihr zu verweilen und sich des miteinander geteilten Zeitraums wie deren darin gewachsenen Identitäten zu vergewissern. Sie ermöglicht das Leben, vor allem mit seinen nur schwer zu akzeptierenden Seiten wie Leid und Tod, zu teilen. Im Teilen und Erinnern wird erfahrbar, dass nicht Verdrängung, sondern Solidarität solch existentielle Krisen bestehen hilft. So bemerkt Erich Fried in einem seiner Gedichte treffend: „Erinnern, das ist vielleicht die qualvollste Art des Vergessens und vielleicht die freundlichste Art der Linderung dieser Qual."[257]

Auch die Glaubens-Kommunikation bliebe vorübergehend und wenig nachhaltig, wenn sie ihren Ort verlöre: Den Ort, an dem Menschen im Glauben und in ihrer Suche nach Glauben zusammenfinden, den Geist miteinander teilen, der sie zur Hoffnung des Glaubens ermutigt und herausfordert. Wohin retten wir uns mit unseren guten Erinnerungen, mit der Feier der Erinnerungen, die uns auf den Glaubensweg gebracht haben und uns auf unserem Lebensweg Orientierung bieten können, wenn die zugänglichen Orte unzugänglich weit von unserer alltäglichen Lebenswelt entfernt und uns fremd geworden sind?

Kirche kann und muss diese guten Orte anbieten und ermöglichen; Orte der Sammlung, die einen aus der schnelllebigen Lebens-Umwelt herauslösen und die man von Zeit zu Zeit aufsucht, um – vorübergehend oder verbindlich, aber womöglich ausgesprochen folgenreich – solidarisch Mitglaubende und Mitsuchende zu finden.[258] Dazu notwendig scheint mir ein Lernschritt zu sein, der den Charakter des Vorläufigen vieler unserer kirchlichen Lebensformen akzeptiert. Denn das Lebendige braucht mehr Zeit als das Leblose und muss Zeit „verlieren" können. Religion und Glaube braucht also Zeit, und indem sie Zeit vermittelt, um ruhig, stille zu werden, werden Erfahrungen möglich, die sonst nur schwer zu machen sind. Dafür hilfreich ist, dass Menschen sich in einer Lebenssituation befinden, wo sie nicht durch äußere Umstände davon abgehalten werden, Zeit zu haben.

Um die negativen Tendenzen jener Gemeinschaftsformen möglichst gering zu halten, gilt es dem innewohnenden Hang zur Vereinnahmung, der berechtigterweise viele abstößt, die zwar Nähe suchen, aber leider oft nur Enge finden, entschieden entgegenzuwirken. Es muss gerade angesichts des gesellschaftlich legitimierten Pluralismus und Individualismus möglich sein, in vielfältig gestufter Weise an den Lebensvollzügen solcher Gemeinschaften teilzunehmen. Solche überschaubaren, weithin auf persönliche Beziehungen und einer gemeinsamen Glaubenskultur basierenden Sozialmilieus neigen dazu, so etwas

---

[257] Fried, Erich: Es ist was es ist, S. 14
[258] Vgl. Werbick, Jürgen: Warum die Kirche vor Ort bleiben muss, S. 72

wie eine „kleine, schützende Nische"[259] vor den rauen Stürmen der modernen Gesellschaftsentwicklung zu bieten. Das ist durchaus berechtigt, denn ohne irgendwelche schützenden und bergenden Lebensräume dürften die wenigsten von uns in einer geistig ausgetrockneten und strukturell überforderten Gesellschaft human überleben können. Bedenklich wird es erst, wenn man sich in der Nische so wohnlich einrichtet, dass man gar nicht mehr heraus möchte, sie quasi als Versteck[260] benützt und nicht mehr bereit ist, sich der geistigen Auseinandersetzung mit der „fremdartigen" Umwelt zu stellen und lieber ganz unter sich bleibt.

1.3.1. Selbsthilfegruppen von Strafentlassenen als soziale Inseln

Um die Kommunikationsfähigkeit der angezielten „Sozialmilieus" auch nach außen zu erhalten, bedürfen gerade solche Gruppen, deren entscheidendes Merkmal es ist, in eigener Sache zu handeln, meines Erachtens einer ausdrücklich bejahten Einbindung in die größere institutionelle Wirklichkeit der Kirche. Als wichtige Merkmale gelten: *Die gemeinsame Betroffenheit* der Mitglieder durch die gesellschaftliche Stigmatisierung, wobei die Entscheidung zur Mitgliedschaft aus einem *Leidensdruck* entsteht, der zugleich das Eingeständnis beinhaltet, das Problem nicht allein bewältigen zu können. Der Überzeugung und dem Entschluss, es gemeinsam zu bewältigen, entspricht der Versuch, es – zumindest prinzipiell – *ohne professionelle Hilfe* zu schaffen, was dann in der Regel auch die Weigerung beinhaltet, Hilfe von Spezialisten in Anspruch zu nehmen. Die gemeinsame Betroffenheit, als Straftäter stigmatisiert zu sein, schafft nicht nur ein grundlegendes Verbundenheitsgefühl, sondern garantiert zumeist auch einen Grad von Verbindlichkeit und Kontinuität der Gruppe, der in sonstigen Zusammenschlüssen nicht gegeben ist, was immer wieder zu Enttäuschungen und zum Zerfall von Gruppen führen kann.

Wie beim Entschluss, einen Arzt aufzusuchen, oft erst die Angst überwunden werden muss, es könne sich „etwas Schlimmes" zeigen, oder wie – hierzulande noch bedrohlicher – die Entscheidung, sich in psychotherapeutische Behandlung zu begeben, oft mit Schamgefühlen begleitet ist und deshalb immer wieder aufgeschoben wird, so auch die Entscheidung, sich einer Selbsthilfegruppe Strafentlassener anzuschließen: In allen Fällen bedarf es erst eines bestimmten Leidensdrucks, der stärker ist als die Widerstände, sich auf den Weg zu machen. Besonders eindringlich führen Kriminalität, Sucht- und Drogenabhängigkeit diese innere Spannung vor Augen. Jedes Mitglied der Gemeinschaft

---

[259] Kehl, Medard: Die Kirche, S. 207
[260] Vgl. dazu III. Kapitel, 2.4.2 „Adam wo bist Du in dieser Welt"

verpflichtet sich, auf destruktives Verhalten, sei es süchtiges Ausagieren oder aggressives Beziehungsverhalten zu verzichten. Hat die Gruppe, die erste, zumeist turbulente Zeit ihres gemeinsamen Weges miteinander durchgehalten und sind einigermaßen tragfähige Beziehungen entstanden, so folgt oft eine ausgesprochen „ruhige" Phase. Dies ist durchaus verständlich und für den weiteren Lernprozess insofern auch sinnvoll, als derartige Phasen zu einer Stabilisierung der Beziehungen untereinander beitragen und gegenseitiges Vertrauen entstehen lassen.

Und dennoch können, so paradox es erscheinen mag, gerade Zeiten, in denen die Gruppe den Eindruck hat: „wir pflegen eine sehr harmonische Beziehung miteinander", sehr problematisch sein. Ich möchte sogar so weit gehen zu sagen, man sollte immer dann ganz besonders skeptisch werden und sorgfältig reflektieren, was in den Beziehungen zwischen den einzelnen Haftentlassenen abläuft, wenn man sich „sehr wohl fühlt". Dies Formulierung darf nicht in dem Sinne mißverstanden werden, als sollten die Gruppenmitglieder extrem mißtrauisch sein und hinter allem etwas „Schlimmes" wittern. Doch kann gerade das Gefühl, es laufe alles ganz „glatt" und konfliktlos und man verstehe sich „bestens" miteinander, darauf hinweisen, dass wichtige andere – gegenteilige - Gefühle ausgeblendet werden. Sowohl für die Gruppe als ganzes als auch für jedes einzelne Gruppenmitglied ist es verhängnisvoll, wenn diese aus den Beziehungen ausgeklammerten, unterdrückten aggressiven Gefühle nicht wahrgenommen und bearbeitet werden. Es ist aus diesem Grunde für die Gruppensituation solcher Persönlichkeiten von zentraler Bedeutung, dass sie stets besonders hellhörig für ihre aggressiven Gefühle sind und sich nicht durch idealisierende Tendenzen blenden lassen, die schließlich zu einer gefährlichen Blindheit gegenüber der sozialen Realität führt.

1.4. Kasualien als wegbegleitende Ressourcen-Seelsorge

Nach anthropologischem Verständnis sind Rituale (formalisierte, stereotypisierte und repetitive) Handlungen, die Veränderungsprozesse im sozialen Leben einer Gruppe oder Gemeinschaft in Wachstumsprozessen von Menschen begleiten, um diese Übergänge/Schwellen zu strukturieren, zu entängstigen, um Altes abzuschließen, loszulassen und auf Neues zuzugehen. Rituale stellen einen Rahmen zur Verfügung, auch Sprache und Ausdruck, sie geben Verhaltenssicherheit, sollen Sinn stiften und sind Ausdruck von Verbundenheit.[261]

Gemeinschaften, in denen sich der Einzelne einbinden und identifizieren kann, benötigen für ihr kommunikativ gestaltetes Gemeinschaftsleben Ritu-

---

[261] Vgl. Bauer, Annemarie: Institutionskonzepte in der Supervision, in: Institutionsgeschichten – Institutionsanalysen, S. 61-63

ale. Kasualien sollen mittels dieser Riten dazu verhelfen, eine gegenwärtige Lebenssituation aus dem Glauben heraus zu deuten und durch die symbolischen Handlungen der Liturgie in einen Bezug zu Gott zu stellen. Sie haben häufig, wenn auch nicht ausschließlich das Merkmal, Riten des Übergangs zu sein, die bedeutende kritische Schwellen des Lebens begleiten und dabei von einer Existenzform oder Rolle (Identität) zu einer anderen hinüberführen. Sowohl für den Einzelnen wie für Gruppen bedeutet „lebendig sein": immer neue Grenzen überwinden, sich auflösen und neu bilden.

Der Ton ist auf eine Haltung zu legen, die bei den Angesprochenen eigene religiöse – christliche – Stärken zu erschließen bereit ist und sie dazu ermutigt, ihre ganz persönlichen religiösen Ressourcen zu entdecken. In Kasualien-Gottesdiensten ist es nicht angebracht, den kasusbedingten Kontakt mit den Adressaten durch andere Zwecke zu überlagern, sei es für den Gemeindeaufbau oder die Rekrutierung von Mitgliedern für kirchengemeindliche Gruppen oder für kirchenpolitische Absichten.

Leider ist das Gesamtbild der gegenwärtig durch die Kirchen praktizierten Kasualien zu eng. Häufig sind sie auf Taufe, Hochzeit und Beerdigung begrenzt. Was in der katholischen Überlieferung „Sakramentalien" genannt wird, ist von neuem zu entdecken und in seiner Berechtigung anzuerkennen. Notwendig sind rituelle Formen, in denen es gelingt, auch unterhalb der Feier der Sakramente und unterhalb der „Eucharistieschwelle" möglichst viele Bereiche des Lebens in seinen Höhen und Tiefen, Anliegen und Nöten unter den Segen und Schutz Gottes zu stellen. Es gilt, ähnlich wie die Initiativen in Erfurt es am Valentinstag tun (ökumenischer Segnungsgottesdienst für alle, die partnerschaftlich unterwegs sind), offensiv alte und neue Lebensthemen, alte und neue Lebensschwellen und kritische Lebensereignisse, zu erschließen, um darüber die Bandbreite an Kasualien zu erweitern. Solche Übergänge sind zum Beispiel Wohnortwechsel, Übergang in die nachelterliche Phase des „leeren Nestes", Übergang in die Verrentung, auch in die Arbeitslosigkeit, der Tag der Entlassung aus dem Gefängnis – Übergänge, die häufig mit Partnerschaftskrisen, Ehescheidung, psychischer und physischer Erkrankung, auch Tod verbunden sind.

Andere den Alltag unterbrechenden und damit auch und gerade in der modernen Gesellschaft religiös geformten Lebensereignisse kann der Abschluss eines Hausbaues sein, die Indienstnahme eines Feuerwehrautos, die Segnung einer Vereinsfahne oder Ähnliches.[262]

Wenn das Spektrum von Kasualien auf- und ausgebaut wird, wenn auf katholischer Seite die Tradition der Sakramentalien wiederentdeckt und entfaltet

---

[262] Vgl. Mödl, Ludwig: Kasualien, ein Handlungsfeld christlicher Verkündigung, in: Wenn Leben nach Deutung sucht, S. 13

wird, dann muss es nicht zuletzt auch darum gehen, solche Formen liturgischer Riten und gottesdienstlicher Verkündigung zu erschließen, die im Prinzip alle Getauften gestalten und denen sie auch als „Laien" vorstehen können. Zu bedenken gilt es, dass eine Kasualpredigt hohe Anforderungen an die Empathiefähigkeit des Predigers stellt. Müssen doch, damit eine Predigt auch gelingen kann, „religiöse Interpretationen gegenwärtiger Lebenswirklichkeit"[263], die der Prediger auf Grund seiner subjektiven Erfahrung formuliert, mit der Lebenssituation des Zuhörers verknüpft werden. Der Geist unserer Zeit fordert zwar Offenheit und allseitige Kommunikationsbereitschaft, nicht aber Askese und Zurückgezogenheit, die jedoch Grundvoraussetzungen für eine Predigt sind, da Gottes Wort wohl nicht ohne ein gehöriges Maß an Einsamkeit und Meditation zu erschließen ist. Am Beginn des Markusevangeliums (Mk 1,21-22) wird Jesus als Prediger charakterisiert: „In Kapharnaum ging Jesus am Sabbat in die Synagoge und lehrte. Und die Menschen waren sehr betroffen von seiner Lehre; denn er lehrte wie einer, der göttliche Vollmacht hat, nicht wie die Schriftgelehrten."[264] Zwei Verse genügen dem Evangelisten um ihn als diesen auszuweisen. Näheres erfahren wir nicht, nicht also, welche Worte es waren, die „betroffen" machten, welche Gedanken von „göttlicher Vollmacht" zeugten. Die anschließende Heilungsgeschichte freilich (Mk 1,23-26) deutet an, dass es hier um das Zurechtrücken der Maßstäbe ging. Nicht „unreine Geister" sollen ein Menschenleben beherrschen. Diese müssen vielmehr vertrieben werden, um dem Geist Platz zu machen, der bewirken möchte, dass der Mensch heil ist und mit sich versöhnt.

Wer so predigen und wirken kann, der handelt nicht aus einem augenblicklichen Impuls heraus oder gibt zufällig aufgeschnappte Ideen von sich. Der hat meditiert und geschaut, gebetet und gekämpft. Ohne diesen Anspruch geht es wohl nicht. Denn Zeitgeistiges mag erheitern, doch wird es nicht erbauen. Das bequeme Wort zum Sonntag kann bestenfalls die Beliebtheit, nicht die geistige Perspektive weiten. „Da erschraken alle", heißt es bei Markus. Wohl auch deswegen, weil hier ein Stückchen Himmel näher gerückt ist.

Keine adäquate Lösung sind die praktizierten, aber sehr fragwürdigen Notmaßnahmen – etwa der „Import" von Priestern ohne Rücksicht auf deren Eignung oder Bereitschaft, sich auf die Situation in Deutschland einzulassen, oder die ausgegebene Parole von der „selbst-sorgenden" Gemeinde. Sie eignet sich nicht als Ausrede dafür, das personale Angebot an Seelsorgerinnen und Seelsorgern auszudünnen und Gemeinden mit ihren pastoralen Aufgaben allein zu lassen. Wo von Laien Verantwortung für Kasualien-Gottesdienste und deren inhaltliche Gestaltung übernommen werden soll, da braucht es professionelle

---

[263] Würdinger, Hermann: Wenn Leben nach Deutung sucht, S. 25
[264] Die Bibel, Einheitsübersetzung, Altes und Neues Testament, S. 1123

Begleitung und klare Verantwortungsstrukturen, die geschaffen und zugelassen werden müssen.

Im Strafvollzug ist der Gottesdienst ein Ort der Geborgenheit. Grund dafür ist, dass im Gottesdienst andere Voraussetzungen herrschen als im Alltagsgeschehen einer Anstalt. Während dort durch Misstrauen, Beobachten, Genehmigen und Anlehnen ein System von Rechten und Pflichten aufgebaut wird, bei dem freie Menschen „Gescheiterte" verwalten, was zu Angst, Aggression und Depression führen kann, treffen sich im Gottesdienst Menschen, die grundsätzlich gleichwertig sind, weil sie sich vor Gott gemeinsam als gerechtfertigte Sünder verstehen können. Das ermöglicht eine qualitativ andere Interaktion und gibt Raum für demokratisches, ja fürsorgliches Umgehen miteinander. Diese angstfreie Kommunikation kann ein Gruppengefühl entstehen lassen, in dem Freiheit und Geborgenheit erfahrbar werden. Gefangene kommen nicht los von Gott, sie sind nicht gottlos, sie sind auf der Suche nach ihm. Sie gehen zum Gottesdienst, sicher nicht nur um zu beten, aber sicher auch nicht nur um Geschäfte zu machen, wie sie selber immer wieder angeben. Deshalb genügt es nicht, dass der Seelsorger die Gefangenen im Gottesdienst als „Brüder und Schwestern" anredet. Vielmehr kommt es darauf an, dass er alles vermeidet, was Distanz schafft. Entscheidend ist letztendlich, dass Seelsorger und Gefangener sich von Mensch zu Mensch begegenen, im gegenseitigen Respekt, wohl wissend, dass jeder Mensch ein Geheimnis ist und bleibt.

Die schwierigste Anforderung, im Gefängnis zu predigen, ist für den Seelsorger eher ein sprachliches als ein inhaltliches Problem. Es ist unabdingbar, konkret, einfach und anschaulich, vor allem aber auch ehrlich und persönlich echt zu sprechen. Das Evangelium als ermutigende Botschaft soll gerade auch von denen verstanden werden, die unter Versagen, Schuld, Unglück, Resignation oder Haß äußerlich gebeugt und innerlich leergebrannt sind. Im Gefängnis zu predigen ist nicht eigentlich deshalb schwierig, weil Gott hier vielleicht besonders fern und die persönliche Anfechtung besonders groß wäre, sondern weil für den Prediger das Leben der Zuhörer in vieler Hinsicht so fremd ist. Er ist in der Regel nicht unter schwierigen Sozialisationsbedingungen groß geworden; hat verbale Konfliktmechanismen gelernt und war nie dem „Faustrecht" ausgesetzt. Wie das ist, wenn einer nichts mehr zu verlieren hat, kennt er nur vom Hörensagen. Die ganz persönlichen Empfindungen des Eingesperrten und damit Ausgeschlossenen sind ihm letztlich unbekannt, auch die Demütigungen, denen der Strafentlassene ausgesetzt ist, sind ihm fremd. Natürlich muss ein Seelsorger nicht unbedingt selbst inhaftiert gewesen sein, wenn er überzeugend und befreiend im Gefängnis predigen will. Aber zu Solidarität und Sympathie gehört das Eingeständnis, dass diese Menschen weithin einer ihm fremden sozialen Schicht mit einer ihm unbekannten Sozialisation entstammen.

Der Inhalt dessen, was im Gefängnis zu predigen ist, unterscheidet sich nicht von dem, was Christen überall zu verkündigen haben: Das Evangelium als *befreiendes Wort*, das sich auf Jesus Christus berufen kann. In der Nachfolge Jesu ist es möglich und erlaubt, sich auf jene „Geistesgegenwart" zu verlassen, auf die sich Jesus schon beim Beginn seiner Perdigttätigkeit in seiner Heimatstadt Nazareth mit dem Zitat aus Jes 61,1-2 berufen hat:

„Der Geist Gottes, des Herrn, ruht auf mir; denn der Herr hat mich gesalbt. Er hat mich gesandt, damit ich den Armen eine frohe Botschaft bringe und alle heile, deren Herz zerbrochen ist, damit ich den Gefangenen die Entlassung verkünde und den Gefesselten die Befreiung."[265]

Der Inhalt jener oft so schwierig zu vermittelnden und doch so notwendigen Botschaft bietet jedem Menschen an, frei zu werden von all den äußeren und inneren Zwängen, nicht gebunden an menschliche Leistungsfähigkeit oder Lebensgeschichte, sondern allein an Gott.

1.4.1. Jesus und Bartimäus –
eine Predigt, die die Begegnung mit Gestrauchelten deutet (Mk 10, 46-52)

Zielsatz: Menschen geraten mit dem Gesetz und unserer bürgerlichen Ordnung in Konflikt. Wie können wir ihnen begegnen und wie müssen die Bedingungen gestaltet sein, damit sich zwischenmenschliche Beziehungen verändern können?

Strafvollzug im Namen des Volkes

Liebe Schwestern und Brüder, liebe Gemeinde!

„Im Namen des Volkes" – so beginnt noch heute jedes Urteil in einem Strafprozess. Wer ist dieses „Volk"? Seit spätestens Ende 1989 hat wohl jeder die Antwort „Wir sind das Volk" im Ohr. Viel Verantwortung und damit auch viel Macht hat in einer Demokratie das Volk. Unter anderem auch dann, wenn ein Mensch verurteilt wird: zur Zahlung eines Bußgeldes oder zu einer lebenslangen Haftstrafe. Mit der Formulierung „im Namen des Volkes" werden wir alle letzten Endes haftbar gemacht für das Urteil und seine Folgen. Doch wie steht es mit dem Bereich Strafvollzug, in dem laut Urteil und in unser aller Namen Menschen manchmal eine lange Zeit ihres Lebens verbringen müssen? Wissen

---
[265] Die Bibel, Einheitsübersetzung, Altes und Neues Testament, S. 860

wir, wofür wir hier die Verantwortung übernehmen? Können wir es überhaupt in Erfahrung bringen? Strafvollzug ist nicht öffentlich und entzieht sich in seiner derzeitigen Struktur jeder wirksamen öffentlichen und parlamentarischen Kontrolle (und damit auch den Hilfen, die diese geben können). Hinter Gittern und Mauern entsteht, im Namen des Volkes, eine Welt für sich, abgesondert und ausgesondert von der übrigen Gesellschaft.

Strafvollzug – eine verdrängte Wirklichkeit
Strafvollzug und Straftäter sind politisch, gesellschaftlich und auch kirchlich nicht „in". Beides gehört zu den Randerscheinungen heutigen Bewusstseins. Es ist klar, dass Unsicherheiten und Ängste gegenüber Straffälligen in einer christlichen Gemeinde ebenso vertreten sein können wie in anderen gesellschaftlichen Gruppierungen. Diese Befürchtungen sollen weder verharmlost werden, noch sollen Sie zu einem blinden Aktivismus bewegt werden. Es ist mir vielmehr daran gelegen, Sie zu sensibilisieren, den Blick zu öffnen für die Not von Gefangenen – und glauben Sie mir, diese Not ist wahrhaft groß.

Sie mögen sagen, was vermag der Einzelne schon zu tun, das sind doch nun mal Kriminelle, Störenfriede und außerdem sind sie selber schuld, hätten sie die Tat, das Delikt nicht begangen, wären sie nicht im Gefängnis, schließlich haben sie gegen geltende Gesetze verstoßen und dafür müssen sie entsprechend büßen. Für die Täter wird gesorgt, aber wer hilft den Opfern?

Christliche Botschaft und Strafvollzug
Was bleibt aus christlicher Sicht, aus dem Blickwinkel Gottes zu sagen, der in Jesus den Himmel verlassen hat, um das Verlorene zu suchen und das Kranke zu heilen?

Es ist unbestritten, dass im Zentrum der Verkündigung Jesu die Herrschaft Gottes stand, das Reich Gottes, das auf diese Erde kommen soll. In vielen biblischen Aussagen wird erzählt, dass selbst im Reich Gottes Kräfte des Unguten neben den Kräften des Guten existieren. Mit dieser sehr realistischen Tatsache gilt es zu leben, ohne natürlich das Streben nach dem Guten aufzugeben. Das Bild vom Acker, auf dem Unkraut und Weizen nebeneinander stehen, sei hier als Beispiel erwähnt. Unsere Welt bleibt eine endliche Welt, eine Welt der Konflikte, eine Welt des Ringens und Suchens, in der Politik, im Wirtschaftsleben, in der Kirche, im persönlichen Leben – auch wenn ich es mir manchmal anders wünschen würde.

Jesus und Bartimäus
Ich habe diese Heilungsgeschichte sehr bewusst ausgesucht, weil sie zu unserem Thema Treffendes sagen kann. Da wird beschrieben: „Sie kommen nach

Jericho". Die große Stadt – ein Bild für gesichertes Leben, in dem man es sich gut eingerichtet hat; alle Straßen sind gepflastert, ein riesiger Apparat, der funktioniert nach und mit genauen Spielregeln. Es ist gut möglich in so einer Stadt sehr viel Erfolg zu haben und trotz dieses Erfolges am Leben vorbeizuleben. Ähnlich der Strafvollzug. Eine ganze Institution, ein riesiger Apparat, funktionierend nach genauen Regeln, Gesetzen und Prinzipien, geschrieben oder nicht geschrieben (Aufschluss, Einschluss, Hofgang, Besuchszeiten, Subkultur, Hierarchie unter den Gefangenen). Die in unseren Augen Gescheiterten bieten eine ungeheure Arbeitsbeschaffung. Für die unterschiedlichen Aufgabenbereiche stehen „Profis", die so genannten Fachdienste, zur Verfügung (Psychologen, Sozialarbeiter, Priester, Justizbeamte). Man hat in diesem System, das auf ständiges Misstrauen gegründet ist, zu funktionieren. Manche Gefangene haben die Spielregeln, die sie im Grunde selbst immer neu erzeugen, intuitiv perfekt gelernt, einige haben auch Lust an diesem Spiel gewonnen, weil sie davon profitieren, andere zerbrechen am ständigen Dagegen-Anrennen. „Sicherheit und Ordnung" ist nach wie vor das Begriffspaar, das die Begründung für die überwiegende Anzahl konkreter Abläufe im Vollzug bildet.

Begegnung jenseits des Tores
Interessant ist, dass Jesus Jericho wieder verlässt, er hat scheinbar den Menschen dort nichts zu sagen. Die konkrete Begegnung findet jenseits des Stadttores statt. Wichtig, ja lebensnotwendig wären für straffällig gewordene Menschen Begegnungen jenseits des Gefängnistores, denn wie soll jemand sein Leben meistern, dem durch die Entlassung gewohnte Regeln, die ihm Sicherheit gaben, wegfallen. Wie soll jemand, der in dem System Strafvollzug fast nichts zu entscheiden hatte, quasi zur Hilflosigkeit erzogen wurde, sein Leben neu ordnen?

Es wird von einem blinden Bettler namens Bartimäus berichtet. Er ist kein Nobody, er hat einen Namen. Es sind konkrete Menschen, die im Gefängnis einsitzen, keine Unmenschen, keine Bestien. Es sind Menschen, die mit ihrem Leben nicht fertig geworden sind, und ihre Straftaten sind in der Regel weitaus weniger spektakulär als die, die im Fernsehen gezeigt werden.

Blindheit und heilende Begegnung
Blindheit könnte ein Bild sein für ein mögliches Versteck, in dem Bartimäus es sich eingerichtet hat. Jeder von uns kennt solche Verstecke: Arbeit, Lebenspartner, Suchtmittel, die anderen sind schuld usw. Dieser Bartimäus, vielleicht ein Opfer selbstverschuldeter Umstände, wagt die Palastrevolution. Obwohl die anderen um ihn herum ihn zum Schweigen bringen wollen, schreit er noch lauter. Er muss für sich eine Entscheidung getroffen haben, nicht mehr

länger in seinem Versteck zu bleiben. Jesus macht nichts, er bleibt nur stehen. Er muss ein Gespür, eine Ahnung gehabt haben, bei dem da ist was drin! Er fragt ihn: „Wo bist du?" (analog zur Schöpfungsgeschichte „Adam, wo bist du?") und ruft ihn zu sich her. Er fragt nicht, was hast du getan, was sind deine Übertretungen, fordert ihn nicht auf, sich schuldig zu bekennen, damit er die Gunst Gottes und der Menschen zurückgewinnen könne nach der Devise: Wenn du dich anstrengst, wenn du produktiv bist, wenn du gut bist, wenn du Erfolg hast, vielleicht wird man dich dann mögen.

Jesus fordert ihn auf zu sagen, was er ihm denn tun solle. Das heißt: Bartimäus muss die Verantwortung übernehmen – ich will wieder sehen – was beinhaltet: Er war nicht immer blind. Für den Strafgefangenen bedeutet dies: Du warst nicht immer kriminell, du warst nicht immer ein Straftäter. Komm heraus aus deinem Versteck, aus deiner Opferrolle. Dass du an dich geglaubt hast, dass du dir diese Hoffnung gegeben hast, das hat dir geholfen.

Jesus gibt Bartimäus Anreize, Hilfestellungen, damit sich dieser entscheiden kann. Er nimmt ihm die Verantwortung nicht ab, sondern gibt sie an ihn zurück.

Hoffnung schenken als Aufgabe
In der Begegnung mit Strafgefangenen geht es immer wieder darum, diese Hoffnung wach zu halten und auszusprechen: „Komm heraus aus deinem Versteck, ich glaube an dich, dass du fähig bist, deine Tragödie in einen persönlichen Triumph umzuwandeln." Und weil die meisten Gefangenen in ihrem bisherigen Leben immer wieder fallengelassen wurden, auch während der Inhaftierung, ist die Begegnung außerhalb der Stadt Jericho, außerhalb der Gefängnispforte, so bedeutsam, braucht es Menschen, die das exemplarisch zeigen: Ich steh zu dir!

Der blinde Bartimäus wird sehend durch die Zuwendung Jesu. Wir genießen bei Gott Ansehen, sind bei Gott Angesehene, auch und gerade dann, wenn wir uns selbst gar nicht so ansehnlich empfinden.

1.5. Solidarität mit den Verlierern dieser Gesellschaft

Neue Sozialformen des Glaubens werden wohl Orte sein, in denen Menschen, die in irgendeiner Form zu den Verlierern zählen, in der Mitte des gemeinsamen Lebens ihren Platz haben. Diese „neuen" Armen sind nicht bloß Adressaten fürsorglicher Betreuung, sondern als ernstgenommene Subjekte gehören sie selbstverständlich zur Gemeinde, die nicht nur den Erfolg und das Gelingen des Lebens zum alleinigen Maßstab ihrer Gemeinschaft macht, sondern auch das Scheitern und den Misserfolg mit einbezieht. Dass Jesus gerade sie selig preist und sich mit ihnen identifiziert, sind keine frommen Sprüche, sondern „realitätsgefüllte Verheißungen."[266]

Wenn dabei die Sorge um die Verlierer unserer Gesellschaft vorschnell an die Caritas bzw. Diakonie bzw. andere kirchliche Organisationen übertragen wird (eine Grundschwäche unserer gegenwärtigen Gemeinden), geraten diese Menschen und ihre unterschiedlichen Nöte aus dem Blickfeld der Gemeinde. Wenn eine Gemeinde die „Armen" in den Blick bekommen will, von denen die Bibel spricht, und die Herausforderung und Chance wahrnehmen soll, die von ihnen her auf sie zukommt, braucht sie den Bodenkontakt, das „Vis-a`-vis, das Gegenüber: Gesicht zu Gesicht."[267] Wie arm ein Mensch sein kann – und darin wie reich - , kann ich nicht von höherer Warte aus bestimmen, sondern nur wahrnehmen, wenn ich ihm gegenübersitze und erlebe, wie mir das, was er erzählt, die Sprache verschlägt, so dass ich selber ratlos und arm werde wie er. So verstandene Sorge um die Armen und Verlorenen vor Ort bringt die Gegenwart Christi im Leben der Gemeinde und ihrer Mitglieder viel näher und unmittelbarer zum Erlebnis und zur Erfahrung als eine von der Gemeinde völlig losgelöste Diakonie und Spezialfürsorge. Sie bewahrt die Gemeinden vor der Gefahr einer sich abschließenden, um die eigene Gruppenharmonie kreisenden Selbstgenügsamkeit und hält die konkrete wie universale Solidarität mit den Verlierern vor Ort und mit allen armen Menschen, Gruppen und Völkern auf der ganzen Welt wach und lebendig. Christlicher Glaube wird gerade dadurch glaubwürdig sein, wenn er prophetisch-diakonisch ausgerichtet ist und die Gemeinden in der Erlebnisgesellschaft dem pragmatischen Zwang zur schnellen Lösung widerstehen und den Ort mitbereiten helfen, an dem nicht Vereinnahmung, aber auch nicht die Verdrängung all dessen geschieht, was im Leben an Höhen und Tiefen und an freudigen wie leidvollen Erfahrungen vorkommt und weitergegeben werden muss.

Dass es sich bei einer solchen Perspektive nicht um idealistische Träumerei, um schlechte Utopie handelt, ließe sich an Beispielen von Gruppen ehrenamtlicher Mitarbeiter zeigen, die Gefängnisseelsorger im Milieu der umliegenden Pfarrgemeinden aufbauen, zunächst zur Unterstützung bei ihren vielfältigen Aufgaben wie Besuche von Gefangenen und deren Angehörigen, Botengänge usw. In solchen Gruppen kann, wie die Erfahrungen zeigen, darüber hinaus und gleichsam beiläufig – in der Reflexion über die Erfahrungen Einzelner mit Gefangenen und deren Schicksal – ein neues Bewusstsein von gesellschaftlichen Mechanismen entstehen, z.B. solchen, die Kriminalität fördern, straffällig gewordenen Menschen die Rückkehr in die Normalität erschweren oder

---

[266] Kehl, Medard: Die Kirche, S. 203

[267] Zerfass, Rolf: Was gehen uns die an, die uns nichts angehen?, in: Caritas – Dienst an Mensch und Gesellschaft, S. 25

gegen deren Schicksal abstumpfen. Dabei können ehrenamtliche Mitarbeiterinnen, als Laien-Seelsorger, für ihre „komplementäre Betroffenheit"[268] sensibel werden. Die Betroffenheit vom Schicksal der Inhaftierten könnte darüber hinaus zum Kern einer pastoralen Programmatik werden, die sowohl Zielperspektiven für die Seelsorge mit Anghörigen (Seelsorge an den Anghörigen gehört seit langem zum Repertoire der Aufgaben von Gefängnis-Seelsorgern) eröffnen würde als auch für die Alltagsseelsorge an den „Normalchristen" in Zusammenhängen kirchlicher Gemeindepraxis. Die Not solcher Familien besteht nicht selten in der faktischen oder vermuteten Stigmatisierung, der damit verbundenen Scham und entsprechender Reaktion (Rückzug, Verleugnung, Abbruch der Beziehungen mit den Gefangenen). Dabei geht es weder um billigen Trost noch um Bagatellisierung von Straftatbeständen, sondern „normale" Gemeinden für die Wirklichkeit des Gefängnisses und seiner Insassen zu sensibilisieren, womöglich im Sinn von Mt 25, den „Nichtstraffälligen" neue Begegnungschancen mit dem verborgenen Christus zu eröffnen.

1.6. Religionsunterricht – ein Dienst an der Selbstwerdung junger Menschen

Alle, die sich im Religionsunterricht über Jahrzehnte abgemüht hatten, junge Menschen davon zu überzeugen, dass es sich lohnt, christliche Glaubensüberlieferungen und Glaubenshaltungen kennenzulernen, werden den rasanten Glaubwürdigkeitsverlust des Christlichen möglicherweise als Krise des Lehrerberufes erlebt und erlitten haben. Sie werden erlebt haben, wie sie als Vertreterinnen und Vertreter einer weithin unglaubwürdig gewordenen Institution in der Schule selbst unter Glaubwürdigkeits- und Legitimationsdruck gerieten, wie sie sich von Schülern und Kollegen fortwährend mit der meist unausgesprochenen Frage konfrontiert sahen: Wie kannst du dich dafür noch länger hergeben? „Dafür: für das Hineinwirken der Kirche in einen Bereich, in dem es um das Wohl und das Mündigwerden der Heranwachsenden zu gehen hat und nicht um die Rekrutierungsinteressen einer gesellschaftlichen Großinstitution."[269]

Die moralische Krise, die wir gegenwärtig durchleben - und das deckt sich mit meinen Erfahrungen als Religionslehrer - ist nicht so sehr eine Krise des Normenbewusstseins, sondern primär eine Krise der Vorstellungskraft, der moralischen Phantasie. Es ist nicht so, dass die Heranwachsenden nicht wüssten, was man von ihnen verlangt. Es ist vielmehr so, dass sie sich oft nicht

---
[268] Steinkamp, Hermann: Seelsorge als Anstifung zur Selbstsorge, S. 54
[269] Werbick, Jürgen: Vom Wagnis des Christseins, S. 62

mehr vorzustellen vermögen, was das ihnen Abverlangte ausrichten könnte. Sie können sich nicht mehr vorstellen, dass das, was ist, auch anders sein könnte – und müsste, weil es so, wie es ist, nicht gut ist, weil es Menschen schädigt, Leid verursacht, Glück vereitelt. Das Sehenkönnen von lebenswichtigen Zusammenhängen, von Herausforderungen, an denen man nicht vorübergehen darf, scheint bei vielen Menschen, nicht nur bei Heranwachsenden, irgendwie gestört. Es fehlt weithin an der Phantasie, sich das „Unerhörte" nah genug, herausfordernd genug vorzustellen, sich vorzustellen, was Menschen erleben, die – in welcher Weise auch immer – Opfer der Verhältnisse sind, von denen wir profitieren. Denn wer sich mit den Gesetzen der Raffgesellschaft als letzter Instanz abfindet, der ist festgenagelt auf ein Diesseits, ein Hier und Jetzt, über das hinaus ihm nichts mehr von Bedeutung sein kann. Folglich legt er sich mit seiner Sehnsucht fest auf die Optimierung seiner Erlebnis- und Erfolgsbilanz und lässt den Spannungsbogen der Hoffnung zerbrechen, der sein Herz danach suchen lässt, wo es wirklich zur Ruhe käme. Leider ist es so, dass Religionslehrer diesen elementaren Dienst der Ermutigung an den jungen Menschen, nämlich sich mit dem, was ist, nicht abzufinden, eben nicht immer leisten können. Aktuelle Studien zur Rolle und zum Selbstverständnis von Religionslehrern gewähren uns Einblick darüber, warum dem so ist.

Als zentrale Ergebnisse seien folgende genannt:

– Der schulische Religionsunterricht ist dabei, die Kirchengemeinde als Vermittlungsagentur bei der Thematisierung der religiösen Fragen abzulösen.
– Personal wird die Vermittlung damit nicht mehr von Kirchenvertretern getragen, sondern von als „schulisch" identifizierten Lehrerinnen und Lehrern. Damit ist eine wesentliche Voraussetzung für die christlich-religiöse Erinnerungsfähigkeit in unserer Gesellschaft vermittlungspraktisch im öffentlichen Schulwesen angesiedelt. Insofern vollzieht sich religiöse Tradition, Hinführung zum Glauben und Glaubensunterweisung nahezu ausschließlich im Religionsunterricht. Dieser wird zwar von der Kirche inhaltlich mitverantwortet, aber weitestgehend nur schulsystemisch kontrolliert.
– Der Religionslehrer ist für viele Heranwachsende oft die letzte Kontaktperson zur Kirche, zu ihren Weltsichten und Ideen der Lebensgestaltung. An dieser Persönlichkeit und ihrer Lebensgestaltung könnten die Schüler – so ist zu hoffen – ablesen, was es bedeutet, Nachfolge Christi in konkreten Raum- und Zeitbedingungen zu wagen, christlichen Glauben zu vergegenwärtigen und Kirche, Gottes Volk, zu leben.[270]

---
[270] Vgl. Lehnen, Julia: Die prophetische Kraft des Religionsunterrichts, in: Prophetie in einer etablierten Kirche?, S. 257

Es bleibt fraglich, ob diese exponierte Stellung eines „einsamen Rufers in der Wüste" den Religionspädagogen automatisch zum Vermittler zwischen Evangelium und kirchlicher Tradition macht und ob nicht jene Herausforderung, der Gottesherrschaft auf der Spur zu bleiben und ihren Weg als Wahrheit Jesu und als Zugang zum wahren Leben erfahren zu lassen, eine unangemessene Überforderung des Religionslehrers darstellt. Wenn nach der Aufgabe des Religionsunterrichts gefragt wird, empfiehlt es sich jedoch, nicht nur die Person des Lehrers in den Blick zu nehmen, sondern auch die zu vermittelnden Inhalte des Faches.

1.6.1. Wissen sucht Weisheit

Braucht der Religionsunterricht nicht mehr als Berufswissen und eine Berufsethik? Und was könnte dieses „Mehr" sein? Wenn ich religiöse Bildung nicht verstehen will als eine Anhäufung von „Bankierswissen" (P. Freire), sondern als eine Ressource, die es Menschen erlaubt und ermöglicht, kreativ und eigenständig den eigenen Lebensentwurf zu formulieren, immer wieder zu reflektieren und umzuschreiben; wenn religiöse Bildung etwas zu tun hat mit Lebenskompetenzen, Lebensbewältigung, Identitätsarbeit (H: Keup), dann reicht es eben nicht aus, die im Religionsunterricht anzustrebende Glaubensvermittlung als bloße Übergabe einer "fertigen" Glaubens- (oder Offenbarungs-) wahrheit an die jeweils nächste Generation anzubieten.

Neben Alltagswissen und Berufs- oder Expertenwissen hat es immer so etwas gegeben wie *weisheitliche Traditionen*, die aus Lebenserfahrung kommen und auf eine Praxis zielen. Allerdings sind viele dieser Traditionen abgebrochen, von Wissen abgelöst und verdrängt worden. Unter dem „Dach" von Weisheit wohnen so unterschiedliche Schwestern wie Lebenswissen, Lebensführungshermeneutik, Lebenskunst, Spiritualität. Die Ränder sind unscharf, die Begriffe nicht deckungsgleich. Immer geht es um Anderes als Wissen, um die Kunst *zu schmecken: Sapere!* Ironischerweise ist aus dem „Sapere aude!" der Aufklärung ein „Wage zu wissen!" anstatt „Wage zu schmecken!" geworden. Weishheitlichen Traditionen geht es um die Kunst, ein authentisches Leben zu führen, um ein Wissen, das allen Dingen den ihnen zukommenden Platz im Ganzen zuweist und Wesentliches von Unwesentlichem unterscheiden kann.

Aus diesem Blickwinkel versteht es sich von selbst, dass sich die unterrichtlichen Versuche zur Selbstwerdung junger Menschen nicht reduzieren lassen dürfen auf den Status eines Programms, aus dem die Schüler, die dieses Programm nicht schon abgewählt haben, nach Geschmack auswählen; die Religionslehrer dürfen sich nicht anfreunden mit der Rolle des Programmmachers, dessen offen eingestandene oder geheime Sehnsucht allein den „Einschaltquoten" gilt.²⁷¹ Sie haben – wenn sie sich nicht zu billig verkaufen wollen – einen Dienst zu leisten, der die Werte des Evangeliums zur Sprache und möglichst auch zur Erfahrung bringt. Gibt es wohl einen Wert, bezogen auf den Religionsunterricht, so frage ich als dessen Lehrer, den ich den Schülern vor allen anderen Werten wünsche? Ich wage zu sagen, einen solchen Wert erkannt zu haben. Es ist: *der Geschmack am guten Leben.* Diesen Geschmack am guten Leben wiederzugewinnen, ihn zu entwickeln, zu pflegen, das wäre für mich der Wunsch-Wert für einen gelingenden Religionsunterricht. Der tägliche Schulalltag zeigt, dass schon sehr jungen Schülern das Leben nicht mehr schmeckt, fade geworden oder gar vergällt ist.

Nach Aristoteles heißt Ethik: Nachdenken über gutes Leben. Nachdenken über gutes Leben allein genügt heute nicht mehr; wir müssen es erspüren und das Erspürte auch kommunizieren. Dazu bedarf es eines Menschenbildes mit entsprechenden impliziten Grundhaltungen, die sich als tauglich erweisen, den Geschmack am guten Leben zu vermitteln.

Fünf möchte ich benennen.

1. Der Respekt vor der Innenwelt des Menschen; durch den Kontakt mit der Innenwelt gewinnt der Mensch Kontakt zu seinen Wurzeln und Quellen im persönlichen und überpersönlichen Bereich. Wurzeln, die in einer Zeit, die erhöhte Flexibilität und Mobilität von ihm fordert, lebensnotwendig sind.
2. Achtung vor den Entwicklungsmöglichkeiten eines jeden Menschen, die er durch alle Lebensphasen hindurch bis hin zu seinem Tode hat. Das den Menschen begreift als indifabele (unausschöpflich), wissend darum, dass er immer mehr ist, als er von sich selbst und anderen erkannt hat.
3. Kreativität, die schöpferische Kraft des Menschen, die es ermöglicht, aus der passiven Opferrolle herauszukommen und wieder zum Gestalter seines Lebens, seiner Welt zu werden. Sich selbst als Gestalter wiederzuentdecken ist unerlässlich angesichts einer Berufs- und Wirtschaftswelt, in der es kaum mehr die Sicherheit eines Lebensberufes geben wird.
4. Achtung vor der inneren Bestimmung, dem autonomen Selbst einer jeden einzelnen Person. Die Einzigartigkeit einer jeden Person, ihr Geheimnisstand lässt sich nur in der personalen Beziehung erschließen. Hier helfen keine technischen oder didaktischen Tricks, auch nicht im Zeitalter der Machbarkeit. Der Wert der Person darf nicht zur Disposition stehen und unter keinen Umständen aufgegeben werden, gerade in einer Berufs- und Wirtschaftswelt, in der die Austauschbarkeit des einzelnen Menschen praktiziert und erlebt wird.
5. Der hohe Stellenwert der Lehrer-Schüler-Beziehung als ein Modell und Lernfeld für Bezogenheit überhaupt, indem es nicht nur um Wissensver-

---

²⁷¹ Vgl. Werbick, Jürgen: Vom Wagnis des Christseins, S. 86

mittlung geht, sondern wesentlich um den Geschmack an guter Beziehung, der zum Schmecken guten Lebens grundlegend gehört. Die Lehrer-Schüler-Beziehung lässt sich nur herstellen, nicht predigen. Wer sie je erlebt hat, ob als Schüler oder als Lehrer, weiß, welche Werte der Geduld, der gegenseitigen Akzeptanz und Toleranz, des gegenseitig sich Annehmens und voneinander Abgrenzens, ja des gegenseitigen Verzeihens in dieser Beziehung enthalten sind.

Den schulischen Religionsunterricht als modellhaftes Lernfeld zu verstehen, eben diesen Geschmack an gutem Leben auszuprobieren, wäre, für welche Schulart auch immer, pädagogisch eine immense Bereicherung. Die oben genannten Werte sind nicht anders als durch die Art und Ernsthaftigkeit unserer eigenen Bezogenheit auf sie zu vermitteln. Es geht nicht anders!

Natürlich muss es im Religionsunterricht auch um ethische Fragestellungen (Ethik ist der Ernstfall der Religion), um Wiederherstellung der Ordnung im gesellschaftlichen Zusammenleben, – und das ist nicht wenig – um soziale Normalität gehen. Aber das funktionale Anpassen von Menschen an ein System darf nicht alles bleiben. Gesucht ist nämlich auch ein Leben, das zu verstehen gibt: es ist gut, dass ich bin, das den Dank und den Lobpreis kennt, das Gesten und Gebärden hat, um der leidenschaftlichen Freude am Leben Ausdruck zu geben, das Weinen und Lachen kennt, das Rituale der Trauer und des Festes bereitstellt, das den großen Zusammenhang mit allem Lebendigen, das „Über-mich-hinaus", erfährt, das zwischen der Zustimmung zur Welt, wie sie ist und dem leidenschaftlichen Wunsch, mich selber und die Welt zu verändern, die Spannung halten kann.[272]

Wenn es darum geht, sich theologisch darüber Rechenschaft zu geben, warum junge Menschen den Dienst an ihrer Selbstwerdung zu Recht erwarten dürfen, wird man von einem Dienst zu sprechen haben, den man kaum noch erwartet, für den es kaum noch gesellschaftliche und immer weniger individuelle Nachfrage zu geben scheint. Zu sprechen wird sein, von dem Dienst an der Gotteserinnerung und Gottesahnung der Menschen, dem Dienst an der Öffnung für eine Wirklichkeit, die eben nicht darin aufgeht, den Menschen dienstbar zu sein und zur Verfügung zu stehen.

---

[272] Vgl. Wachinger, Barbara: Abschiedsvorlesung „Wer Schmetterlinge lachen hört", S. 18

1.6.2. Den Blick weiten – Religionsunterricht der sich gegen das Ausblenden wehrt

Pädagogischer Arbeit geht es entscheidend darum, den Blick der Heranwachsenden auf immer weiter reichende Kontexte ihrer Lebenswelt zu weiten und ihnen zu helfen, diese Kontexte verstehend in ihre Wahrnehmung zu integrieren, sich sinnvoll zu ihnen in Beziehung setzen. Das gelingt ihr häufig nicht. Vielleicht ist sie mit dieser Aufgabe auch hoffnungslos überfordert in einer Welt, in der man so unendlich viel kaum noch mitansehen kann, in der immer mehr Vernetzungen wahrgenommen werden, als mitgestaltungs- und als rettungsbedürftig wahrgenommen werden. Wie kann Erziehung hier noch stattfinden als Gegenbewegung gegen das Ausblenden und Fokussieren, gegen das Sich-Herausnehmen von Lebens- und Erlebnispotentialen aus umfassenderen Zusammenhängen? Religionspädagogische Praxis ist gerade hier engagiert, weil sie versucht in Zusammenhängen sehen zu lernen; in jenen heilvollen Zusammenhängen, die nicht zerschnitten werden dürfen, wenn uns die Wurzeln unserer Sehnsucht, die Verheißung unseres Herausgefordertseins gegenwärtig bleiben sollen; aber auch in jenen verhängnisvollen Teufelskreis-Systemen, in denen Leben zerrieben wird.

Die Kombination aus sich verschärfender Kriminalpolitik und restriktiver Sozialpolitik, so wie sie derzeit inszeniert wird, ist ein solch verhängnisvolles System. Sie hat in ihrem Zusammenwirken für soziale Randgruppen ausschließenden statt integrierenden Charakter. Die Logik dieser sozialen Prozesse ist: Je weniger konkurrenzfähig, je sozial verletzbarer, je rechtloser und je ökonomisch und sozial verzichtbarer, desto größer die Gefahr des sozialen Ausschlusses von moralisch degradierten Personen und Gruppen. Eine Gruppe, die mehrere Merkmale davon auf sich vereinigt, ist die der straffällig gewordenen Menschen. Da nach wissenschaftlichen Erkenntnissen die Kriminalitätsfurcht als Chiffre für Zukunftsängste vieler Menschen fungiert und eine Politik, die sich in der Bekämpfung der Kriminalität hochschaukelt anstatt die Kriminalitätsängste abzubauen, entsteht für die unter strafjustizieller Kontrolle geratenen Menschen ein Mechanismus der Ausgrenzung, der sich immer wieder selbst rekrutiert. Mit den „Kriminellen" wird gleichzeitig die Angst ausgegrenzt. Der Strafvollzug wird so zum Kulminationspunkt gesellschaftlicher Ausgrenzungsprozesse.

Religionsunterricht ist ein möglicher Ort, wo diese Zusammenhänge aufgezeigt und analytisch rekonstruiert werden können. Religionspädagogische Praxis wird im umfassenden Sinne diakonisch sein, wenn sie dem pragmatischen Zwang zur schnellen Lösung widersteht und sich gegen die Dramatisierung von Kriminalität und gegen Ausgrenzung – vor allem durch Freiheitsentzug – straffällig gewordener Menschen wendet, die soziale Sicherheit als Voraussetzung für Innere Sicherheit betrachtet und den – mehr oder weniger gesteuert – wachsenden Kriminalitätsängsten einen „vernünftigen" Umgang mit Kriminalität entgegensetzt. Religionsunterricht muss dem vielfach blinden Glauben an Gesetzesverschärfungen als wirksames Mittel zur Bekämpfung von Kriminalität beharrlich widersprechen. Wenn man sich die Überfüllung der Haftanstalten ansieht, so ist dieses Mittel ohnehin ausgereizt und der Bogen schon überspannt.

Die Strafe sei stets ein „Griff ins Dunkel", so soll der berühmte Strafrechtslehrer Franz von Liszt Anfang des vergangenen Jahrhunderts geschrieben haben. Daran hat sich nichts geändert. Niemand kann genau voraussagen, was wirklich hilft, um einen Kriminellen auf den Pfad der Tugend zurückzuführen. Nur so viel wissen wir und genau dafür muss religionspädagogische Praxis einstehen: Die Gefängnisstrafe, ob sie zum Schutz der Gesellschaft, zur Sühne der Tat oder zur Besserung des Täters verhängt wird, ist nicht nur im Lisztschen Sinne, ein Griff in tiefe Finsternis, sondern allzu oft ein Fehlgriff.

VI. Kapitel: Diakonie – die wieder zu entdeckende Grunddimension kirchlichen Handelns

Während immer mehr Zeitgenossen in der Gesellschaft die zentrale Aufgabe und Daseinsberechtigung der Kirche in ihren sozialen und diakonischen Leistungen sehen, nimmt die Diakonie im Selbstbewusstsein der Kirche sowie in ihrer Pastoral- und Gemeindebildung eine eher marginale Stellung ein. Hier geschieht das „Eigentliche" in der Predigt, in den Sakramenten und Gottesdiensten, auch im Bibel- und Glaubensgespräch. Es scheint so, als wäre die Diakonie in Vergessenheit geraten, eine fromme Absicht zwar, aber von außen kaum wahrnehmbar. So zu reden kann und darf sich nicht darauf beziehen, dass von einzelnen Christen und Gemeinden oder von Caritas-Einrichtungen diakonisch zu wenig getan würde; dies zu behaupten, wäre anmaßend.

Vergessen wurde vielmehr in gemeindlicher Praxis wie in der wissenschaftlichen Theologie, dass Diakonie eine fundamentale Dimension allen christlich-kirchlichen Lebens und pastoralen Handelns ist. In einer christlichen Gemeinde steht sie auf gleicher Höhe mit den anderen drei Grundvollzügen - der bezeugend-prophetischen (Martyria), der feiernden (Leiturgia), der kommunikativen (Koinonia)[273] - und versteht sich nicht nur als deren ethische Auswirkung. Diakonie ist weder bloße „Vorfeldarbeit" für die „eigentliche" Verkündigung und Seelsorge noch ist sie Teilstück oder ein Sonderbereich kirchlicher Praxis. Und doch kann dabei mit Blick auf Jesus selbst und seine Art und Weise, das Evangelium zu verkünden, eine zunehmende Unbehaglichkeit nicht leicht ignoriert werden. In vielen Begegnungsgeschichten und Gleichnissen des Jesus von Nazareth wird überraschend deutlich: Wenn er vom Evangelium und vom Reich Gottes spricht, dann hat er schon heilend und helfend gehandelt. So erlöst er die Menschen von zerstörerischen Besessenheiten und identifiziert diese Tat mit der Ankunft des Reiches Gottes (vgl. Lk 11,20). Ohne heilende und befreiende Begegnungen, ohne helfendes und solidarisches Handeln spricht Jesus nicht von Gott. Auf uns übertragen heißt das: Ohne eine an Jesus orien-

---

[273] Gerade für diese Grunddimension christlicher Gemeinde gilt es die wechselseitige Durchdringung und Übereinstimmung zu beachten. Einerseits wird die Koinonia, das Leben in Gemeinschaft, in Kommunikation und Austausch sich notwendig ausfalten in die bekannteren und inhaltlichen Vollzüge der Martyria, der Diakonia und der Leiturgia, andererseits ist es wichtig, durchhaltend die Grundbestimmung christlicher Gemeinde voranzustellen und von ihr her ein Auf- und Abspalten der anderen Grundvollzüge von vornherein zu verhindern. Es ist immer und wird immer eine kommunikative Gemeinschaft sein, die untereinander und in der Welt solidarischen Dienst tut, die die Erinnerung und die Gegenwärtigkeit des Evangeliums aufrechterhält und dankend und verheißend-hoffend das Heil feiert.

tierte Praxis hängt der Glaube an Christus „in der Luft" von lediglich in der Verkündigung behaupteter und in der Liturgie gefeierter Menschenfreundlichkeit Gottes: Man übersieht dabei, dass letztere nicht auch mit der Menschenfreundlichkeit der Menschen zu tun hätte.[274]

Nachfolge Christi kann daher nur der Weg in diese Diakonie Jesu sein, in die bedingungslose Zuwendung zu allen Menschen, vor allem zu den Benachteiligten, Leidenden und an den Rand Gedrängten – ganz wie es die Eingangsworte der Pastoralkonstitution „Gaudium et spes" der Kirche, und damit uns, ins Stammbuch schreiben: „Freude und Hoffnung, Trauer und Angst der Menschen von heute, besonders der Armen und Bedrängten aller Art, sind auch Freude und Hoffnung, Trauer und Angst der Jünger Christi."[275] Wo in dieser emphatisch-solidarischen Weise die Menschenfreundlichkeit Gottes handelnd bezeugt wird, dort entsteht Kirche in der Nachfolge Jesu.

Diese befreiende und solidarische Nächstenliebe kann in einer modernen Gesellschaft nur dann sachgerecht geleistet werden, wenn die entsprechenden human- und sozialwissenschaftlichen Erkenntnisse für ein kompetentes Helfen Beachtung finden. Dies kann aber nicht bedeuten, dass nun statt der Theologie nur noch die Sozialwissenschaften die entscheidenden Maßstäbe für das diakonische Handeln liefern. Vielmehr braucht es einen Dialog zwischen Theologie und Sozialwissenschaften, bei dem aber weder die jeweils dominierende kirchliche Theologie noch die jeweils vorherrschende sozialwissenschaftliche Theorie das „richtige Helfen" allein für sich beanspruchen dürfen. Auch die dualistische Aufspaltung in einen „spirituellen Heilsdienst" und einen bloß sozialen Weltdienst ist heute theologisch nicht mehr haltbar. In scheinbar ganz weltlichen Aufgaben hat die Kirche Gottes Heilshandeln zu vergegenwärtigen, indem sie die Opfer von Not, Unterdrückung und Lebensverhinderung entdeckt und ihnen zur Seite steht, und zwar so, dass für heilsbedürftige und gescheiterte Menschen jeweils „passende" Sozialräume und einfühlsame Begegnungsformen gefunden werden, die den Not leidenden Menschen in ihrer konkreten Situation gerecht werden und eben nicht unterschiedslos kirchlichen Normen bzw. sozialrechtlichen Standards unterworfen werden. Das Erreichen einer *hohen Beziehungsqualität*, in der Menschen ihr elementares Bedürfnis nach gelungenen Beziehungen so gestalten können, dass sie sich darin wohlfühlen, wäre ein wichtiges Ziel kirchlicher Diakonie. In der bleibenden Identität des Wortes Gottes, im Gehorsam dem Geist Gottes gegenüber und ihrem diakonischen Dienst gründet die unverwechselbare Identität der christlichen

---

[274] Vgl. Fuchs, Ottmar: Diakonia: Option für die Armen, in: Das Handeln der Kirche in der Welt von heute, S. 116

[275] Bopp, Karl: Diakonie in der postmodernen Gesellschaft, in: Christliches Handeln, S. 125

Gemeinde – auch wenn das Hilfehandeln selbst, von außen betrachtet, durchaus nachrangig erscheinen mag.

Auf die Ebene der örtlichen Pfarrgemeinde bezogen, ergibt sich aus dem bisher Gesagten, dass es nicht ausreicht, neben den vielfältigen Tätigkeitsfeldern von nun an auch den Bereich der Diakonie stärker zu berücksichtigen. Mit dem Stichwort „Diakonia" ist – vergegenwärtigt man sich die oben zur Sprache gebrachte Durchdringung von „Diakonia" und „Koinonia" – ein inhaltliches Kriterium für das Tun einer christlichen Gemeinschaft insgesamt verbunden. Denn Diakonie als Realisierung von Koinonia erstreckt sich auf mehr als auf mildtätige Hilfestellungen, die gelegentlich aus irgendwelchen religiösen Gesinnungen heraus an Bedürftige[276] vergeben werden. Sie meint eine – von der Verheißung der in Christus geeinten Menschheit inspirierte – Praxis der Solidarisierung, die Menschen über Unterschiede und Grenzen hinweg zusammenführt, sie zur Verantwortlichkeit gegenüber anderen ermutigt und zum gemeinsamen Teilen mit ihnen befähigt. Mit ihr einher geht also eine Veränderung bzw. Umkehrung der gewohnten Denk- und Handlungsmuster, die in neuen Weisen des Miteinander-Umgehens manifestiert werden.[277] Von diesen Überlegungen her stellt sich, bevor ich sie auf die gemeindliche Praxis hin konkretisiere, zuallererst die Frage nach der Diakoniefähigkeit der Gemeinden. Gemeint ist damit die Bereitschaft, sich nicht bloß dem anderen, der in Not ist, helfend zuzuwenden, sondern in der Begegnung mit ihm auch sich selbst verändern zu lassen, selbst anders zu werden.

Der Ausfall der Diakonie in der Gemeindepraxis steht meines Erachtens in engem Zusammenhang mit der theologischen Ausbildung an den Universitäten und in den Priesterseminaren. Während die Frage nach den beiden Grundvollzügen Liturgie und Verkündigung die Reflexion der gesamten Theologie, sowohl der biblischen wie auch der historischen und systematischen Theologie, durchgehend strukturiert, scheint es der Diakonie als eigenständige Teildisziplin der Praktischen Theologie nicht gelungen zu sein, sich entsprechend zu etablieren. Speziell die Priesterausbildung (es genügt ein Diakonie-Praktikum im Grundstudium) wird von einem Priesterbild geprägt, das „die Priesterrolle einseitig von der Verkündigung und insbesondere von der Liturgie her definiert und sich tendenziell von der Diakonie dispensiert mit dem Argument, das Diakonische gehöre dem Weltdienst an und sei somit eine Domäne der

---

[276] Es genügt eben nicht, nur weil z.B. das Weihnachtsfest vor der Tür steht, den Gefängnisinsassen ein Geschenkpaket zu überreichen und sie dann das ganze Jahr über mit ihrer problematischen Situation und den damit verbundenen Schwierigkeiten alleine zu lassen.

[277] Vgl. Mette, Norbert: Gemeinde werden durch Diakonie, in: Handbuch der praktischen Gemeindearbeit, S. 200

Laien."[278] Was die Katholische Fakultät einer Universität mit ihren Professoren und Studenten sein müsste, ergibt sich aus einer doppelten Überlegung. Die erste und offensichtliche lautet, dass die Universität eine Stätte der Pflege von Intellektualität und methodisch gebrauchter Rationalität sein muss. Die zweite Überlegung ist schon nicht mehr so klar und allgemein üblich: Eine Universität ist eine gesellschaftlich bestimmte Institution und ein gesellschaftlicher Faktor. In ihrer historischen Konkretheit ist sie von der Gesellschaft bestimmt, in der sie lebt, und gleichzeitig ist es ihre Aufgabe, das, worin sie lebt, zu erforschen und zu verändern.[279]

Eine Universität mit christlicher Orientierung könnte also durchaus die Stimme der Armen sein, sie könnte deren Hoffnung erhalten und ihnen auf ihren Wegen hin zur Befreiung aus ihrer Not helfen. Freilich müssen dazu die Lehrenden wie die Lernenden ihre geschützten Räume verlassen und sich in die Situation der heutigen Nöte hineinbegeben um aus der eigenen Betroffenheit heraus den Modus dafür zu bestimmen, wie sie ihr Potential einsetzen möchten. Denn die Botschaft des sich solidarisierenden Gottes braucht das solidarische Erleben. Gerade von daher bedürfen das Studium der Theologie und die Einübung in spirituelle Praxis eines Lebensraumes, in welchem Diakonie selbstverständlich ist.[280] Angedacht ist hier die Idee, dass Theologinnen und Theologen selbst in Bereichen leben, wo sie auf unverkrampfte Weise, d.h. nicht im Stil einer geplanten Sondersituation, sondern in der Weise mit dem Alltagsgeschehens von Menschen zu tun haben, die auf der „Schattenseite" der Gesellschaft leben.

1. Der zweifache Ortsverlust

Während die Diakonie aus den Gemeinden weithin ausgewandert ist in die organisierte Verbandscaritas, wird diese als mehr und mehr entkirchlicht wahrgenommen. Sie erscheint gemeindefern, nicht mehr – wie in der frühen Kirche – ekklesial verortet. Und während die Gemeinden in ihrer Konzentration auf Liturgie, Verkündigung und pastorale Begleitung ihre gesellschaftliche Präsenz verlieren, wächst der institutionellen Caritas immer mehr die Funktion zu, die Rolle der Kirchen in der Gesellschaft zu legitimieren. So entspricht letztlich die gesellschaftliche Ortlosigkeit der Gemeinden einer ekklesialen Ortlosigkeit der Diakonie.

---

[278] Haslinger, Herbert: Diakonie zwischen Mensch, Kirche und Gesellschaft, S. 4

[279] Vgl. Sobrino, Jon: Sterben muss, wer an Götzen rührt, S. 64

[280] Vgl. Mödl, Ludwig: Muss Liebe fromm sein? – Diakonie und Spiritualität, in: Theologie, die hört und sieht, S. 22

Die Brisanz des zweifachen Ortsverlustes liegt darin, dass die öffentlich anerkannte, organisierte Diakonie der Kirchen immer deutlicher in Spannung zur theologischen Auffassung gerät. So soll nach einer Umfrage Kirche vor allem helfend und stützend da sein für die, „die dem Ideal des berufstätigen Erwachsenen nicht mehr oder noch nicht entsprechen können."[281] Das heißt konkret: für Kranke, Alte, Außenseiter einerseits und Kinder andererseits. Für die normalen, gesunden Berufstätigen ist diese Kirche mit ihrer Diakonie sozusagen nicht mehr bzw. noch nicht wieder zuständig. Mit der hier sichtbar werdenden Aufspaltung in eine für begrenzte Aufgaben akzeptierte, diakonische „Außenseite" und eine gemeindliche „Innenseite" für Insider stehen wir vor einer Doppel-Diagnose: hier eine diakonielose Gemeinde, dort eine kirchenferne Diakonie.

Unübertrefflich ist im Gleichnis vom barmherzigen Samariter (Lk 10, 25-37) festgehalten, was die Berufung zur Diakonie bedeutet: zum Nächsten dessen zu werden, der keinen Nächsten hat. Dabei gilt nicht der eigene Standpunkt als bestimmend dafür, wer der jeweils Nächste ist. Vielmehr ist die Situation des „anderen", den ich mir nicht aussuchen kann, der anders ist als ich, der am Wegrand liegt, Maßstab für dieses „Nächsten-Werden". Die anzutreffende Realität der Gemeinden lässt sich heute eher in den Gestalten des vorüberziehenden Priesters und Leviten wiedererkennen, die allen möglichen ehrenwerten Aufgaben nachgehen, dabei jedoch die, die unmittelbar ihrer Nähe und Solidarität bedürfen, am Rande liegen lassen. Nüchtern ist davon auszugehen, dass die kirchlichen Gemeinden weniger eine – wie es in letzter Zeit nachhaltig beschworen wird - „Kontrastgesellschaft" zu ihrem sozialen Umfeld darstellen als vielmehr ihr genaues Spiegelbild sind. In der Regel sind im Leben der Gemeinden jene Standards verbreitet und tonangebend, die ansonsten üblich sind. So sind etwa auch hier jene sozialen Auslesemechanismen wirksam, die dazu führen, dass die Gleichgestellten und –gesinnten unter sich bleiben. Es ist die gut situierte Mittelschicht, die das Erscheinungsbild der Gemeinden prägt und ihr Binnenklima bestimmt.[282] Hinzu kommt, dass angesichts der Neigung zum „gemeinsamen Altern der Gruppenmitglieder" in Kirchengemeinden, deren Strukturen zu wenig offen für potentielle Quereinsteiger und für Menschen sind, die sich dort „eher kurzfristig engagieren und auch stärker ihre eigenen Vorstellungen in die ehrenamtliche Tätigkeit einbringen wollen."[283] Dies dürfte auch gerade für Neuzugezogene gelten, setzen sich doch viele so genannte Kerngemeinden in ihrem Aktivkern häufig aus Alteingesessenen zu-

---

[281] Steinkamp, Hermann: Sozialpastoral, S. 68

[282] Vgl. dazu: Der Wiedergewinn kollektiver Handlungsfähigkeit, (Kap. V. Absatz 1.3 und 1.4)

[283] Ebertz, Michael: Aufbruch in der Kirche, S. 96

sammen. Diese erwecken bei denjenigen, die in einer eher lockeren Beziehung zur kirchlichen Ortsgemeinde stehen, leicht den Eindruck einer „geschlossenen Gesellschaft". So kann das durchaus intensive kirchliche Gemeindeleben unserer Tage eine Kehrseite haben. Es kann als hohe Schwelle für Außenstehende wirken, wenn in dem Bereich des gerade von ehrenamtlich Engagierten gesuchten Gemeinschaftlichen die Unterscheidung von öffentlichem und öffentlich-zugänglichem Leben und privatem Leben verschwimmt. Soziale Schließung geht mit sozialer Ausschließung einher. Vertrauensvolle Verbundenheit verträgt keine Fremdheit.

Der Zugang zu diakonischer Hilfe – auch geistlichen Quellen – der Kirchengemeinde kann privatisiert und von zahlreichen sozialen Barrieren blockiert sein, die für die Insider oft unsichtbar bleiben. Wer aber gesellschaftlich marginalisiert ist, findet in der Regel auch keinen Zugang zur Kirchengemeinde; sie bildet für ihn eine andere Welt, die ihm verschlossen ist. So kommt es, dass die gesellschaftlichen Entwicklungen zur Verarmung und Vereinsamung, im wesentlichen mitverursacht durch Langzeitarbeitslosigkeit und der mangelnden Fähigkeit, tragfähige Beziehungen gestalten zu können, so gut wie nicht zur Kenntnis genommen werden. Die Betroffenen bleiben auch hier unsichtbar; sei es, dass, wer arbeitslos ist oder von Sozialhilfe lebt, dies den anderen gegenüber verbirgt; sei es, dass er oder sie erst gar nicht am Gemeindeleben teilnimmt.

Es gibt in den Gemeinden, auch als Folge des Wertewandels, eine hohe Hilfsbereitschaft, an die sich appellieren lässt. Aber sie drückt sich dann gewöhnlich in der Form aus, dass man den Betroffenen zur Seite springt, angefangen von der Vergabe von Almosen bis hin zur Organisation von Hilfskampagnen – nach dem Motto: „den armen Unglücklichen muss geholfen werden."[284] Zur Solidarisierung mit ihnen, die sie nicht nur als Hilfsbedürftige behandelt, sondern als Partner mit gleicher Würde und mit gleichen Rechten mit ihnen umgeht, kommt es nur in Ausnahmefällen. Folglich gilt es besonders vorsichtig gegenüber all jenen Stimmen zu sein, die bei ihrer Kritik an der oben beschriebenen „Zweistruktur" der Diakonie allzu euphorisch von einer Rückführung der Diakonie in die Gemeinden reden bzw. in einem ausreichenden diakonischen Engagement in den Gemeinden sich die Lösung des Problems erhoffen. Sicher ist vorrangig die Gemeinde die Sozialform, in der Christinnen und Christen ihr Kirche-Sein konkret leben und erleben. Denn es besteht kein Zweifel daran, dass gerade deshalb die Diakonie in den Gemeinden wieder etabliert werden muss. Festzuhalten bleibt aber: würde man die Diakonie nur über die Gemeinden strukturieren, wirkte das wie ein Filter, der in der diakonischen Praxis nur

---

[284] Mette, Norbert: Gemeinde werden durch Diakonie, in: Handbuch der praktischen Gemeindearbeit, S. 203

jene Menschen in Erscheinung treten ließe, die in den Gemeinden bereits integriert sind, und der gerade jene abermals ausschließen würde, die anderweitig, z.B. des unterschiedlichen Geschmackes wegen, auch von den christlichen Gemeinden, ohnehin schon ausgeschlossen sind.

1.1. Die Herausforderung des Zwischenraums von Kirche und institutioneller Diakonie

Die institutionelle Verselbstständigung der verschiedensten gesellschaftlichen Lebensbereiche und die Herausbildung von Teilbereichen wie Wirtschaft, Politik oder Religion zeichnen sich binnenkirchlich ebenso in der Auseinanderentwicklung von institutioneller Diakonie und verfasster Kirche ab. Organisationen der verbandlichen Caritas sind vor diesem Hintergrund im Zwischenraum von Kirche und Gesellschaft angesiedelt und stellen gegenwärtig ein zentrales Bindeglied zwischen organisatorisch verfasster Kirche und sozialstaatlich organisierter Gesellschaft dar. Für beide erfüllen sie wichtige Funktionen in Bezug auf die Wahrung ihrer gegenwärtigen Sozialgestalt und die Lösung von Strukturproblemen. Damit verbunden sind auch die Verunsicherungen und Gefahren, die diesen Zwischenraum prägen und bestimmen. Caritas „kann sich – an die „goldenen Fesseln" des Sozialstaates gebunden – von innen her säkularisieren und ihren Bezug zur verfassten Kirche verlieren, sie kann aber auch im Rückzug auf eine explizite und enge Kirchlichkeit ihre gesellschaftliche Funktion aufgeben und damit der sozialstaatlichen Verfassung der Gesellschaft den Rückhalt durch die Kirche rauben."[285]

Mit dieser Positionierung im Zwischenraum ist ein anspruchsvoller pastoraler Gestaltungsauftrag verbunden, der einer schwierigen Gratwanderung der Caritas zwischen Sozialstaat und Kirche gleicht. Ohne Zweifel handelt es sich dabei um eine Herausforderung ersten Ranges, gerade für die Caritas, nämlich die eigenen Traditionen und die damit verbundene Suche nach einer theologisch-ekklesiologischen Identifizierung in der Auseinandersetzung mit einem sich grundlegend verändernden Wohlfahrtsstaat (zur Disposition steht das zentraleuropäische Sozialstaatsmodell, das in Wertorientierung und Strukturreform wesentlich durch den Sozialkatholizismus mitgeprägt wurde) nicht leichtfertig aufs Spiel zu setzen. In diesem Sinne wird einer prophetisch verstandenen Anwaltschaft eine besondere Wirksamkeit beizumessen sein. Gelingt dieses anwaltschaftliche Handeln zugunsten der Armen, Ausgeschlossenen und Schwachen, wird dies auch Auswirkungen, ja Modellcharakter für die anderen Teile der Kirche gewinnen. Das heißt: Was Caritaseinrichtungen im

---

[285] Krockauer, Rainer: „Gegenlager Prophetie", in: Prophetie in einer etablierten Kirche?, S. 169

Experiment einer neuen Inkulturation des Evangeliums riskieren und realisieren und was so aus mancher kirchenbezogenen Lähmung und Sprachlosigkeit herausführt, wird dann auch dem ganzen Volk Gottes, vor allem dem in den Ortsgemeinden, Orientierung zu geben vermögen.[286] Gerade hier gilt die Einsicht: Lebensbedeutung haben Inhalte des Glaubens auch dann, wenn sie nicht ins Leben passen, sondern diesem gegenüber querstehen, wie zum Beispiel in der Umkehrbotschaft zur allseitigen Barmherzigkeit und Gerechtigkeit. Der in der Offenbarung begründete „Mehrwert", der mit den Kriterien Ökonomie, Effizienz, Marktfähigkeit nicht zu fassen ist, ist deshalb untrennbar mit dem Geheimnis der Gnade und der prophetischen Kritik verbunden.

2. Sozialpastoral - ein neues Miteinander von Diakonie und Seelsorge?

Die von vielen geforderte, aber gut eingebürgerte Arbeitsteilung zwischen liturgischer Sonntagsgemeinde und kirchlicher Sozialarbeit – also das Abschieben der Diakonie in den Caritasverband - zu überwinden, klingt einleuchtend und ist theologisch gut nachvollziehbar. In Gefahr der Überforderung stehen meines Erachtens jene Konzepte, welche die Erfahrungen lateinamerikanischer Basisgemeinden (ihre, das Wort- und Tatzeugnis des Glaubens tatsächlich integrierende, diakonisch-solidarische Praxis) auf unsere westeuropäischen Verhältnisse umsetzen wollen.

Unbestreitbar fällt es uns schwer, mit der diakonischen Grund-„Option für die Armen" wirklich Ernst zu machen; sie ist ja keine Erfindung von Befreiungstheologen, sondern biblisches Urgestein. Papst Paul VI. hat sie in sein Evangelisierungskonzept mit aufgenommen. Sie findet sich ebenso wieder in den Dokumenten der II. und III. Generalversammlungen des lateinamerikanischen Bischofsrates von Medellin (1968) und Puebla (1979), darin eindringlich bestätigt und auf die Situation des Subkontinents hin konkretisiert. Die Kirche kann, so wird dort gesagt, die Frohbotschaft der Erlösung und Befreiung den Armen und Bedrängten nur bringen, wenn sie sich zugleich selbst von diesen Armen evangelisieren lässt.[287]

Ebenso unbestreitbar ist dieser wechselseitige Lernprozess bei uns bislang kaum in Gang gekommen; von „diakonischen Gemeinden" kann – von Ausnahmen abgesehen – nicht die Rede sein, obwohl auch bei uns psychosoziale und materielle Armut rasant zunehmen. Es gelingt nur schwer, unsere herkömmlichen Pfarrgemeinden für die sozialen und psychischen Notlagen zu

---

[286] Vgl. Zerfass, Rolf: Was gehen uns die an, die uns nichts angehen?, in: Caritas – Dienst an Mensch und Gesellschaft, S. 36/37

[287] Vgl. Steinkamp, Hermann: Sozialpastoral, S. 12

sensibilisieren, die unsere Leistungs- und Konkurrenzgesellschaft zum Teil hervorbringt.

Das Konzept einer Sozialpastoral im Sinne von Hermann Steinkamp, das unsere derzeitige Gemeinde- und Pastoralstruktur stärker basisgemeindlich ausrichten und der gesellschaftlichen Diakonie eindeutige Priorität einräumen möchte, wird sich – realistisch besehen – so schnell nicht umsetzen lassen. Natürlich wäre es wünschenswert und dringend erforderlich, dass sich die pastorale Arbeit, wie in den lateinamerikanischen Basisgemeinden umgesetzt und glaubwürdig praktiziert, zum einen hinordnet auf die vorfindbaren sozialen und politischen Verhältnisse und zum anderen die Betroffenen befähigt und unterstützt, sich zu solidarisieren.[288] Sozialpastoral setzt damit fundamental an dem Bruch zwischen Evangelium und Kultur an. Sie überholt damit auch ein zu statisches Verständnis der katholischen Soziallehre, insofern sie nicht länger abstrakte Prinzipien anwendet, sondern von konkreten Situationsanalysen ausgeht. Dabei ist die Perspektive des Evangeliums das entscheidende Kriterium für Sehen, Urteilen und Handeln.

Die Kluft zwischen dem kurz skizzierten lateinamerikanischen Weg einer Sozialpastoral und der Praxis der Kirche in Westeuropa ist riesig. Auch wenn heute vielfach belegt ist, dass es mittlerweile auch in unseren Kirchengemeinden gute Beispiele, Initiativen und Netzwerke kirchlichen Engagements in der Tradition der Sozialpastoral gibt, so ist diese soziale Praxis pastoral bezüglich der strukturellen Implikationen oft noch ungenügend verortet und in der Regel nicht von so eindeutigen Optionen wie in Lateinamerika geleitet. Es müssen folglich kritische Rückfragen an die Intentionen der Sozialpastoral erlaubt sein, gerade im Hinblick auf die konkreten Bedingungen seiner Realisierung im hiesigen Gesellschafts- und Kirchenkontext:

- Lässt sich die Dienstleistungs-Mentalität der volkskirchlichen Praxis letztlich mit dem Anspruch vermitteln, dass Betroffene ihre Sache in die eigenen Hände nehmen?
- Ist unsere Loskauf-Mentalität durch Spenden nicht zu stark?
- Sind mittelschichtsorientierte Kirchengemeinden, die sich mit dem gesellschaftlichen Status quo arrangiert haben, bereit und in der Lage ihre Zurückhaltung besonders bezüglich ökonomischer Fragen aufzugeben?
- Kann man gleichzeitig (und womöglich innerhalb derselben Gemeinde) nach der Logik der Vereinskirche verfahren (Orientierung an allen möglichen Bedürfnissen, attraktive Bildungsprogramme, Geselligkeitsveranstaltungen und ähnliches) und Menschen zur Wahrnehmung sozialer Mißstände und zu politischer Aktion anregen?

---

[288] Vgl. Steinkamp, Hermann: Sozialpastoral, S. 13

– Führen die Privatisierung und Spiritualisierung des Glaubens nicht zu einer Diskriminierung der politischen Dimension des Glaubens und trennen sie damit die Caritas und Pastoral voneinander?[289]

Zweifellos sind vielerorts bereits solche hoffnungsvollen basisorientierte Suchbewegungen im Gang, die uns wertvolle Impulse geben können, erste Schritte zu tun, damit eine „normale" Gemeinde oder Gemeinschaft sich stärker auf solch neue Sozialformen des Glaubens hinbewegt. Ein erster Schritt kann sein: „*Lernen, wo die Menschen sind!*"[290] Da das gegenwärtige Krisenmanagement (Reform der seelsorglichen Strukturen angesichts stetig sinkender Einnahmen und drastisch rückläufiger Priesterzahlen) sich nur als ein Spiel auf Zeit entpuppt und keine wirkliche Lösung bietet, bedarf es einer Neuausrichtung der gesamten kirchlichen Arbeit in Caritas und Pastoral. Es verdichtet sich sowohl bei Pastoraltheologen als auch bei einzelnen Bischöfen eine durchaus über längere Zeit gereifte Einschätzung, dass die Herausforderungen, vor denen die christlichen Kirchen – jede auf ihre eigene Weise – stehen, anspruchsvoller und irritierender sind, als dass ihnen theoretisch und praktisch mit dem Rückgriff auf vertraute Begriffe und Konzepte zu begegnen wäre. Wenn die katholische Kirche in Deutschland im Durchschnitt nur noch ca. 15 Prozent regelmäßige Gottesdienstbesucher erreicht – einen harten Kern mit weiter abnehmender Tendenz -, lässt sich nicht mehr ohne Weiteres behaupten, sie wüsste schon, wo die Menschen sind bzw. was für deren Leben relevant ist. Gefragt ist ein inhaltlich und methodisch neues Lernen, das auch vor Beunruhigung nicht zurückschreckt und sich auf Fremdheit, Unsicherheiten und Wagnis einzulassen bereit ist. Entscheidende Triebfeder für diesen ersten Schritt kann bei einzelnen Glaubenden einer Gemeinde ein „Überlebenswille" hinsichtlich ihres Glaubens sein, „dass sie also diesen „Schatz im Acker", den sie einmal gefunden und als das Geschenk ihres Lebens erkannt haben, auch unter den widrigsten Umständen bewahren und weiterverschenken möchten."[291]

Wenn solche Menschen (egal ob alt oder jung, studiert oder nicht, hauptberuflich oder nicht) sich zusammentun, nicht auf fertige Konzepte „von oben" warten, sondern beginnen, miteinander regelmäßig ihren Lebensfragen Raum geben, sie mit unserem Schöpfergott, dessen Wort nicht zufällig erging, sondern mit Sinn und Logos in Beziehung bringen, sich mit der gegenwärtigen Situation von Kirche und Gesellschaft kritisch auseinandersetzen, dann werden Gemeinden zu Seh-, Hör- und auch Denk-Schulen.

---

[289] Vgl. Mette, Norbert: Anstiftung zur Solidarität, S. 10

[290] Ulrich, Peter-Otto: Lernwege – Entdeckungen – Wahlverwandtschaften., in: Lernen, wo die Menschen sind, S. 11

[291] Kehl, Medard: Die Kirche, S. 208

3. Die Perspektive der angebrochenen Gottesherrschaft glaubbar machen

Die Botschaft vom Reich Gottes ist der zentrale Inhalt des Wirkens Jesu und kommt in Mk 1,15 in präziser Klarheit zum Ausdruck: „Die Zeit ist erfüllt, das Reich Gottes ist nahe. Kehrt um, und glaubt an das Evangelium!"[292] Gestalt, Wort und Wirken Jesu sind nur von dieser eschatologischen Mitte her zu verstehen. Hat die Botschaft Jesu gerade von daher ihre Stosskraft erhalten, dass Jesus mit Vollmacht das Reich Gottes und das nahe Ende der Welt verkündete, dann steht mit der Eschatologie die *Mitte des Christlichen* zur Debatte. Zugleich wird klar, dass es hier nicht einfach um „Letzte Dinge" gehen kann. Die Aussagen über das „Letzte" sind Aussagen über die Mitte und damit über das Ganze.

3.1. Zukunft und Gegenwart des Reiches Gottes - „schon" und „noch nicht"

Wenn Jesus das Reich Gottes als „nah" kennzeichnet, dann gibt er zu erkennen, dass er dieses Reich als etwas Anstehendes ankündigt als ein von der Zukunft erwartetes Reich. „Das Reich Gottes ist `noch nicht` da, es ist eine `eschatologische Größe`, in dem Sinn, dass seine volle Verwirklichung noch aussteht."[293] Es darf weder mit der Kirche gleichgesetzt und identifiziert werden, noch als etwas strikt Jenseitiges, der menschlichen Geschichte gänzlich enthobenes, ausgelegt werden. Es ist und bleibt Ausdruck eines dynamischen Geschehens von Gott her und darf somit nicht einfach zeitlich verstanden werden in dem Sinne, als würde es sich um eine allmähliche Annäherung eines geschichtlich fernen Stadiums handeln. Das Zukünftige, um das es auf den ersten Blick in der Eschatologie geht, kann im Menschen nur gegeben sein im Modus der Hoffnung, der Erwartung, der Vorfreude und vielleicht auch der Furcht. Diese Haltungen aber gehören der Gegenwart an. Deshalb kann man die Zukunft als eine Innendimension der Gegenwart bezeichnen. Sie ist betrifft dennoch zugleich das, was noch geschehen wird, und dessen kommende Gestalt aus der Gegenwart nicht abzulesen ist. Gerade deshalb sind eschatologische Aussagen immer zuerst Aussagen über die Gegenwart, sozusagen über eine Innen- und Tiefendimension der Gegenwart. Es sind Aussagen, die nach dem Verhältnis zwischen Gott und dem Menschen fragen, innerhalb dessen eine Nähe durchaus „schon" etwas Spürbares und insofern real Wirksames ist.

---

[292] Die Bibel, Einheitsübersetzung, Altes und Neues Testament, S. 1123
[293] Haslinger, Herbert: Diakonie zwischen Mensch, Kirche und Gesellschaft, S. 629

Nun ist es aber keineswegs so, dass das Reich Gottes in den Evangelien nur als zukünftige Größe gezeichnet würde. Viele Gleichnisse[294] erschließen sich erst auf dem Hintergrund der Annahme einer Gegenwärtigkeit des Reiches Gottes und zeichnen es als eine in der Gegenwart geschehene Realität. In der wohl bedeutendsten Gegenwartsaussage findet man im Munde Jesu die unwiderrufliche Festschreibung des Schon-da-Seins des Reiches Gottes: „Wenn ich aber die Dämonen durch den Finger Gottes austreibe, dann ist doch das Reich Gottes schon zu euch gekommen"[295] (Lk 11,20).

Es macht also die Eigenart der Botschaft vom Reich Gottes aus, dass sie sowohl über zukünftige als auch über präsentische Aussagen übermittelt wird, sich aber gerade durch diese Tatsache als schwer zu vermittelndes Problem darstellt. Wie sind also die paradoxen Gegenwarts- und Zukunftsaussagen in ein stimmiges Verhältnis zueinander zu bringen? Festzuhalten bleibt: Eine Behandlung dieser verschiedenen Aussagen als sich gegenseitig ausschließende Alternativen würde dem Gehalt der Reich-Gottes-Botschaft nicht gerecht. Denn wäre das Reich Gottes einfach schon da, in der Gegenwart schon vollends verwirklicht, dann gäbe es die Frage nach dem christlichen Handeln in dieser Welt überhaupt nicht. Es gäbe aus christlicher Sicht keinen Handlungsbedarf mehr, weil das Ziel christlichen Handelns schon verwirklicht wäre. Es braucht nicht viele Worte, dass solche Vorstellungen eines Schon-verwirklicht-Seins des Reiches Gottes nichtig sind. Man bedenke nur die zunehmende Entwertung des Lebens in unserer gegenwärtigen Gesellschaft, des fremden aber auch des eigenen. Menschliches Leben, vor allem das auf der Schattenseite, gerät zunehmend unter einen Rechtfertigungsdruck: „Warum bist du nicht stark und gesund? Vielleicht bist du gar selbst daran schuld?" Für manche Menschen wird diese Angst schon sehr konkret, nicht mehr erwünscht, nicht mehr daseinsberechtigt zu sein. Eine Verlängerung dieser Liste vom nichtverwirklichten Reich Gottes in unserer Gesellschaft wäre leicht möglich, ganz zu schweigen, wenn die Rede auf Europa als einer Hochburg des aufgeklärten Humanismus fällt. Sie gilt es als Selbsttäuschung zu entlarven.[296]

Wäre hingegen das Reich Gottes einfach „noch nicht", also etwas strikt Zukünftiges, dann hätte es seinen Ort wirklich nur in der Zukunft, die aus der „Perspektive des geschichtlichen Prozesses betrachtet für jedwede Gegenwart Zukunft bliebe."[297] Das Reich Gottes würde sich hierbei gerade dadurch definieren, dass diese Welt, wie sie vom Schöpfergott ins Werden entlassen wurde,

---

[294] Vgl. Gnilka, Joachim: Jesus von Nazaret, S. 145 – 155

[295] Die Bibel, Einheitsübersetzung, Altes und Neues Testament, S. 1167

[296] Vgl. Wanke, Joachim: Die Christen Europas vor der Herausforderung unserer Zeit, in: Geist und Leben, Heft 3 – 2000, S. 199

[297] Haslinger, Herbert: Diakonie zwischen Mensch, Kirche und Gesellschaft, S. 632

„nicht" sein Ort ist. Wiederum sind es aber die alltäglichen Wirklichkeitserfahrungen, die diese Vorstellung als nicht haltbar erscheinen lassen. Dass der oft eklatante Bruch zwischen Realität menschlichen Lebens und den Lebensbedürfnissen bzw. – möglichkeiten schmerzhaft wahrgenommen wird, zeigt allein schon, dass der Mensch sich nicht einfach mit der jeweils einen Gestalt seiner Gegenwart abfinden kann und darf, dass er seine Gegenwart gestalten muss und dafür antreibende Visionen braucht. Aus der Realität selbst heraus wird folglich deutlich, dass das Reich Gottes als Vision des Lebens für den Menschen in dessen „Alltäglichkeit" hineinragt und in dieser Gegenwart wirksam ist. Anders ausgedrückt: weil das Heil für die Menschen bei Gott endgültig zugesagt ist, verändert sich die Gegenwart und ihr Leben in der Gegenwart. Sie ist der Ort der Heilswende, der Ort, an dem die Herrschaft Gottes für den Menschen zum Ereignis wird.

In besonderer Weise war und ist es die „Politische Theologie" (Johann Baptist Metz), welche die christliche Hoffnung als Stimulanz progressiver Weltgestaltung begriffen hat. Dass das Eschatologische mit der Grundbefindlichkeit des Glaubens zu tun hat, mit dem „Hier und Jetzt", dass es sich also zunächst um eine Gegenwartskategorie handelt, wird von ihm, nicht müde werdend, immer wieder in Erinnerung gerufen. Was im Glauben gesagt wird, muss zu tun haben mit menschlichem Leben hier und heute, sonst wäre die Offenbarung nicht „pro nobis". Der christliche Glaube möchte mit seiner Rede von den „Letzten Dingen" nicht ein Vorwegwissen der Zukunft produzieren, das bestenfalls Neugierde befriedigt, sondern bezieht die Botschaft von der endgültigen und universalen Hoffnung auf die Gegenwart und macht sie an ihr, der Gegenwart, fest. Eschatologie ist der Ausdruck des Glaubens, dass diese unsere – meine Geschichte in Gottes Hand ist, und ist die am Geschick Christi abgelesene Zusicherung, dass sie einmal vollendet werden wird, ist zugleich aber Impuls und Anstoß menschlichen Handels.

Auf dieser formalen Ebene sagt die Unterscheidung zwischen „schon" und „noch nicht" allerdings nichts darüber aus, welches Handeln mit der Reich-Gottes-Botschaft angestrebt ist, sondern fordert erst ein, dass die Gegenwart nach dem Anspruch der Reich-Gottes-Botschaft zu gestalten ist.

3.2. Zukunft und Utopie: Impulse von Ernst Bloch

Wenn das Eschatologische so sehr verbunden ist mit der menschlichen Hoffnung, wird man hinhören auf große Konzepte der Hoffnung, wie sie etwa in der Philosophie entwickelt wurden bzw. werden. Wenn der Mensch der Neuzeit seine Geschichte vor allem als Freiheitsgeschichte versteht und vollzieht, weil er nur durch diese hindurch zu Identität kommt, wird er automatisch konfrontiert mit den vielfältigen Grenzen der Freiheitsausübung in unserer Welt. Um so mehr braucht er die Hoffnung, dass das Mühen um Freiheit nicht zum Scheitern verurteilt wird. Das bezieht sich natürlich nicht nur auf den einzelnen, sondern auf die ganze Menschheit, auf die Welt als Ganze. Es ist durchaus fruchtbar, heutige Theologie auch durch Impulse anzureichern, die von Ernst Bloch in seinem genannten Werk vermittelt sind.

3.2.1. Menschsein und Hoffnung

„Seid stets bereit, jedem Rede und Antwort zu stehen, der nach der Hoffnung fragt, die euch erfüllt"[298] (1 Petr 3,15b). Die Christen der frühen Gemeinde sind aufgerufen, Rede und Antwort zu stehen und hinsichtlich ihres Glaubens Rechenschaft abzulegen. Wer sind diese Frager? Nachbarn können es sein, Freunde, Verwandte vielleicht. Es ist möglich, dass dieser Stelle schon ein juridischer Hintergrund zugrunde liegt: Die junge Gemeinde steht schon früh unter Verdacht und Anklage: Sie muss ihren Glauben vor gerichtlichen Instanzen verteidigen. Auf jeden Fall kann man sich die Menschen und Instanzen, die da fragen, nicht aussuchen. Man kann sich auch die Fragen, die gestellt werden, nicht selbst formulieren, sondern muss auf das eingehen, was eine bestimmte Zeitgenossenschaft fragt, und wie sie es fragt. Gegenstand der Rechenschaft aber soll die *Hoffnung* sein, die den Christen erfüllt. Der Christ soll darüber Auskunft geben, wie es sich nach seinem Glauben mit dem Menschen verhält (seinem Woher und seinem Wohin), dem Sinn von menschlichem Leben überhaupt. Hinsichtlich des Ziels menschlichen Lebens bekennen aber die Christen seit frühesten Zeiten: „Ich glaube an die Auferstehung der Toten und das ewige Leben."[299] Sie glauben aber und bekennen zu einer Zeit, die so sehr von der Frage nach Erlösung geprägt ist, der Mensch falle mit dem Tod nicht ins Nichts, sondern er werde durch die Macht Gottes über den Tod hinaus im Dasein gehalten. Er habe sein Ziel in der Gemeinschaft mit Gott und bei Gott. Das ist die bekenntnismäßige Fassung christlicher Hoffnung. Wenn Menschen nach Hoffnung fragen, so ist dies nicht irgendeine Frage ins Abliegende hinein, sondern sie bezieht sich auf ein wesentliches Konstitutivum des Menschen. Der Mensch ist das Wesen, das hofft.

---

[298] Die Bibel, Einheitsübersetzung, Altes und Neues Testament, S. 1368
[299] Vgl. Biser, Eugen: Welches Credo?, S. 12

3.2.2. „Prinzip Hoffnung" (Ernst Bloch)

Die Strukturen menschlicher Hoffnung sollen im Folgenden noch etwas bedacht werden im lockeren Anschluss an Gedanken von Ernst Bloch, der mit dem Werk „Prinzip Hoffnung" (1938-47) als erster neuzeitlicher Philosoph so etwas wie eine Gesamtanalyse menschlicher Hoffnung geschrieben hat. Das menschliche Leben war und ist von Träumen durchzogen, zum Teil als Flucht aus der Realität und Spiel mit Illusionen, zum anderen aber als Hoffen im Kern, ein Hoffen, das sich mit dem Vorhandenen nicht abfindet, weder im eigenen Leben noch im Leben der Menschheit. Das kann sich einfach so zeigen, dass der Mensch planend lebt und auf Gestaltung der Zukunft aus ist. „Primär lebt jeder Mensch, indem er strebt, zukünftig ... . Das Zukünftige enthält das Gefürchtete oder das Erhoffte; der menschlichen Intention nach, also ohne Vereitelung, enthält es nur das Erhoffte."[300] Nur in dekadenten Gesellschaften, so Bloch, gibt es einen gewissen Hang zur Hoffnungslosigkeit, aber: „Die Hoffnungslosigkeit ist selber, im zeitlichen wie sachlichen Sinn, das Unaushaltbare, das ganz und gar den menschlichen Bedürfnissen Unerträgliche."[301]

Die Philosophie, so Bloch, hat sich lange Zeit nicht mit dem Noch-Nicht-Bewusstsein, noch nicht Gewordenen befasst, hat sich nicht mit den „Träumen nach vorwärts" befasst. Dabei ist die Hoffnung – als Erwartung von, als Ausrichtung auf noch ungewordene Möglichkeit – doch „eine Weltstelle, die bewohnt ist wie das beste Kulturland und unerforscht wie die Antarktis."[302] Dabei geht es nicht um eine vage Bewegung, sondern um etwas, das man analysieren kann: Die Hoffnung ist ja überhaupt ein Richtungsakt kognitiver Art und ist deshalb auch lernbar. Subjekt der Hoffnung ist gleichwohl nicht der Verstand allein, sondern ist der ganze Mensch als psychosomatische Einheit. Verstand, Willen, Gefühle, der ganze Bereich des Sinnlichen tritt hier zusammen. Da aber der Mensch niemals als isoliertes Individuum betrachtet werden kann, ist die Hoffnung stete eine Hoffnung mit anderen und für andere.

Bloch hat, wie angedeutet, die Tagträume, d.h. die Träume bei wachem Bewusstsein, als wichtige Symptome menschlichen Hoffens aufgewiesen. Er geht vom Selbsterhaltungstrieb des Menschen aus und leitet davon die Hoffnung als umfassendes menschliches Vermögen her, das sich in den Tagträumen zeigt. Sie sind keine Vorstufe des nächtlichen Traums. Der Tagtraum ist nicht drückend, er steht in unserer Macht. Das Ich bleibt intakt. Der Tagtraum sieht, anders als unter Umständen der Nachttraum, nicht ab von der Beschaffenheit der Dinge und der Welt, die wir sozusagen als „real" und „normal" erleben.

---

[300] Bloch, Ernst: Das Prinzip Hoffnung, S. 2
[301] Bloch, Ernst: Das Prinzip Hoffnung, S. 3
[302] Bloch, Ernst: Das Prinzip Hoffnung, S. 5

Der Tagtraum geht in diesem Sinn nicht ins bloß Luftleere, Schwärmerische. Die sich im Tagtraum äußernde Hoffnung „begreift das Neue als eines, das im bewegt Vorhandenen vermittelt ist, ob es gleich, um freigelegt zu werden, aufs Äußerste den Willen zu ihm verlangt. Wirkliches Überschreiten kennt und aktiviert die in der Geschichte angelegte dialektisch verlaufende Tendenz."[303] Tagträume zielen laut Bloch ferner, anders als Nachtträume, auf Veränderung und Verbesserung.

3.2.3. Die Utopie

Man kann noch einen Schritt weiter gehen und die hoffende Struktur menschlicher Existenz als „utopische Funktion" bezeichnen. Das Wort Utopia reicht weit in die Geschichte zurück. Im alltäglichen Sprachgebrauch wird es verwendet für „unrealistisches Geplantes" – „Hirngespinst"; im strengen und historisch herleitbaren Sinn als „Nicht-Ort" – „Nirgendland". Die Utopie ist der Wunsch nach dem ganz Anderen. Sie bezeichnet das, was uns in unserem kurzen Leben auf Erden fehlt. Sie umfasst die einklagbare Gerechtigkeit. Sie drückt die Freiheit aus, die Solidarität, das geteilte Glück, dessen Ankunft und dessen Umrisse vom menschlichen Bewusstsein vorweggenommen werden. Dieser Mangel, dieser Wunsch, diese Utopie bilden die innerste Quelle jeder menschlichen Aktion zugunsten der planetarischen Gerechtigkeit. Ohne diese Gerechtigkeit ist das Glück für keinen von uns möglich.[304]

Hinter der Utopie steht ein Paradox: sie bestimmt eine unmittelbar bevorstehende politische, soziale, kirchliche und intellektuelle Praxis. Sie bringt soziale Bewegungen und philosophische Werke hervor. Sie lenkt das Mühen konkreter Individuen. Gleichzeitig liegt die Realität jenseits des Horizontes des handelnden Subjekts. Jorge Luis Borges hat dieses Paradox treffend so formuliert: „Die Utopie ist nur mit dem inneren Auge zu sehen."[305]

So verstanden sind die Utopisten keine „Schwärmer" oder „Träumer", denen oft kränkend vorgeworfen wird, sie seien nicht mehr von dieser Welt, weil ihnen jegliche Bodenhaftung verloren ginge: Im Gegenteil: Sie stellen kritische Fragen an diejenigen, die ihren Blick nur bis zum Horizont schweifen lassen und sich darauf beschränken, das zu betrachten, was man sieht. Doch haben diejenigen, die sich zum Pragmatismus bekennen und nur mit dem auszukommen trachten, was da ist, wirklich eine Chance die Welt zu verändern? Allerdings, die Träger der Utopie lassen sich nur schwer unter die triumphie-

---

[303] Bloch, Ernst: Das Prinzip Hoffnung, S. 2

[304] Vgl. Ziegler, Jan: Das Imperium der Schande, S. 25

[305] Ziegler, Jan: Das Imperium der Schande, S. 27

renden Helden einreihen. Sie sind mit dem Kreuz, mit der Guillotine, mit dem Scheiterhaufen oder dem Strick vertrauter als mit Siegesfeiern und der glücklichen Morgenröte. Dennoch wäre ohne sie jede Menschlichkeit, jede Hoffnung schon lange von unserem Planeten verschwunden.

3.2.4. Eschatologie, Hoffnung und Utopie

Die Eschatologie ist die Rechenschaft über die christliche Hoffnung. Sie knüpft an die Hoffnungsbilder und – perspektiven einer bestimmten Zeit an und verbindet diese mit den Hoffnungsbildern des Alten und des Neuen Testaments. Sie deutet die biblischen Motive und Perspektiven auch als „Utopien", insofern diese geeignet sind, das scheinbar Starre und Unbewegliche aufzubrechen und bei der Schaffung von neuen Strukturen und Ordnungen menschlichen Zusammenlebens mitzuwirken. In diesem Sinn sind die biblischen Kategorien wie *„Verheißung"* (man denke an die verheißene Geburt in Jes 7: „Die junge Frau wird ein Kind empfangen, sie wird einen Sohn gebären ...."[306] Das Angesagte ist noch nicht da, hat keinen Ort. Ein nach vorne offenes Hoffnungsbild, geprägt von Sehnsucht), *„Exodus"*, *„Reich Gottes"*, *„Auferstehung"* usw. Utopien. Ob die Kategorie der Utopie immer und in jedem Bereich geeignet ist, die sich in der Eschatologie darzulegende Hoffnung zu erschließen und (theoretisch wie praktisch) den Zeitgenossen zu vermitteln, wird sich noch zeigen müssen.

Zwei Merkmale christlicher Hoffnung bzw. Utopie sind von vornherein festzuhalten:

– Wenn die Hoffnung des weitaus größten Teils der Menschheit sich bezieht auf „Befreiung", und zwar aus unwürdigen menschlichen Verhältnissen, materieller Not und Unterdrückung, dann muss auch die Artikulation christlicher Hoffnung hier einen Schwerpunkt setzen, sonst geht sie an der realen Situation des Menschen in seinem Hoffen vorbei.

– Während bei Bloch die Hoffnung ein „Transzendieren ohne Transzendenz" ist (das heißt es werden nur jeweils bestimmte Stufen menschlich-geschichtlicher Entwicklung transzendiert, das Ganze bleibt aber im Rahmen von geschichtlicher Immanenz), weiß die christliche Botschaft um eine Transzendenz, die das jeweilige Transzendieren innerhalb menschlicher Geschichte erst möglich macht. Diese Transzendenz, die inmitten der Geschichte präsent ist, drängt menschliche Hoffnung hin auf das Neue, das kommen wird und nicht als innergeschichtliche Vollendung zu begreifen

---

[306] Die Bibel, Einheitübersetzng, Altes und Neues Testament, S. 809

ist. Die Menschheit ist „ausgelegt" hin auf eine metageschichtliche Erfüllung und Vollendung.[307]

4. Rückkehr in die Diakonie: das solidarische Zeugnis der Liebe mit den Geringsten

Die Aussagen zur Reich-Gottes-Botschaft Jesu machen eine Linie erkennbar, die sich in dem Satz zusammenfassen läßt: „Die Reich-Gottes-Botschaft verlangt eine bedingungslose, heilend-befreiende Zuwendung zum Mitmenschen als Folge (nicht als Bedingung) der freien, unverfügbaren Heilzuwendung Gottes zum Menschen.[308]

Die Überlegung muss nun vordringen zu der inhaltlichen Frage, wie ein solches Handeln aussehen muss und zwar in Abgrenzung zu den mehr empirisch orientierten Sozialwissenschaften, die für die Diakonie ein rein rationales Handlungswissen liefern wollen. Für die Praktische Theologie ist und bleibt das maßgebende Kriterium, ob „in der kirchlichen Diakonie unverwechselbar der biblische Gott und die damit zusammenhängende Reich-Gottes-Botschaft Jesu stimmig und situationsgerecht bezeugt werden."[309]

Ausgehend von der Reich-Gottes-Botschaft sind für die Diakonie folgende Vorgaben von zentraler Bedeutung:

– Die Gegenwart des Reiches-Gottes ist nicht beliebig und zeigt sich konkret in den einzelnen Heilstaten Jesu. Menschen erleben, wie sie von Krankheiten geheilt und von Dämonen befreit werden. Indem er die Kräfte, die das Leben der Menschen deformieren, bekämpft, macht er so die Welt in all ihren Dimensionen wieder als eine „gute Schöpfung" erfahrbar. Jesus setzt die Zerschlagenen wirklich in Freiheit. Jede Hilfe, die hilfsbedürftigen Menschen zuteil wird und wirklich zu ihrer Gesundung beträgt, ermöglicht zumindest in fragmentarischer Form Reich-Gottes-Erfahrungen.

– Das endgültige Anbrechen des Reiches Gottes ist allein die Tat Gottes selber und wird sich letztlich auch ohne menschliches Zutun durchsetzen. Das heißt, dass sozial-politische Befreiungspraxis und diakonische Hilfsmaßnahmen, so wichtig diese für unseren irdischen Fortschritt sind, das Reich Gottes nicht einfach machen können. Die eschatologische Hoffnung auf das Reich Gottes steht in einem unauflösbaren Spannungsbogen zur jeweiligen geschichtlichen Diakonie, die nur bruchstückhaft Heilserfahrungen ermöglichen kann. So läßt sich dieser Spannungsbogen nicht zu einer ver-

---

[307] Vgl. Wagner, Harald: „Wohin gehen wir?", S. 15

[308] Haslinger, Herbert: Diakonie zwischen Mensch, Kirche und Gesellschaft, S. 645

[309] Bopp, Karl: Diakonia in der Postmodernen Gesellschaft, in: Christliches Handeln, S. 123

träglichen Eindeutigkeit hin auflösen, so gut und perfekt kirchliche Diakonie auch sein mag.
- Die mit Jesus anbrechende Gottesherrschaft relativiert die Bedeutung aller bisher geltender religiöser Vorschriften und Gesetze und stellt sie unter ein fundamentaleres Kriterium. Dieses Kriterium ist der Mensch selbst mit seiner unantastbaren Würde. Als die wahre Erfüllung des Gesetzes erweist sich letztlich allein das Tun der Barmherzigkeit und Liebe (vgl. Mt 25,31-46). In der von Jesus gepflegten solidarischen Tischgemeinschaft werden gerade jene aufgenommen, die von den Etablierten ausgeschlossen sind: Sünder, Zöllner, Kranke, Prostituierte. Sie werden an einen Tisch geladen, der für den frommen jüdischen Gastgeber immer im Angesicht Gottes gedeckt ist. Somit provoziert Jesus Gastgeber und Gäste zu einem Perspektivenwechsel, dass gerade der arme Mensch Ansehen bei Gott hat.[310] Dies macht die Diakonie stets neu kritisch gegenüber bürokratischen Regelungen und wissenschaftlichem Expertentum; „Helfen nur nach sozialrechtlichen Normen und professionellen Standards auszurichten, ist zu wenig. Entscheidend ist letztlich die Qualität echter Barmherzigkeit, die der individuellen Not, die den sie bedingenden Stukturen gerecht werden muss.[311]

Diese ereignishafte, präsentisch-eschatologische Wirklichkeit des Reiches Gottes hat die Kirche als Heilssakrament – d.h. als sichtbares Zeichen und Werkzeug für Gottes Heilswillen – je neu evangeliumsgemäß und situationsgerecht zu bekennen und zu bezeugen. Eine offene, diakonische Kirche (für andere und mit anderen), die im Tat-Zeugnis des Glaubens von sich wegweist und gerade darin dem Christus real beggenet, der sich mit den Geringsten identifiziert, kann durch Empathie, helfende Zuwendung und konkrete Solidarität stimmige und unverwechselbare Gotteserfahrungen ermöglichen.

Diakonie ist dann freilich weder „selbstlos" noch „zweckfrei" oder gar „absichtslos". Spricht gegen die Selbstlosigkeit die biblisch gebotene Selbstliebe wie auch die Erfahrung der Psychotherapie, so deckt jede Analyse zielgerichteten Handelns auf, wie naiv die Idee einer Zweckfreiheit bzw. Absichtlosigkeit ist. Wohl aber ist kritisch zu fragen, zu welchem Zweck diakonisch gehandelt wird. Zwei Absichten scheiden von vornherein aus: a) der unredliche Versuch einer indirekten Missionsstrategie, welche die Diakonie zur bloßen „Vorfeldarbeit" für die eigentliche Seelsorge degradiert; b) der hilflose Versuch, die schwindende Präsenz der Kirche in der Gesellschaft über ihr diakonisches Engagement kompensieren zu wollen.

---

[310] Vgl. Baumgartner, Isidor: Diakonie, in: Handbuch Praktische Theologie, Band 2, S. 397

[311] Bopp, Karl: Diakonie in der postmodernen Gesellschaft, in: Christliches Handeln, S. 124

4.1. Heilen und Befreien im Geiste Jesu

In der Diakonie muss es also, wie von verschiedenen Seiten her beleuchtet, um das Heil des einzelnen Menschen gehen, um seine Grundbedürfnisse wie seine Sinnfragen, vor allem um die Entfaltung seiner persönlichen Würde als Abbild Gottes. Deshalb muss die Diakonie das einzelne Subjekt in den Mittelpunkt stellen, ohne dabei die ökologischen, ökonomischen und sozialen Strukturen, unter denen das Subjekt jeweils lebt, zu übersehen. Nach biblischem Verständnis bedeutet dies: kein Mitleid von oben herab, sondern ein gleichstufiges, lebensförderndes und solidarisches Hilfehandeln, das weder vom Helfer Selbstaufopferung verlangt, noch die Würde des Hilfsbedürftigen verletzen darf. Damit zeichnen sich für eine diakonische Praxis weitere wegweisende Kriterien ab:

– sie fordert die Nicht-Armen auf, sich aus den Verstrickungen und Unrechtszusammenhängen zu befreien, solidarisch zu werden und dabei die gesellschaftlich bedingten Ursachen statt herunterzuspielen, aufzudecken und offen anzuprangern;
– sie beinhaltet die bestmögliche Heilung von körperlichen, seelischen und sozialen Lebensbeeinträchtigungen;
– sie stellt eine Praxis der Barmherzigkeit und Gerechtigkeit dar, wo unmittelbares Helfen und parteiliche Anwaltschaft für menschenwürdige Verhältnisse zwei Seiten einer Medaille sind;
– sie gibt einen „Gotteskomplex", alles heilen zu wollen und auch zu können, auf, um frei zu werden für die Einsicht in die Vorläufigkeit der eigenen Anstrengungen;
– sie weicht Situationen, in denen nach menschlichem Ermessen „nichts" mehr zu machen ist, nicht aus, sondern hält diese gemeinsam mit den Betroffenen aus;
– sie bedeutet eine Option für die Armen als die ersten Adressaten der Reich-Gottes-Botschaft.[312]

4.2. Gefangenenseelsorge ein Dienst der Versöhnung

Die Gefängnisseelsorge gehört zu den ursprünglichen Aufgaben des pastoralen Handelns der Kirche. Sie ist ein besonders sensibles Feld. Die Strafgefangenen wie die Strafentlassenen gehören zu den am meisten marginalisierten wie diskriminierten Mitgliedern unserer Gesellschaft, an denen sich nicht nur das gesellschaftlich eingespielte Sündenbockdenken mit besonderer Vorliebe festmacht, sondern auch die grausame Tendenz, andere Menschen lebenslänglich

---
[312] Vgl. Mette, Norbert: Solidarität mit den Geringsten, in: Concilium 24, S. 304

mit ihrer Schuld zu behaften. Die Gefängnisseelsorge findet ihr wohl tiefstes geistliches Richtmaß an der Formel, auf die der Apostel Paulus im 2. Korintherbrief sein eigenes Handeln bringt: „Wir bitten an Christi Statt: Lasst euch mit Gott versöhnen." (2 Kor 5,20)[313]

Versöhnung ist das Werk Jesu Christi im Neuen Testament, Versöhnung ist der Auftrag Jesu Christi an den Seelsorger im Umgang mit den Menschen im Strafvollzug. „Versöhnen heißt heilen, heil machen, was un-heil ist."[314] Lebensgeschichten von Strafgefangenen lassen leicht den Eindruck entstehen, sie seien im Grunde von Kindheit an „arme Opfer" einer sie mißbrauchenden Umgebung – Spielball elterlichen Interessen, Menschen, um die es selber nie ging, über die immer nur verhandelt wurde wie über eine Ware. Man gewinnt fast den Eindruck, es liege so etwas wie ein Fluch über deren Leben. Aus verschiedenen Gründen ist es verhängnisvoll, wenn Seelsorger nur das „arme Opfer" sehen. Zweifellos haben diese Menschen viel Schweres erlebt, und ihre Umgebung ist ihnen vieles schuldig geblieben. Doch wird ihnen kein guter Dienst erwiesen, wenn sie nach all den erlittenen Versagungen und psychischen Verletzungen nun auch noch durch den – zwar gut gemeinten – Status als „Arme" zusätzlich gekränkt und in einem zentralen Bereich ihrer Persönlichkeit zurückweisen werden. Hinzu kommt ein weiterer Gesichtspunkt von großer Bedeutung: Wird allein den Eltern oder auch der entfernteren Umgebung die Schuld am Geschick des Inhaftierten zugewiesen, so verführt eine solche Sicht sehr leicht dazu, dass diese sich selber nur noch als „Opfer" empfinden und jegliche Eigenverantwortung von sich weisen. (Die Unfähigkeit, Verantwortung für sein Tun zu übernehmen und die daraus resultierende Unfreiheit klagend einzufordern, ist ein häufiges Merkmal psychischer Störungen bei Dissozialität). Sie muss neben der Beziehungsgestaltung besonders im Blick des Seelsorgers sein. Denn trotz aller Determiniertheit bleibt eine spärliche Entscheidungsfreiheit. Die Verleugnung dieser Willens- und Entscheidungsfreiheit wäre die radikalste Bewältigung des „Bösen", weil es damit aus dem Weg geschafft wird. Damit wird die Verantwortung ausradiert, aber sie kommt wieder wie die Schrift an der Wand des Königs von Babylon: Gewogen, zu leicht befunden und verworfen.[315]

Dies ist für jeden Menschen, der Schweres in Kindheit und Jugend erlebt hat, eine bittere Einsicht und mobilisiert stets heftige Gefühle von Trauer, Verzweiflung und Haß. Die Anerkennung der Tatsache, dass das Schuldig-Erklären der anderen nichts hilft und dass das in der Kindheit Nicht-Erhaltene

---

[313] Die Bibel, Einheitsübersetzung, Altes und Neues Testament, S.1295

[314] Deutsche Bischofskonferenz – Entwurf: „Denkt an die Gefangenen ...", S. 24

[315] Vgl: Stauss, Konrad: Bonding Psychotherapie, S. 275

nicht mehr einklagbar ist, stellt jedoch die Grundvoraussetzung für eine konstruktive Weiterentwicklung dar. Erst die Bereitschaft, auf Wiedergutmachungsansprüche zu verzichten, bereitet den Boden für ein weiteres Wachstum der Persönlichkeit vor. Und bei diesen – allerdings schwierigen – Schritten sollte der Seelsorger behilflich sein. Dabei gilt es folgendes zu beachten.

Der Mensch hat trotz seiner Determiniertheit grundsätzlich die Möglichkeit zur verantwortlichen Selbstbestimmung. Er verfügt aufgrund des ethischen Gewissens über die Fähigkeit, zwischen Dingen zu unterscheiden, die lebenserhaltend oder lebenszerstörerisch sind, funktional oder disfunktional oder theologisch ausgedrückt gut oder böse sein können. Aus dieser Unterscheidungsfähigkeit erwächst seine Verantwortlichkeit für sein Tun und Lassen. Da der Mensch sich selbst, den anderen und Gott gegenüber verantwortlich ist, ist seine Verantwortung hauptsächlich eine Beziehungsverantwortung. Aus dieser Perspektive ist Freiheit mit der Art der Beziehungsgestaltung zu sich selbst und anderen verbunden. Sie findet ihre Grenze in dem zerstörerischen Umgang mit diesen Beziehungen. Die Aufgabe des Seelsorgers ist es, durch Klärungsarbeit dem Strafgefangenen Verstrickungen bewusst zu machen, die zu diesen destruktiven Handlungen geführt haben. Daraus kann ein Prozess erwachsen, der zu einer dreifachen Verantwortungsübernahme führt, natürlich nur im Rahmen seiner Entscheidungsfreiheit:
– Die Verantwortung gegenüber dem eigenen autonomen Selbst, verwirklicht durch Klärung der lebensgeschichtlich entstandenen bewussten und unbewussten Motive.
– Die Verantwortung gegenüber dem eigenen ethischen Gewissen und in dessem Kontext Klärung der Sinnfrage des eigenen Lebensentwurfes, Verwirklichung der eigenen Fähigkeiten.
– Die soziale Verantwortung den anderen gegenüber, durch Klärung des eigenen dysfunktionalen Beziehungsverhaltens und dessen Auswirkung auf andere. Anpassung des Beziehungsverhaltens unter gegenseitiger Würdigung der eigenen Grundbedürfnisse und jener der anderen, um die daraus entstehenden Konflikte zu minimalisieren.[316]

Das Übernehmen der von mir beschriebenen Verantwortung bildet die Grundlage dafür, dass jemand aus der Schuld entlassen, ihm von Gott und den Menschen verziehen wird. Vergebung kann wirkungsvoll nur bei einem persönlichen Gegenüber stattfinden. In Mt 5,23f werden wir aufgefordert: „Wenn du deine Opfergabe zum Altar bringst und dort fällt dir ein, dass dein Bruder oder deine Schwester etwas gegen dich hat, so lass deine Gabe dort vor dem Altar liegen; geh und versöhne dich zuerst mit deinem Bruder oder deiner

---

[316] Vgl: Stauss, Konrad: Bonding Psychotherapie, S.278

Schwester, dann komm und opfere deine Gabe."³¹⁷ Vergebung wird gewährt in der Kommunikation zwischen Zweien. In seiner Minimalform geschieht dies durch eine Vergebungsbitte und ein Vergebungswort.

Im Gegensatz dazu ist beim Prozess der Aussöhnung nicht zwingend ein Gegenüber nötig. Doch ist der Seelsorger als verstärkender Kommunikationspartner dabei ausgesprochen hilfreich. Auch für die Versöhnung gilt: Es bleibt falsch und Schuld, was von jemandem getan wurde; er kann es nicht ungeschehen, wahrscheinlich nicht wieder gut machen. Sich mit einer Sache versöhnen heißt, nicht mehr damit hadern, nicht mehr dagegen kämpfen, sondern etwas lassen können wie es ist. Während des Versöhnungsprozesses kann der Seelsorger dem Inhaftierten einen rituellen Versöhnungssatz sprechen lassen:

*„Ich nehme es so, wie es war und will nicht kämpfen, dass es hätte anders sein sollen. Ich stimme dem Preis zu, den ich zu zahlen habe. Aus allem mache ich gern das Beste."*³¹⁸

Dieser Satz, indikativisch formuliert, beinhaltet einen hohen Grad an Affirmation, verbunden mit einer kraftvollen Tiefenwirkung, die das quälende „Warum" des Geschehenen beenden kann. Er hat Entscheidungskraft in sich, wenn er ritualisiert ausgesprochen wird. In diesem Sinne ist es möglich, sich mit schlimmen Traumata und Verbrechen zu versöhnen, sie ins Leben zu integrieren. Dies ist keine Unterwürfigkeit, sondern Demut. Sie ist eine seelische Haltung, welche die Tatsache würdigt, dass manche Ereignisse nicht endgültig zu verstehen sind und man sie deshalb auf sich beruhen lassen kann.

Frucht eines jeden Vergebungs- und Aussöhnungsgeschehens ist dann: Der Strafgefangene kann in Bezug auf Erleben und Tun anders weitermachen, er kann neu anfangen. Vergebung ist die von einem anderen erhaltene, befreiende Erlaubnis zur Neuentscheidung. Für Glaubende ist Vergebung erhalten ein Geschehen in einem spirituellen „Raum", in der Dimension des Heiligen und damit Gottes. Dieser Begegnungsraum ist nicht einfach „machbar", um ihn damit gegenwärtig zu haben. Damit die Dimension des Heiligen gegenwärtig wird, braucht es Zeichen, die für eine andere Wirklichkeit stehen, sie symbolisieren.

Bei dissozialen Menschen im Gefängnis tut der Seelsorger gut daran, wenn diese wegen ihrer Schuldempfindungen um ein Beichtgespräch bitten, nicht gleich auf den formellen Ritus der Beichte zu steuern. An erster Stelle muss das Eruieren und Verstehen-Wollen des Geschehens in seinem Kontext stehen, das sich durchaus auf mehr als ein Gespräch ausdehnen kann. Oft erhellen sich darin weitere Aspekte oder Zusammenhänge, wodurch sich die faktische

---

[317] Die Bibel, Einheitsübersetzung, Altes und Neues Testament, S. 1086

[318] Gummel, Bettina: Vergeben – versöhnen – befreien, in: Geist und Leben, Heft 3 – 2003, S. 126

Belastung noch einmal anders darstellen kann. (Erweiterung des Bezugsrahmens, in dem die Belastung steht). Nach solchem Explorieren des Geschehenen und der individuellen Empfänglichkeit stellt sich erneut die Frage nach einer Beichte als vergebendem Ritual. Es kommt nämlich vor, dass das vertiefte Reden mit dem Seelsorger – eine Art „Durcharbeiten" – für jemanden plötzlich genügt. Dann hat sich im Gespräch eine Erleichterung ergeben, vielleicht ein Stück Versöhnung mit dem, was geschehen war. Selbsteröffnung und Bekenntnis über belastende Ereignisse helfen manchmal zur Aussöhnung mit sich.

Wünscht jemand den weiteren Verlauf der Beichte, ist es wichtig, dass der Seelsorger seine Rolle dafür verändert. Er muss wechseln vom fragenden und verstehen wollenden Gesprächspartner zum Vollzieher eines Rituals. Letzteres hat teil an einer geheimnisvollen (gnadenhaften) Dimension und ist nicht eine Verlängerung des vorangegangenen Dialogs. Darauf muss der Seelsorger hinweisen und es in sichtbaren Zeichen kund tun: z.B. Anlegen eines priesterlichen Kleidungsstückes, die Stola, Entzünden einer Kerze, Beginn des Rituals durch ein Kreuzzeichen.

Je nach Atmosphäre des vorangegangenen Gespräches scheint es bedeutsam, dass der Seelsorger während der Lossprechung in einer Art Segensgeste die Hände auf den Kopf des beichtenden Gefangenen legt oder über seinen Kopf hält. Ob dies angebracht ist, muss mit viel Sensibilität in der Situation erspürt und angeboten werden.

4.3. Heutige Gefangenenpastoral ist Beziehungsarbeit

„An der Place Pigalle in Paris führt ein katholischer Priester eine Kneipe für Prostituierte. Von dieser Kneipe erzählt Michèle, eine junge Frau und selber Prostituierte, wie sie diesen Ort erlebt: „Immer an einen bestimmten Ort gehen zu können, dort immer einen bestimmten – denselben – Menschen zu wissen, vor einem Mädchen sitzend, die Gauloise zwischen den Fingern, vor sich ein Glas Rotwein, das die Sicherheit des Da-Seins ... Wissen, dass da eine offene Tür ist, ein Haus für jene, die keines haben, ein Herz, das einem zuhört ... und einfach ein Ort, wo man keine Angst mehr zu haben braucht, weinen kann und sein Leben ändern, wenn es auf Abwege geraten ist ... ein Ort, wo immer jemand für einen da ist, ein Tabernakel ohne Hostie, ohne ewiges Licht ... ein Tabernakel von Menschen für Menschen"."[319]

Die Kneipe für Prostituierte – immer an einen bestimmten Ort gehen zu können, ein „Tabernakel von Menschen für Menschen" mit dieser gewagten Formulierung hat Michèle nicht nur äußerst präzise umschrieben, was christ-

---
[319] Koch, Kurt: Solidarität, mit den Leiden und Nöten der Menschen, in: Handbuch der praktischen Gemeindearbeit, S. 230

liche Solidarität mit den Leiden der Menschen bedeutet, sondern sie hat auch gelungen zum Ausdruck gebracht, was Beziehungsarbeit in der Gefangenenseelsorge meint. Hier wird keine Pastoral beschrieben, die vorrangig aus der Sicht des Anbieters denkt, nach Interessen und Bedürfnisssen der Adressaten Ausschau hält, um das Angebot besser auf diese abstimmen zu können. Es ist das Gegenteil von dem, was empathische Pastoral beabsichtigt. Sie steht vor einem anderen Anspruch: „die Position des Anderen einzunehmen, unter dessen Anspruch alles christliche, kirchliche und pastorale Handeln in der Spur des Jesus aus Nazaret steht."[320]

Neutestamentlich begründet ist dieser Positionswechsel im konkreten Verhalten Jesu, etwa in seiner Heilungspraxis: In Mk 10,51 fragt Jesus den blinden Bartimaios, der sich in seiner Heilungssehnsucht durchaus nicht abschütteln lässt, sondern hartnäckig nach Beistand schreit: „Was soll ich dir tun?"[321] Das ist die biblische Grundlinie einer empathischen Pastoral (Deutsch ist diese Wendung mit Hermann Stenger wohl am ehesten übersetzbar als „Sich-im-rechten-Maß-Einfühlen), die auf die Kraft und Kompetenz setzt, von sich abzusehen und in probeweiser Identifizierung die Perspektive der nach Orientierung und Hilfe Suchenden einzunehmen. Möglich ist das nur im klaren und solidarischen Bewusstsein eigener Bedürftigkeit und Schwäche.

Wie soll aber nun der Seelsorger in verantwortlicher Weise mit einem Beziehungssystem zurechtkommen, das von dem Prinzip Entweder-Oder (entweder ich oder du) geprägt ist und vom Straftäter über Jahre hinweg verinnerlicht und praktiziert wurde? In diesen Beziehungsszenen herrscht nämlich das Nullsummenspiel: Was der eine bekommt, geht dem anderen verloren. Also versucht jeder Beziehungspartner nicht der Verlierer, sondern der Gewinner zu sein, sei es im Sinne eines handfesten Vorteils, sei es im Sinne moralischer Überlegenheit. Will der Seelsorger dieses Beziehungssystem verändern, weil er sich darin nicht wohlfühlt und weil es die Grundlage der sich szenisch wiederholenden Problematik des Delinquenten ist, dann hilft es nicht, gegen dieses Beziehungssystem und damit gegen den Probanden zu kämpfen. Dies wäre nichts anderes als die Fortführung des Beziehungssystems „entweder du oder ich". Will der Seelsorger solch ein Beziehungssystem verändern, muss er versuchen, ein anderes, „angenehmeres" Beziehungssystem einzuführen und aufrechtzuerhalten. Dazu ist eine Veränderung der eigenen Beziehungsphantasien nötig. Die Alternative zum Nullsummenspiel heißt: „ich und du". Nur wenn es dem Seelsorger mit dem Inhaftierten oder Strafentlassenen gut geht, kann es ihm auch mit dem Seelsorger gut gehen. Folglich ist es prinzipiell

---

[320] Wahl, Heribert: Plädoyer für eine emphatische-diakonische Pastoral, in: Wege zum Menschen, Heftt 8, 2002, S. 524

[321] Die Bibel, Einheitsübersetzung, Altes und Neues Testament, S. 1137

möglich und sinnvoll, statt gegen den Probanden und dessen Beziehungsphantasien zu kämpfen, für sein eigenes Wohlbefinden in der Beziehung zu diesem zu sorgen. Dadurch besetzt er wieder sein eigenes Haus, was es dem Straffälligen schwer macht, sich dort grenzüberschreitend auszubreiten, was ihm aber auch die Möglichkeit gibt, sich wieder oder erstmals „bei sich selbst" einzufinden, Verantwortung für sein Handeln zu übernehmen und seinerseits dafür zu sorgen, dass es ihm in seinen Beziehungen besser geht. Hinderlich bei dieser Veränderung ist vor allem der Widerstand[322] des Straftäters. Dieser hat zwar – wie jeder Mensch – das Grundbedürfnis, sicher und zufrieden mit seinen Bezugspersonen zusammenzuleben; aber dieses Bedürfnis hat er bisher in seinem Leben nur in verzerrter Form, also entsprechend dem Nullsummenspiel verwirklichen können. Er hat erlebt, dass Sicherheit und Zufriedenheit nur gegen den oder die anderen erreichbar ist, nicht zusammen mit ihm oder ihnen. So hat er bisher auf Kosten anderer gelebt und andere haben auf seine Kosten gelebt. Verhaltensweisen wurden erworben, die sich als Kompromissbildungen zwischen der Angst, ausgestoßen zu werden und der Angst, vereinnahmt zu werden, zeigen. Zwischen diesen beiden Ängsten, die bei schwer beziehungsgestörten Menschen extrem groß sind, versucht sich der Straftäter hindurch zu lavieren.

Diese Beziehungsphantasien auch bei sich zu erkennen und immer wieder akzeptierend zu reflektieren, ist die Grundlage dafür, dass Seelsorger allmählich und immer wieder dafür sorgen können, sich in der Beziehung zu Straftätern wohler zu fühlen. In dieser Haltung wird der Anspruch auf die Befriedigung der eigenen Bedürfnisse nach Sicherheit und Zufriedenheit in der Beziehung gestellt und aufrechterhalten. Dabei geht es gerade nicht darum, dass der andere die nötige Sicherheit und Zufriedenheit herstellt, sondern darum, dass der Seelsorger selbst dafür sorgt. Das führt wiederum dazu, dass der Straftäter von dieser Haltung „angesteckt" wird, kommt sie doch seinem eigenen Grundbedürfnis entgegen. Gleichzeitig entsteht zwischen beiden zunehmend Respekt für die jeweiligen Grenzen des anderen; die gemeinsamen Grenzen und damit der Kontakt werden sicherer. „Jeder von beiden kann versuchen, er selbst zu sein, sozusagen 'den eigenen Raum zu füllen`, wodurch der andere seinen Raum, seine Verantwortung für sich selbst zugewiesen bekommt."[323] Wenn die eigene Kontur einigermaßen klar ist, braucht man ein Verwischen der Grenzen nicht zu fürchten. Dann ist die Basis dafür geschaffen, dass der Seelsorger dem Straftäter in sich einen seelischen „Raum" zur Verfügung stellt, „in dem das ungeklärte, problematische, das angsterfüllte oder beschädigte Leben, aber

---

[322] Vgl. dazu III. Kapielt, 2.2. Die Weisheit des Widerstandes

[323] Bauriedl, Thea: Beziehungsarbeit in der Bewährungshilfe, Referat beim Verein für Bewährungshilfe, S. 4

auch Glück, Freude und Begeisterung angstlos einströmen und Platz nehmen kann."[324] All das, was er im Moment allein nicht schultern, seelisch aushalten und tragen kann, muss er beim Seelsorger ablagern, in ihn projizieren können – und er muss es tun dürfen. Nur so entsteht eine Wirklichkeit, wie Michèle sie beschrieben hat: „... ein Ort, wo man keine Angst mehr zu haben braucht, wo immer jemand da ist, ... ein Tabernakel von Menschen für Menschen".

Es versteht sich von selbst, dass solche Veränderungen immer nur in kleinen Schritten und auch immer nur partiell gelingen, aber es bedeutet nicht, dass sie unmöglich wären oder gar in die falsche Richtung gingen. Die beschriebene Beziehungsstruktur „ich und du" darf auch nicht mit einer „harmonischen", also konfliktfreien Beziehung verwechselt werden. Im Gegenteil, die erlebte Erkenntnis, dass hier zwei unterschiedliche Menschen zusammentreffen, führt in alle die Konflikte, die bis dahin durch die sprachlosen Grenzüberschreitungen „mit Gewalt" vermieden wurden. Aus dem Geschilderten ergibt sich gerade auch für den Seelsorger: Wenn die Grenzüberschreitung das jeder Straftat zugrundeliegende Beziehungsmuster ist, dann ist das eindeutige Einhalten von Grenzen in der Beziehung zu Straftätern ein wichtiges Grundprinzip der Resozialisierung.

4.3.1. Der Besessene von Gerasa (Mk 5,1-20)

Eine fogende Heilungs- und Beziehungsgechichte, drückt trefflich das aus, was ich im obigen Kapitel versucht habe, zu beschreiben.

„Sie kamen an das andere Ufer des Sees, in das Gebiet von Gerasa. Als er aus dem Boot stieg, lief ihm ein Mann entgegen, der von einem unreinen Geist besessen war. Er kam von den Grabhöhlen, in denen er lebte. Man konnte ihn nicht bändigen, nicht einmal mit Fesseln. Schon oft hatte man ihn an Händen und Füßen gefesselt, aber er hatte die Ketten gesprengt und die Fesseln zerrissen. Bei Tag und Nacht schrie er unaufhörlich in den Grabhöhlen und auf den Bergen und schlug sich mit Steinen. Als er Jesus von weitem sah, lief er zu ihm hin, warf sich vor ihm nieder und schrie laut: Was habe ich mit dir zu tun, Jesus, Sohn des höchsten Gottes? Ich beschwöre dich bei Gott, quäle mich nicht! Jesus hatte nämlich zu ihm gesagt: Verlass diesen Mann du unreiner Geist! Jesus fragte ihn: Wie heißt du? Er antwortete: Mein Name ist Legion; denn wir sind viele. Und er flehte Jesus an, sie nicht aus dieser Gegend zu verbannen. Nun weidete dort an einem Berghang gerade eine große Schweineherde. Da baten ihn

---

[324] Wahl, Heribert: Plädoyer für eine diakonische Pastoral, in: Wege zum Menschen, Heft 8, 2002, S. 526

die Dämonen: Lass uns doch in die Schweine hineinfahren! Jesus erlaubte es ihnen. Darauf verließen die unreinen Geister den Menschen und fuhren in die Schweine, und die Herde stürzte sich den Abhang hinab in den See. Es waren etwa zweitausend Tiere und alle ertranken. ... Als er ins Boot stieg, bat ihn der Mann, der zuvor von den Dämonen besessen war, bei ihm bleiben zu dürfen. Aber Jesus erlaubte es ihm nicht, sondern sagte: Geh nach Hause und berichte deiner Familie alles, was der Herr für dich getan und wie er Erbarmen mit dir gehabt hat. Da ging der Mann weg und verkündete in der ganzen Dekapolis, was Jesus für ihn getan hatte, und alle staunten."[325]

Es sollen wenige Szenen aus dieser Geschichte genügen, um an Jesus exemplarisch zu lernen, wie es gehen kann, wenn Menschen sich durch ein sicheres Bindungsangebot auf die Suche nach der „verlorenen Wahrheit" begeben.

„Er kam von den Grabhöhlen," ... Die Zellen eines Gefängnisses sind solch „steinerne Grabhöhlen", wo man Menschen versteckt bzw. wo man sie hintut, damit sie andere nicht stören oder gefährden. Ihre Schreie müssen gar nicht laut sein; es sind oft jahrelange, ganz stille, innere, aber um so schmerzhafter quälende Schreie nach etwas anderem, als sie erleben, stumme, unverständliche Schreie nach einem Leben ohne Schuld und Anklage, immer am Rand des „seelischen Todes".

„Man konnte ihn nicht bändigen, nicht einmal mit Fesseln. ... er hatte die Ketten gesprengt und die Fesseln zerrissen;" ... Wenn jemand nur noch um sich schlägt, (sich als eine permanente Bedrohung für die Gesellschaft erweist) bleibt den Menschen nichts anderes mehr übrig, als ihn stillzulegen. Unsere Medizin arbeitet schon Jahrzehnte an diesem Ziel. Vor allem die pharmazeutische Industrie ist unaufhörlich daran, unser Elend besser erträglich zu machen. „Valium, Librium, Tacetin, Tavor usw. sollen den etwa 800.000 „Besessenen" (Medikamentenabhängigen) in Deutschland helfen, es sich im Elend gemütlicher zu machen."[326]

Bezogen auf den Strafvollzug zeigt diese Szene sehr eindringlich, dass unsere herkömmlichen, gewöhnlichen Methoden und Antworten (Arrest, Freiheitsentzug, einfaches Wegsperren, Sicherungsverwahrung) für den überwiegenden Teil von Strafgefangenen keine adäquate Lösung bereit halten. Die hohe Rückfälligkeit belegt dies – man wird mit ihnen nicht fertig!

„Ich beschwöre dich bei Gott, quäle mich nicht!" ... Da kommt ihm einer nahe, vielleicht das erste Mal. Und es geht ihm so nahe, dass er es nicht aushält und schreit: Geh weg. Es tut so weh. Ich will das nicht. Ich will deine Nähe

---

[325] Die Bibel, Einheitsübersetzung, Altes und Neues Testament, S. 1128
[326] Lechler, H. Walther: So kann`s mit mir nicht weitergehen!, S. 103

nicht. Und vor allem, ich will nicht, dass du etwas an meinem Zustand änderst. Er ist mir so zur Gewohnheit geworden, ich kann es mir anders nicht mehr vorstellen, auch wenn er noch so schlimm ist. Er möchte heraus aus seinem unglücklichen Zustand, aber ohne Schrecken und Angst. Es soll und darf nicht weh tun. Es entsteht ein Zustand in ihm, wo er alles zurückschlägt, was ihm nahe geht, alle Hilfe ausschlägt, die ihm entgegengebracht wird, obwohl in seinem Innersten eine wahnsinnige Sehnsucht nach Befreiung verborgen ist. Jede Annäherung ist von Mißtrauen geprägt! (Es gehört wohl zum Tagesgeschäft eines Gefangenenseelsorgers, dass sein gutgemeintes Beziehungsangebot beim Inhaftierten zunächst auf Widerstand stößt).

„Wie heißt du?" ... Jesus läßt sich vom Kettenrasseln und Schreien des Besessenen nicht beirren. Er hat dem unreinen Geist, diesem Abergeist, befohlen, den Mann zu verlassen. Das wäre eine großartige Lösung gewesen, wenn sie Erfolg gehabt hätte. Doch in diesem Fall hat Jesu Intervention nicht gefruchtet. Aber Jesus läßt sich weiterhin nicht beirren. Er bleibt im Kontakt mit dem Hin- und Hergerissenen und fragt ihn: „Wie heißt du? Wer bist du?" Jesus gibt nicht auf, und vor allem, er gibt ihn nicht auf, der sich nirgendwo mehr zeigen konnte und niemandem mehr offenbaren wollte. Wie heißt du? Da will es jemand einfach wissen. Da will jemand einfach die Wahrheit hören, seine ganz eigene Geschichte, und läßt sich durch nichts abschrecken, weder durch Schreie, Lärm noch durch Grüfte und Gräber, noch durch Misserfolg und Ohnmachtsgefühle. Da ist einer einfach da, bereit zuzuhören und in seinem Dasein bietet er in sich einen Ort an, wo diese Qual Platz haben kann.

„Mein Name ist Legion; denn wir sind viele." ... Bei dissozialen Entwicklungen stehen wir einer vielschichtigen Problematik gegenüber. Als besonders charakteristisch und zugleich verhängnisvoll erscheint mir das Ineinandergreifen „individueller psychopathogenischer Elemente und sozialer Faktoren"[327], die wesentlich dazu beitragen, dass die dissoziale Störung eine oft verhängnisvolle Eigengesetzlichkeit entwickelt. Es herrscht also keine einseitige Kausalbeziehung, sondern ein kompliziertes Netz sich gegenseitig beeinflussender Determinanten. (Vgl. dazu II. Kapitel, 5. Kennzeichnende Merkmale dissozialer Menschen)

Innerseelische Grundkonflikte, die sich in Botschaften wie folgt äußern:
- „Ich darf anderen nicht nahe sein, ich darf nicht leben, ich habe keine Berechtigung zum Dasein, meine Existenz und meine Gefühle und Bedürfnisse sind eine Last für andere."
- „Ich finde keine Sicherheit in der Beziehung zu anderen, folglich bin ich ausgeliefert und hilflos, die Beziehungswelt ist ein gefährlicher Ort. Traue niemandem, bitte niemand um Hilfe, mach alles alleine."

---
[327] Rauchfleisch, Udo: Außenseiter der Gesellschaft, S. 172

– „Ich weiß nicht, wer ich bin und wo ich hingehöre". „Das Leben ist sinnlos, es lohnt sich nicht, sich für etwas zu engagieren."
Jeder einzelne Grundkonflikt bedarf der Aufarbeitung – um im Bild der Geschichte zu bleiben – muss in ein Schwein fahren, den Abhang hinunterstürzen und im See ertrinken. Nur bearbeitetes und in sich integriertes Leid hört auf, weiteres Leid zu produzieren. Wenn wir das imposante Bild mit dem Verstand begreifen wollen, können wir es nicht begreifen. Es ist Unsinn, sich leibhaftige Schweine vorzustellen, die zugrunde gehen müssen, damit der Besessene seine Legion los ist. Aber es ist großartig, wenn man sich 2000 Schweine vorstellen kann, die da wild den Hang hinunterrasen und im See verschwinden. Das ist ein ganz gewaltiges Bild dafür, was in einem der Schuld überführten Menschen im Gefängnis passieren kann, wenn er all das loslassen kann, was ihn besetzt hält und ihn davon abhält, zu sich selbst und zu seiner Bestimmung zu finden.

„... bat ihn der Mann, der zuvor von den Dämonen besessen war, bei ihm bleiben zu dürfen. Aber Jesus erlaubte es ihm nicht, ... Es geschieht, wie auch sonst im Neuen Testament, dass der Besessene, der nun Geheilte Jesus bittet, bei ihm bleiben zu dürfen und es ist das einzige Mal im ganzen Evangelium, dass diese Bitte nicht erhört wird. Jesus gebietet diesem Manne ganz im Gegenteil, zurückzugehen zu den Seinen. Es bringt Menschen mit solch schwerwiegenden Persönlichkeits- und Beziehungsstörungen nicht weiter, sich der „spirituellen Umgehungsstraße" zu bedienen mit dem Versuch, an den Menschen **vorbei** gesund und heil zu werden. Es ist unbestritten, dass spirituelles Verhalten eine Bewältigungsfunktion gerade bei kritischen und lebensbedrohenden Situationen haben kann. Man spricht von der spirituellen Bewältigungsform als eine eigene Bewältigungskategorie, die nicht auf andere Formen der Bewältigung reduzierbar ist. Aber, Beziehungskonflikte (oft Wiederholungen des dysfunktionalen, zur Gewohnheit gewordenen Beziehungsverhaltens, die in den biographisch bedingten Verletzungen ihre Ursache haben) sind und bleiben trotz spiritueller Ressourcen und aller guten Vorsätze an der Tagesordnung. Jesus weiß um diese Zusammenhänge, dass nur durch das in Gang setzen eines wechselseitigen Lernprozesses (dysfunktionales Verhalten wird bearbeitet und gestoppt und funktionales, bedürfnisbefriedigendes Verhalten eingeübt) Menschen für ihr Verhalten Beziehungsverantwortung übernehmen können, ohne die Vergangenheit zur Rechtfertigung ihres Verhaltens zu missbrauchen. Neben den Beziehungsfähigkeiten wird vom dem Seelsorger besondere Sensibilität für den Verlauf des Beziehungsgeschehens verlangt, da Straftäter starke Tendenzen haben, als Täter und Opfer die Grenzverletzungen zu wiederholen, die sie selbst erlebt und die sie anderen angetan haben. „Du gehörst mir, mit dir mache ich, was ich will", das ist die Szene, die sich zu wiederholen droht. Sie

bedroht auch den Seelsorger, der in ständiger Gefahr ist, von dem Inhaftierten funktionalisiert zu werden, zu dem gemacht zu werden, den er „brauchen" kann: Einer, der ihm immer nachlaufen muss, einer, der ihn immer abwehren muss, einer, der nicht mehr wissen soll, was stimmt und was nicht. Das den Gefangenen selbst oft unbewusste Ziel eines solchen Verhaltens ist etwa, den Seelsorger auf seine Verlässlichkeit und Tragfähigkeit zu prüfen. Die hinter der mangelnden Motivation stehende Frage lautet in diesem Fall: Ist der Seelsorger bereit, sich für mich zu engagieren, selbst wenn ich ihn permanent zurückstoße? Neben dem Misstrauen, das einer solchen Haltung zugrunde liegt, spielen hier auch manipulative Tendenzen, Grandiositätsvorstellungen und ungeheure Ansprüche der Inhaftierten eine wesentliche Rolle (so etwa die Erwartung, der Seelsorger müsse eine schier unendliche Geduld besitzen und auf jegliche Bedingung eingehen, die der Straftäter ihm diktiert).[328]

Zu wissen, was für den Einzelnen richtig ist, verbunden mit der Fähigkeit sich angemessen, passend-stimmig einzufühlen, rückt die Person Jesu in die Sphäre des Göttlichen. Gott ist spürbar nah und gegenwärtig in dem Mann aus Nazaret, und die Sprache seiner Güte ist stärker als das Geschrei der Stimmen, als der Ruf der Dämonen in den Grabhöhlen jenseits des Sees.

4.3.2. Symbolhandlungen im Beziehungsgeschehen

Die Sprache, die in den gängigen Seelsorge- und Beratungskonzepten als Medium dienen soll, hat in der Unterschicht, aus der sich Insassen von Strafanstalten hauptsächlich rekrutieren, eine ganz andere Bedeutung als in der Mittelschicht oder gar Oberschicht. In der Unterschicht sind zumeist einem breiten Spektrum nonverbaler, stark emotionsgeladener Verständigungsmöglichkeiten sprachliche Äußerungen aufgesetzt. Angehörige der Unterschicht erleben rein sprachliche Angebote in der Seelsorge eher als ihnen nicht gemäß und fremd, eventuell sogar als ablehnenden Akt oder einfach als Überforderung. Reden – über Probleme zu sprechen – entspricht nicht den Konfliktbewältigungstechniken und Interaktions- und Kommunikationsweisen der Unterschicht. Angebote der Seelsorge in Richtung „Lassen Sie uns darüber reden!" lösen darum eher auch Befremden oder Misstrauen aus.

Da dem Ratsuchenden der Unterschicht wenig einleuchtet, dass Reden, sich Unterhalten etwas ist, das Probleme beseitigt, kann die Frage nicht mehr lauten: Findet der Seelsorger die richtigen Worte im richtigen Augenblick? Sondern seine Fragen formulieren sich eher so: Welche Reaktionen – im weitesten Sinne – sind dem Seelsorger jetzt abverlangt?

---

[328] Vgl. Rauchfleisch, Udo: Außenseiter der Gesellschaft, S. 109

VI. Kapitel: Diakonie – die wieder zu entdeckende Grundidee

In der Gefangenenseelsorge setzt sich immer mehr die Überzeugung durch, dass „Sprache" viel weiter gefasst werden muss und dass eine bestimmte Art von Symbolhandlungen verdichtete, emotional vielschichtige und bestimmten Situationen viel angemessenere „Sprache" sind als Worte. Mit Symbolhandlungen sind solche Reaktionen gemeint, „die jenseits von Worten Situationen sprengen, retten oder entzerren – wie es Worte, oder Worte allein, nicht können."[329] Zwei Beispiele mögen das Gesagte verdeutlichen.

„Ein Seelsorger besuchte einen Gefangenen nach mehrfachem Selbstmordversuch auf der Beobachtungszelle. Nach einem längeren Gespräch in einer vertrauensvollen Atmosphäre holt der Gefangene aus seiner Garderobe (genau: aus dem Hosensaum) eine Rasierklinge hervor und gibt sie dem Seelsorger mit den Worten: Nehmen Sie sie! Es war der regressive Versuch, Verantwortung für sich abzugeben: Pass Du, Seelsorger, auf! – Der Seelsorger hält die Rasierklinge eine Weile in der Hand, gibt sie dann aber dem Gefangenen zurück: Sie können sie behalten. Sie brauchen sie jetzt nicht mehr! Dieser Gefangene hat sie tatsächlich nicht mehr gebraucht."[330] Mit Hilfe dieser Symbolhandlung (statt beispielsweise überbesorgt die Rasierklinge wegzustecken), sie war auf der Beobachtungszelle verboten, hat der Seelsorger ihm das Bewusstsein zurückgegeben, ein Mensch zu sein, der eigener Entscheidungen und Verantwortung für sich fähig und würdig ist – vielleicht gerade genug, um den Rest der Strafzeit durchzustehen. Er hat mit einer Geste etwas zur Sprache gebracht, was in Worten nicht oder sehr schwer so unterzubringen gewesen wäre. Er hat ihm etwas „Handfestes" – im wahrsten Sinne des Wortes – gegeben, handfestes Vertrauen – der Insasse konnte es fassen, weil er es fassen konnte.

Gefangene kommunizieren selber besonders häufig mit Hilfe von Symbolhandlungen. Ein anderer Seelsorger berichtet von dem Auftritt eines Gefangenen während eines Wutanfalls. Er hatte, niemand wusste woher – eine starke Eisenkette erstanden, die er nun in der Zelle so um sich herumschleuderte, dass er um sich herum einen kreisförmigen Raum sichern konnte. Über diese Grenze wagte sich keiner ihm zu nähern. Der Seelsorger versuchte von draussen auf ihn einzureden. Schließlich gab der Gefangene auf, – aber auch seinen, ohnehin minimalen Schutzraum, indem er die Kette aushändigte. Dieser Gefangene nahm sich kurz darauf das Leben; er konnte ohne den – wenigstens symbolisch gesicherten – „privaten" Raum nicht leben. Gefangene sprechen ihre eigene Sprache, und sie verlangen dem Seelsorger ab, dass er ihnen in ihrer Sprache begegnet und sie darin versteht. Sprache heißt hier nicht Jargon. Dass wir ihren

---

[329] Stubbe, Ellen: Symbolhandlungen in der Seelsorge, in: Seelsorge im Strafvollzug, Band 2, S. 77

[330] Stubbe, Ellen: Symbolhandlungen in der Seelsorge, in: Seelsorge im Strafvollzug, Band 2, S. 82

Jargon sprechen, erwarten die Gefangenen nach meinen Erfahrungen nicht. Sprache ist etwas anderes. Sprache heißt hier eine sehr tiefgehende, symbolische Umgangsweise mit Gefühlen, eine sehr konzentrierte Darstellungsform von Innenwelten zu verwenden. Schließlich heißt das wohl: eine tiefe, rational nicht fassbare Kommunikation des Unbewussten.[331]

4.3.3. Beziehungarbeit mit den Bediensteten

"Die wahren Opfer des Knastes sind nicht die Gefangenen, so wie die wahren Opfer der Armee nicht der Feind ist. Die Opfer der Armee sind die Soldaten, und die Opfer des Knastes sind die Beamten. Die Gefangenen sind gezwungen im Knast auf Zeit, die Beamten freiwillig und lebenslänglich. Sie sind auch freiwillig dort, so müssen sie sich mit ihm identifizieren, um leben zu können. Es ist auf Dauer nicht möglich, von und in einer Einrichtung zu leben, ohne ihre Gesetze anzuerkennen. Die Einrichtung stößt solche Außenseiter aus, schleift sie ab oder zerbricht sie."[332]

Die tägliche Auseinandersetzung mit zum Teil sehr schwierigen Gefangenen, die durch den Verlust ihrer Freiheit, durch Abbruch ihrer Familienbeziehungen, durch Angst vor der Verhandlung usw. in hohem Maße belastet sind, erfordert von den Vollzugsbediensteten den Einsatz ihrer gesamten Person und führt unweigerlich in eine Streßsituation, der sich die Mitarbeiter kaum entziehen können. Deswegen sind die Seelsorger oft mit Vorwürfen und Anklagen aber auch mit ganz persönlichen Sorgen und Nöten konfrontiert: „Ihr Gefängnisseelsorger kümmert euch doch nur um die Gefangenen! Für uns Bedienstete habt ihr keine Zeit! ... Wir besitzen zwar Schlüssel, im Vollzugsbetrieb sind wir aber der letzte Dreck, ihr kirchlichen Mitarbeiter habt den Gefangenen immer etwas zu geben, wir müssen für Sicherheit und Ordnung sorgen, wir bleiben mit unseren Problemen im Dienst und auch in der Familie oft allein."[333]

Hier sind Erwartungen an den Seelsorger gestellt, die er in seinem Berufsauftrag nicht ignorieren darf. Der ständige Kontakt mit den Beamten sollte den Seelsorger zu einer Offenheit gegenüber deren individuellen Problemen motivieren, da er den Berufsalltag mit ihnen teilt und die daraus resultierenden

---

[331] Die vorgenommenen Interpretationen sind wissenschaftlich nicht belegbar, und auch den Begriff der Symbolhandlung habe ich sehr locker gehandhabt. Ich habe versucht, die Fesseln der Sprache zu lockern, Gesten zu finden, die in einem Milieu sprechen, in dem es einem oft die Sprache verschlägt.

[332] Ortner, Helmut: Freiheit statt Strafe, S. 128

[333] Popke, Michael: „Wir bleiben mit unseren Problemen oft allein", in: Nicht sitzenlassen, S. 145

persönlichen Schwierigkeiten im Gespräch aufnehmen kann. Denn so manche Aktivitäten des Seelsorgers bringen häufig Belastungen für die Beamtenschaft, insbesondere für den Aufsichtsdienst, und mitunter auch ein gewisses Maß von Unruhe in der Anstalt mit sich. Die Schaffung einer Anstaltszeitung oder die Anregung von Initiativen zur Bildung einer Insassenvertretung stoßen nicht von vornherein auf das Verständnis aller Beamten. Die Spannungen zwischen Seelsorger und Beamten ließen sich leichter abbauen, wenn die Gefängnisseelsorger die Bedürfnisse der Bediensteten stärker aufnähmen und damit die klassische Vorstellung der Seelsorge im Strafvollzug aktualisierten, die die Beamten bewusst als Addressaten einbezogen hat.[334]

Die Versöhnungsbotschaft, die vor allem anderen den Vorrang hat, erfordert es, dass die Bediensteten, die stark in die identitätsgefährdeten Beziehungsstrukturen des Justizvollzugs eingebunden sind, in dem Seelsorgprozess angenommen werden. Die kontroversen Ziele Sicherung und Überwachung einerseits, Resozialisierung andererseits bedingen unvereinbare Rollenerwartungen an das Vollzugspersonal. Der gegenwärtige Strafvollzug provoziert hier eine berufliche Dauerfrustration eines ganzen Berufsstandes, die nicht ohne Auswirkungen auf das Gesamtklima einer Anstalt und auf die menschliche Situation der dort Tätigen bleiben kann. Dem Seelsorger würde hier eine eminent wichtige Funktion zukommen, weil er aufgrund seiner Zwischenposition innerhalb der Institution aus der gesetzlichen Umklammerung heraus kann, um irgendwelche Probleme zu lösen, was dem Vollzugsbeamten als Weisungsgebundenem nicht erlaubt ist. Leider liegen hier noch große Defizite vor, die in Zukunft von der Gefangenenseelsorge unbedingt aufgearbeitet werden müssen. Es scheint beinahe zwingend zu sein, dass der Seelsorger für die Bediensteten einer Justizvollzugsanstalt Seminare anbietet, die die ganz persönlichen Anliegen der Bediensteten aufgreifen, damit sich der mancherorts entgleiste Dialog wieder entwickelt, dass echte Fragen und echte Antworten wieder möglich sind. Ein besonderes Augenmerk könnte dabei auf Ehe und Familie oder Paarbeziehungen gelegt werden, da die tägliche Arbeit im Strafvollzug eine besondere Herausforderung an die privaten zwischenmenschlichen Beziehungen stellt.

---

[334] Vgl. dazu: Deutsche Bischofskonferenz – Entwurf: „Denkt an die Gefangenen ...", S. 14/15

VII. Kapitel: Was kommt nach dem „Drinnen"?

Die sich ständig wiederholenden Rückfallprozesse nach der Entlassung aus der Strafhaft zeigen, dass seit Bestehen der Freiheitsstrafe das Problem der sozialen Wiedereingliederung straffällig Gewordener nicht gelöst worden ist. Die Rückfallquote von ca. 70-80 % verdeutlicht in etwa die fehlende Effizienz bisheriger Bemühungen um Resozialisierung und Wiedereingliederung.[335] Isolierte Behandlungsmaßnahmen im Strafvollzug scheinen ohne eine durchgehende Vorbereitung auf die Entlassung, z.b. in Form des Freigängersystems, durch das Angebot von Seminaren mit Familienmitgliedern, dem Aufbau bzw. der Stabilisierung tragfähiger Kontakte zur Familie, Freunden etc. und vor allem eine nachgehende Betreuung der Entlassenen kaum erfolgsversprechend für eine soziale (Re-) Integration zu sein. Dabei wird ein potenzielles Scheitern der Haftentlassenen in der Auseinandersetzung mit der sozialen Wirklichkeit nicht einseitig dem Haftentlassenen aufgrund persönlicher Anlagen angelastet werden können, es sei denn, dass die Existenz einer gesellschaftlichen Ausgliederung geleugnet wird. Das Misslingen von Kontakten nach der Entlassung kann tatsächlich nur mit Defiziten des haftentlassenen Individuums begründet werden. Es muss vielmehr auf die Wechselwirkung in Interaktionsprozessen zwischen Haftentlassenen und sozialer Umwelt Bezug genommen werden. Die Einstellung der sozialen Bezugsgruppen ist dabei besonders wichtig, da sie den Haftentlassenen in seinem Bemühen um die soziale Wiedereingliederung entweder behindern kann, durch diskriminieren und stigmatisieren, oder aber, indem sie ihm bei der Resozialisierung helfen und ihm möglichst vorurteilsfrei begegnen und unterstützen können.

Damit sind im Wesentlichen für die soziale Wiedereingliederung von Haftentlassenen drei Faktoren ausschlaggebend:
– *individuelle Kompetenzen* (z.B. Handlungskompetenz, Problemlösungskompetenz, Durchhaltefähigkeit usw.)
– *Ressourcen* (z.B. Geld, Qualifikation, Möglichkeiten der Inanspruchnahme einer Anlaufstelle für Haftentlassene, Wohnen in einem Übergangsheim, Schuldenregulierungsfonds, Familie, Verwandte, Freunde)
– *soziale Umwelt* (Verhaltensmuster der sozialen Umwelt, Familie, Freunde, Nachbarn, Arbeitgeber, Arbeitskollegen)

Vergegenwärtigt man sich die Chancen und Möglichkeiten des Strafgefangenen, sich nach seiner Haftentlassung in die Handlungsfelder und Bezugsgruppen des zivilen Milieus zu integrieren, um ein Leben ohne Straftaten zu

---
[335] Vgl. Quitmann, Joachim: Haftentlassung und Reintegration, S. 1-3

führen, so scheint bereits Skepsis angebracht. Denn der Wille allein, nicht rückfällig zu werden, könnte bereits von der sozialen Umwelt bezweifelt werden. Der schwierige Weg der Wiedereingliederung in die Gesellschaft beginnt also bereits in bzw. mit der Haft in einer Phase, in der der Strafgefangene noch keinerlei Aktivitäten hätte ergreifen können.

1. Die Situation der Haftentlassenen - Eine „black box"?

Die Wissenschaft befasste sich vorwiegend mit der Institution des Strafvollzugs und richtete ihr Augenmerk erst wieder auf den rückfällig gewordenen Haftentlassenen. Der Prozeß der Wiedereingliederung in die gesellschaftlichen Bezugssysteme selbst wurde dabei weniger Gegenstand wissenschaftlicher Forschung.

„Mit dem Tag der Entlassung beginnt der schlimmste Teil der Strafe."[336] Dieser häufig vernommene Satz von Strafgefangenen, die Entlassungssituation vorwegnehmend, verdeutlicht sehr eindrucksvoll, was die Gefangenen über die Zeit nach der Haft denken und was sie von ihrem Leben in der Freiheit erwarten. Der Straffällige hat zwar mit der „Verbüßung" durch das Gerichtsverfahren festgesetzten Freiheitsstrafe seine Schuld getilgt. Nicht getilgt ist damit aber der Makel des straffällig Gewordenen und des Inhaftierten, eines „Kriminellen". So wird er zwar aus der Haft entlassen, jedoch mit der Furcht oder einer zweiten Bestrafung, mit der er in den täglichen Kontakten im zivilen Milieu konfrontiert wird.

Mit der Verurteilung zur Freiheitsstrafe und der Einweisung in eine Haftanstalt sind damit zwei Prozesse der Ausgliederung aus der Gesellschaft verbunden. Der erste Prozess umfasst die Haftsozialisation mit der Verinnerlichung der Häftlingsrolle, der zweite Prozess diskriminiert den Inhaftierten in der normalen Gesellschaft.

Leider verfügt unsere Gesellschaft über keine generalisierten Modalitäten der Wiedereingliederung, über keine Übergangsrollen, Zeremonien und Institutionen, in denen die Gesellschaft ihre Ausgliederung des Individuums wieder aufhebt und dessen erneute Aufnahme vollziehbar macht, d.h. ihm einen neuen Status im zivilen Milieu zubilligt. Dass solche durchaus denkbar sind, belegt z.B. der altchristliche Bußritus. Hier könnte die Ortskirchengemeinde im Anstaltsbereich eindeutige Prioritäten nach diakonietheologischen beziehungsweise sozialpastoralen Bezügen setzen und damit das „diakonale Blackout"[337] überwinden. Die Realisierung einer geschwisterlichen Gemein-

---

[336] Quitmann, Joachim: Haftentlassung und Reintegration, S. 13
[337] Ebertz, Michael: Aufbruch in der Kirche, S. 136

schaft von Christen jenseits von deren Soziallage ist, gerade weil sie die erhoffte Zukunftsgestalt der Kirche darstellt, zugleich kritisches Kriterium, an dem sich gegenwärtige Praxis ausweisen muss. Es gilt, Ressourcen an Zeit, Material und Personal freizusetzen, damit Wiedereingliederung überhaupt möglich werden kann.

Beim Wechsel von der totalen Unfreiheit in die totale Freiheit verhält sich der Haftentlassene häufig wie ein Kind bei seinen ersten Schritten ins Leben. Er befindet sich am Anfang einer mehr oder weniger ungewissen Zukunft, einer Zeit, die geprägt ist durch Unsicherheit, Angst, angestauten Wünschen und Nachholbedürfnissen. Er ist nicht vorbereitet auf die soziale Rolle, die ihn nun erwartet, auf die Konfrontation mit der Gesellschaft im Familien-, Leistungs- und Freizeitbereich. Zudem ist die Einstellung des Haftentlassenen oft durch ein erhebliches Misstrauen gegenüber der Gesellschaft geprägt. Dem Zeitpunkt der Entlassung wird deshalb häufig mit gemischten Gefühlen, Phantasien und Träumen, aber auch mit der Angst vor der Zukunft und den erwarteten vielen Schwierigkeiten (Arbeitsplatz, Wohnung, Schulden, persönliche Probleme, soziale Kontaktschwierigkeiten) entgegengesehen. In der Tat stellt der Entlassungstag eine entscheidende Zäsur im Leben eines jeden Gefangenen dar und ist somit zentraler Bestandteil der Gedanken und Gefühle des Inhaftierten während der Haftzeit.

1.1. Bindung an einen Arbeitsplatz

Für die erfolgreiche Reintegration der Haftentlassenen in die Gesellschaft ist von entscheidender Bedeutung, ob sie nach ihrer Entlassung baldmöglichst relativ stabile Arbeitsbeziehungen aufbauen können. Denn alle weiteren Schwierigkeiten könnten durch einen passenden Arbeitsplatz gemildert werden. Das heißt, dass andere Probleme sich häufig erst dann in Angriff nehmen lassen, wenn die materielle Basis gesichert ist. Denn Arbeit hat neben aller Mühsal eine wichtige sozialpsychologische Bedeutung, da sie den Tages-, Wochen- und Jahresablauf strukturiert. Die meisten beruflichen Aufgaben können nur in Zusammenarbeit mit anderen Menschen ausgeführt werden; daher bildet Arbeit eine wichtige Grundlage für die Entwicklung kooperativer Kompetenz und bildet ein wesentliches soziales Kontaktfeld. In den meisten Fällen bleibt der Wunsch auf einen Arbeitsplatz und die damit einhergehende Verbesserung des sozialen Status unerfüllt. In unserer Erwerbsgesellschaft werden, obwohl die Wirtschaft boomt, immer weniger Menschen neu eingestellt und für Unqualifizierte und gering Qualifizierte kaum noch Arbeitsplätze bereit gestellt. Ungeachtet dieser Entwicklung erhält der Einzelne soziale Anerkennung von und in unserer Gesellschaft immer noch über Erwerbsarbeit. Diese entscheidet über die Wertigkeit der Menschen und definiert den Grad ihrer Einbindung in die Gesellschaft. Haftentlassene haben – als „moralisch Geächtete" – in einer solchen Situation kaum eine Chance, noch ein Stück vom „Kuchen" der Erwerbsarbeit abzubekommen.[338]

Neben den bereits beschriebenen generellen strukturellen Schwierigkeiten, eine Arbeit zu finden, kommen sehr häufig die Faktoren der mangelnden beruflichen Qualifikation, der beruflichen Verkümmerung und des Veraltens von Kenntnissen während der Haftzeit hinzu. Die Inhaftierung bedeutet einen Stillstand der beruflichen Entwicklung, den Nichtgebrauch beruflicher Qualifikationen. Das berufliche Leistungsvermögen des Probanten sinkt während der Haftzeit, Kenntnisse und Fähigkeiten verkümmern. Dadurch ist der Haftentlassene auf dem Arbeitsmarkt grundsätzlich benachteiligt, es sei denn, er begnügt sich mit mehr oder minder untergeordneten Arbeiten. Es sei hier kritisch angemerkt, dass es mit dem Anstreben bloßer Arbeitsleistung als solcher oder mit dem Abbau von „Arbeitsscheu" nicht getan ist; denn viele Insassen arbeiten relativ regelmäßig, bei genügend äußerem Halt auch längerfristig, und das Ausscheren beginnt meist außerhalb des Leistungsbereiches. Die Ansicht ist auch überholt, man könne in den sonstigen Lebensbereichen (z.B. Freizeit, personale Kontakte) auftauchende Probleme überwinden, wenn man den Betroffenen nur die richtige Arbeitsgesinnung antrainiere. Obwohl manche Arbeitgeber durchaus bereit sind, Haftentlassene einzustellen, beeinträchtigt das Faktum Haft die Beziehung zwischen Strafentlassenen und der sozialen Umwelt in besonderem Maße. Vorurteile und Diskriminierungen durch Arbeitgeber und Arbeitskollegen, die keinen Haftentlassenen als Arbeiter und Kollegen wünschen, können oft schon die besten Absichten des Haftentlassenen zunichte machen.

Die berufliche Wiedereingliederung wird erschwert durch ein Problemgeflecht aus äußeren Schwierigkeiten, strukturellen Problemen des Arbeitsmarktes, Arbeitslosigkeit, Veränderung der Berufe und Anforderungen während der Zeit der Inhaftierung, außerdem durch Benachteiligungen und Diskriminierungen in der beruflichen Umwelt, sowie durch innere Schwierigkeiten, die beim Haftenlassenen selbst zu suchen sind, besteht. So kann es vorkommen, dass Strafentlassene einen vielleicht mit viel Mühe vermittelten Arbeitsplatz bei auftauchenden Schwierigkeiten schon nach wenigen Tagen aufgrund ihrer mangelnden Konfliktlösungskompetenz verlassen und nicht wieder zur Arbeit erscheinen.

---

[338] Vgl. Althoff, Heinrich: Straffälligenhilfe als adäquater Umgang mit Kriminalität und sozialem Ausschluss?, in: Sozialer Ausschluss durch Einschluss, S. 198

1.2. Das Problem der Wohnungssuche

Die Schwierigkeiten, die mit der Wohnungssituation verbunden sind, hängen zum großen Teil von den Reaktionen der Herkunftsfamilie, der eigenen Familie, den Verwandten, Freunden und Bekannten ab. Ist die Herkunftsfamilie z.B. bereit, nach der Entlassung ihres Sohnes, ihrer Tochter diesen, diese wieder in ihrer Wohnung aufzunehmen, oder lehnen sie den weiteren Kontakt mit ihm, ihr ab? Haben sich während der Inhaftierung Freunde und Bekannte abgewendet, die eventuell bei der Wohnungssuche behilflich sein könnten? Hatte sich die Frau vom straffällig gewordenen Ehepartner getrennt oder weigert sich, ihn aufzunehmen? Diese Fragen stellen sich im Zusammenhang von Unterkunft und sozialen Bindungen des Haftentlassenen. Häufig weigern sich Eltern, Geschwister und Ehefrauen, ihren strafentlassenen Angehörigen bei sich aufzunehmen, weil sie Angst vor einer sozialen Ausgrenzung haben.

Zudem tritt das Problem auf, dass der Entlassene sich nicht als einziger um eine Wohnung bemüht; er muss bei der Wohnungssuche mit Nicht-Straffälligen konkurrieren. Wohnungsvermieter, die um die Vergangenheit, d.h. um den Aufenthalt in der Strafanstalt wissen, begegnen dem Strafentlassenen eventuell mit Zurückhaltung und Misstrauen. Sätze wie folgt beschreiben die Situation des Wohnungssuchenden treffend: „Man könne den übrigen Hausbewohnern nicht zumuten, mit einem ehemaligen Strafgefangenen unter einem Dach zu wohnen und ihn als Wohnungsnachbarn zu haben."[339] Aus Angst, als anmaßend oder uneinsichtig eingestuft zu werden, wagt der Entlassene dann oft nicht, selbstbewusst aufzutreten. Versucht er es, so weist man ihn sofort auf seine Vergangenheit hin und bringt ihn so zum Schweigen.

In der Regel sind die Schwierigkeiten der Wohnungssuche aus den bereits genannten Gründen so groß, dass der Haftentlassene gezwungen ist, erst einmal eine Unterkunft in einem Obdachlosenasyl zu suchen. Bessere Möglichkeiten der Unterkunft sind durch die Aufnahme in Übergangsheimen (Wohnheime konzipiert als Wohngemeinschaften) gegeben, die von cartitativen Organisationen (z.B. Katholischer Männerfürsorgeverein) betrieben werden. Straftäter sehen jedoch oftmals in solchen Einrichtungen eine Verlängerung der Haftsituation und befürchten eine erhöhte Rückfallgefahr durch die gegenseitige Gefährdung ihresgleichen. Die Erfahrung lehrt uns zweierlei, erstens dass sich das Problem der Wohnungssuche bei den ledigen, geschiedenen und getrennt lebenden Straftätern mit zunehmendem Alter verstärkt und zweitens, dass diejenigen Haftentlassenen, die rückfällig wurden, von Anfang an in schlechten Wohnverhältnissen lebten.

---

[339] Quitmann, Joachim: Haftentlassung und Reintegration, S. 30

1.3. Die Last der Schulden

Von vielen Straftätern wird die schwierige finanzielle Situation beklagt, die eine erfolgreiche Wiedereingliederung erheblich erschwert. Besondere Probleme scheint nach Auskunft der Probanten dabei die Tilgung der vielfach recht hohen Schulden zu bereiten. Die Arten der Verschuldung sind unterschiedlich und können sich unter ungünstigen Bedingungen zusammensetzen z.B. aus: Gerichtskosten, Anwaltskosten, Scheidungskosten, Gutachterkosten, Wiedergutmachungsforderungen (Schadensersatz, Versicherungen, Schmerzensgeld), Unterhaltschulden (wegen Sicherung des Lebensunterhaltes unterhaltsberechtigter Familienangehöriger durch die Sozialhilfe). Eine wirkliche Wiedergutmachung von Schäden, ein effektiver Abbau der Schuldenlast ist nur dann möglich, wenn dem Strafgefangenen während der Haftzeit ein gerechter, d.h. ein voller Lohn für seine geleistete Arbeit gezahlt wird.[340] Die geringe Entlohnung während der Haft verhindert ein mögliches Abtragen der Schulden und ein Begleichen der laufenden finanziellen Forderungen. Von der Möglichkeit der Versöhnung mit dem Geschädigten und einer Restitution des Rechts kann also keine Rede sein. Wird Sühne als materielle Wiedergutmachung und Wiederversöhnung mit der Rechtsgemeinschaft verstanden, so wird durch das System der unzureichenden Arbeitsentlohnung zudem dem sühnebereiten Täter jede Möglichkeit genommen, bereits während der Haftzeit Sühne zu leisten. Damit wird das gesamte Verschuldungsproblem in die Zeit nach der Entlassung verlagert. Schon am Tag der Entlassung sieht sich der Haftentlassene neuen finanziellen Aufforderungen ausgesetzt. Falls er nicht in seine Familie zurückkehrt oder bei Freunden oder Bekannten wohnt, benötigt er Geld für Unterkunft, Verpflegung und für die Benützung von öffentlichen Verkehrsmitteln. Damit sind häufig schon die finanziellen Möglichkeiten (geringes Entlassungsgeld) des Haftentlassenen erschöpft, wenn nicht gar überschritten, so dass für manche Strafentlassene die eigene Wohnung bzw. das eigene Zimmer eine Wunschvorstellung bleibt und das Obdachlosenasyl zum ständigen Wohnsitz wird.

Hinzu kommt ein in der Haftzeit angestauter Nachholbedarf an Freizeitaktivitäten und Vergnügungen. Die Diskrepanz zwischen berechtigterweise erhöhten Konsumansprüchen als Folge der deprivierenden Haftzeit sowie notwendigen Anschaffungen für den Neubeginn und den zur Verfügung stehenden finanziellen Mitteln verdeutlicht die prekäre Situation, in der sich der Haftentlassene befindet.

---

[340] Zwar hat das neue Strafvollzugsgesetz in § 43 die Zahlung eines Arbeitsentgeldes vorgesehen, das sich in der Höhe nach der Art der Arbeit und der Leistung des Gefangenen richtet, zu einer tarifmäßigen Entlohnung konnte sich der Gesetzgeber jedoch nicht durchringen.

1.4. Persönliche Probleme

In aller Regel wird das mangelnde Selbstwertgefühl durch die Haftzeit mit Sicherheit nicht behoben. Vielmehr kann davon ausgegangen werden, dass die Identität noch vermehrt unter der Gefängnissozialisation (zunehmende Unselbstständigkeit, Ängste, Misstrauen, Infantilisierung) leidet. Des Weiteren beeinflussen Realitäts- und Kontaktverluste die Persönlichkeit des Haftentlassenen und führen nicht selten zu neurotischen Entwicklungen. Insbesondere die Verinnerlichung des Makels der Haftstrafe beeinträchtigt das Selbstwertgefühl des Gefangenen. Die Furcht vor der sozialen Ächtung und Stigmatisierung durch die soziale Umwelt, besonders durch die Familie und Bekannte verstärkt das Gefühl der Unsicherheit und erzeugt zusätzlich Ängste. Dies alles trägt dazu bei, dass der Proband sich selbst als labil und unfähig einschätzt. Es gelingt ihm auch nicht, ohne Hilfe von außen die von vielen Seiten erfolgte Merkmalzuschreibung und Selbstdefinition zu verändern. Der Haftentlassene verlässt schließlich die Strafanstalt psychisch geschädigt, desintegriert, lebensfremd und wenig belastbar. Ihn zeichnet eine geringe Frustrationstoleranz und Belastbarkeit, eine gebrochene Widerstandskraft und eine mangelnde Fähigkeit zur Konflikt- und Lebensbewältigung aus.

Die Angst und das Misstrauen des Haftentlassenen vor Stigmatisierung und sozialer Ächtung durch die Umwelt verhindert ein offenes und unbefangenes Handeln. Er versucht, sich einen psychischen Wertausgleich zu verschaffen, um sein mangelndes Selbstwertgefühl zu verbessern. Sichtbar wird dieser Zustand in einem Art „Mittelpunktskomplex" des Haftentlassenen, der im Zusammenhang mit seinen Schuld- und Minderwertigkeitserfahrungen steht. Der Proband lebt dann häufig ein Doppelleben, in dem er einerseits die Rolle des reuigen Sünders spielt, manchmal auch die Rolle des „guten Patienten", und andererseits genauso weiterlebt wie bisher. Im Falle von depressiven Zuständen und/oder bei sichanbietender Gelegenheit (z.B. finanzielle Verlockungen), wird er rückfällig – trotz Betreuung und daran vorbei.[341]

1.5. Soziale Kontaktschwierigkeiten

Die geschilderten persönlichen Probleme wirken sich unmittelbar auf die Bewahrung und die Neuaufnahme von sozialen Kontakten aus und erschweren diese zusätzlich. Während der Haftzeit verliert der Insasse nach und nach seine sozialen Beziehungen, die Kontakte zu Angehörigen und Freunden reißen ab. Durch die auf die Strafanstalt begrenzte Kommunikation reduziert sich sukzessive die Kommunikationsfähigkeit des Haftentlassenen. Besondere Probleme er-

---

[341] Vgl. Bauriedl, Thea: Beziehungsarbeit in der Bewährungshilfe, Referat, S. 15

geben sich in der Kontaktaufnahme zum anderen Geschlecht. Kommunikationsprobleme, Diskriminierungsängste und während der Haftzeit erlernte sexuelle Praktiken erschweren die Kontaktaufnahme. Um dieser Isolierung zu entgehen, nimmt er wieder Verbindung zu ehemaligen Mitgefangenen auf. Die Tatsache der hohen Zahl von Kontakten mit anderen Entlassenen oder „dem Milieu" ist auch eine praktische Erfahrung, die Sozialarbeiter oder freiwillige Helfer im Bereich der Entlassenenhilfe immer wieder bestätigt finden. Dem in seinen sozialen Bezügen gestörten Straffälligen steht offensichtlich nach der Entlassung meist nur noch die ähnlich kontaktgestörte Gruppe der „Ehemaligen" offen.

2. Das Projekt Katzenloh – die Welt wird schöner mit jedem Tag

Wenn der Mensch der Weg der Kirche ist, wie Johannes Paul II. in „Redemptor hominis" sagt, weil Gott allen Menschen Mensch geworden ist, kann sich die Seelsorge zwar am menschlichen Leben vorbeibewegen, sie darf es aber nicht. Ist die Botschaft vom Mensch gewordenen Gott bleibender Inhalt und unverrückbare Richtschnur der Verkündigung und allen kirchlichen Handelns, darf es niemandem in der Kirche gleichgültig sein, wenn das Leben von immer mehr Menschen, gerade das der Strafentlassenen, unberührt von ihr an ihr vorbeiführt. Die (im obigen Kapitel) beschriebenen Probleme von Menschen, die aus einer Haftanstalt entlassen werden, zeigen dies nur allzu deutlich.

Auf dem Weg zu einem vernünftigen, menschlichen, auf Wiedereingliederung zielenden Strafvollzug gab und gibt es immer wieder Rückschläge, sobald emotionsgesteuerte Ziele wie Rache und Vergeltung die Oberhand gewinnen. Der Zeitgeist, der das Auf und Ab bestimmt, fällt nicht vom Himmel. Er wird vom Menschen gemacht und man kann und muss etwas dagegen tun. Es ist an uns, alle Kräfte zu bündeln, um die positiven Ansätze zu sichern und die schlimmsten Fehlentwicklungen zu korrigieren. Hier knüpft das Projekt „Lebensraum Katzenloh" an. Es versteht sich als ein Lebensraum, wo benachteiligte Menschen noch zur Ruhe kommen können, wo sie Ruhe erfahren und dabei ihre Lebensthemen bearbeiten können. Das Projekt basiert, entsprechend den unterschiedlichen Problemgruppen, auf zwei Säulen: Intensiv-Sozialpädagogische Einzelbetreuung (ISE) von Jugendlichen und Betreuung von Strafentlassenen.

2.1. ISE Katzenloh - Selbstverständnis und gesetzliche Grundlage

Der Lebensraum Katzenloh bietet für maximal zwei Jugendliche Platz in Form von Einzelbetreuungsstellen. Sie basieren auf einer familienähnlichen Unterbringung in einem intensiven Eins-zu-Eins-Setting. Der Lebensraum Katzenloh ist eine verbindliche generationsübergreifende Arbeits- und Lebensgemeinschaft, die in einem schönen Einödbauernhof bei Altusried, Kreis Oberallgäu, lebt. Die Betreuung ist eine intensiv-pädagogische Rund-um-die-Uhr-Betreuung, die mit einem ganzheitlichen Arbeitsansatz, der Körper, Seele, Geist, Emotionen und die sozialen Fähigkeiten des einzelnen Jugendlichen umfasst. Der pädagogische Arbeitsansatz in der Pflegestelle Katzenloh ist aufgrund der unterschiedlichen pädagogischen und beruflichen Qualifikationen multi-professionell.

Systemische und psychoanalytische Orientierungen sowie eine aktive Elternarbeit und die Einbeziehung des familiären Hintergrunds des einzelnen Jugendlichen fließen in die alltägliche Pädagogik und Betrachtungs- bzw. Handlungsweise mit ein. Der Lebensansatz der Betreuungsstelle Katzenloh ist verankert im christlichen Menschenbild, mit einem klaren ethischen Werthintergrund, dem einzelnen Menschen überzeugend zu begegnen und ihm bei der Suche nach neuer Bewährung des Glaubens angesichts unserer heutigen Lebensprobleme zu helfen. Ein funktionierendes Krisenmanagement sowie eine konstruktive Konfliktbewältigung gehören zu den zentralen pädagogischen Aufgaben in dieser ISE – Betreuungsform. Eine Blockhütte in Schweden dient als Schutzraum, um mögliche Krisen zu durchleben, sie zu bearbeiten und somit für schnelle Entzerrungs- und De-Eskalationsmöglichkeiten zu sorgen. Die Betreuung erfolgt gemäß den §§ 35, 35a des SGB, achter Band (Kinder- und Jugendhilfegesetz).

2.1.1. Betreuungsangebot

Das Betreuungsangebot richtet sich an Jugendliche zwischen 12 und 18 Jahren, in deren derzeitiger Lebenswelt eskalierende Konflikte und Probleme nicht mehr am Ort des Entstehens gelöst werden können, und auch an solche, die einer intensiven Betreuung aufgrund ihrer seelischen Problematik bedürfen. Um der Besonderheit der Klientel gerecht zu werden, sind in den Betreuungsmaßnahmen Sozial- und Schulpädagogik eng verflochten.

2.1.2. Zielsetzung und pädagogische Basis

Auf dem Einödbauernhof können sozial auffällige sowie straffällig gewordene Jugendliche in einer für sie wenig vertrauten Umgebung einen „neuen Anfang" machen. Die familienähnlichen Strukturen bieten die Chance, durch den Aufbau stabiler, nicht an Bedingungen geknüpfte Beziehungen, sich innerlich zu festigen.

In der Individualbetreuung werden den betroffenen Jugendlichen Möglichkeiten angeboten, neue Bindungserfahrungen zu machen. Weil wir Menschen wie zur Freiheit so auch zur Beziehung keine Wahl haben (wir sind darauf existentiell angewiesen), können sich die Jugendlichen in dieser vertrauensvollen und verlässlichen Beziehungswirklichkeit so angenommen fühlen wie sie sind. Dabei wirkt die neue Umgebung durch ihre Außergewöhnlichkeit heilsam. Sie liegt unter anderem in der Reduzierung auf das unbedingt Notwendige. Es erfolgt eine Abschirmung von Außenreizen, wie Medien, destruktive Cliquen oder ein ständiges Suchen nach Ablenkung von sich selbst.

Die Jugendlichen werden in den Lebens- und Arbeitsrhythmus der Betreuungsgemeinschaft, in die täglichen häuslichen Arbeiten und die sonstigen versorgerischen Tätigkeiten einbezogen. Vielfältige Beschäftigungs- und Arbeitsmöglichkeiten (Tierhaltung und Erntearbeit, Landmaschinenwartung, Gartenbau, Waldarbeit, Gebäudeinstandhaltung, EDV und Bürodienste) bieten den Jugendlichen auf engstem Raum ein weites Lern- und Betätigungsfeld, für unterschiedliche Motivationslagen und Talenten.

Individuell angepasste Beschäftigungsangebote und handwerkliche Anlerntätigkeiten im Holz- und Metallbereich sind feste Bestandteile der Betreuung. Hinzu kommt schulische Einzelförderung (besonders in den Fächern Deutsch, Englisch, Mathematik, EDV), um dem Jugendlichen einen konstruktiven und vorbereiteten Neubeginn in Schule und Ausbildung zu ermöglichen. Die Lage des Hofes lädt zu vielfältiger sportlicher Betätigung (z.B. Mountainbiking, Jogging, Skilanglauf) ein.

Krisensituationen und emotionales Ausagieren der Jugendlichen werden sehr ernst genommen und bearbeitet. Die Jugendlichen sollen sich mit all den aufkommenden Schwierigkeiten, die das Zusammenleben in solch einer Lebens-Gemeinschaft natürlicherweise mit sich bringt, aufgehoben fühlen. Krisen führen jedoch nicht notwendigerweise zum Abbruch der Maßnahme, auch wenn der Jugendliche selbst alles tut, um diesen „gewohnten Zustand" zu erreichen. Denn da besteht die Gefahr der Wiederholung der traumatischen Situation z.B keine verlässliche Beziehung erlebt zu haben. Er muss die gegenteilige Erfahrung von dem machen können, als das, was er bisher für die Wahrheit gehalten hat und muss lernen, diese neue Wahrheit für sich nutzbar zu machen.

Ziel ist es, den Jugendlichen ihr eigenes Verhaltensmuster bewusst zu machen und ihnen Möglichkeiten an die Hand zu geben, diese zu verändern. Jeweils im Einzelfall ist zu prüfen, ob der Lebensraum Katzenloh das geeignete Betreuungsangebot für den hilfebedürftigen Jugendlichen zur Verfügung stellen kann.

Das sieht konkret folgendermaßen aus:
– An den Ressourcen und vorhandenen konstruktiven Potentialen des Jugendlichen anzusetzen und die individuellen Förderwege eines jeden einzelnen Jugendlichen auszugestalten

- Die Jugendlichen in ihren alltäglichen Lebensbezügen zu stabilisieren, sowie Grundlagen für eine Schul- oder Berufsausbildung zu erarbeiten
- Die einzelnen Jugendlichen in die Lebensgemeinschaft Katzenloh zu integrieren und Erziehungsziele, wie z.b. soziale Kompetenz, Gemeinschaftsfähigkeit und Normalität zu vermitteln
- Den gemeinsam erarbeiteten Hilfeplan umzusetzen

2.1.3. Organisatorische Rahmenbedingungen und Infrastruktur

Die Pflegestelle Katzenloh befindet sich in einem Einödhof, Katzenloh 1, in Altusried, Landkreis Oberallgäu. Zum Hof gehören 11 ha Weideland, darauf befinden sich auch die Wirtschaftsgebäude (Stall, Tenne, Maschinenhalle, Werkstatt). Der Tierbestand umfasst derzeit 16 Ochsen, 4 Mutterschweine und 7 Hühner.

Auf zwei Etagen befinden sich 4 Einzelzimmer mit jeweils einem Badezimmer mit Wanne, Dusche und WC. Als Gemeinschaftsräume stehen eine große Wohnküche und ein Wohnzimmer zur Verfügung.

2.1.4. Qualitative Absicherung der Maßnahme

Eine Einzel- bzw. Gruppensupervision der Lebensgemeinschaft wird je nach Dringlichkeit und Notwendigkeit durch einen unabhängigen Supervisor durchgeführt. Als Supervisor fungiert Dr. Konny Stauss (Psychotherapeut und ehemaliger Chefarzt der Psychosomatischen Klinik Bad Grönenbach). Um dabei möglichst nahe an der Realität zu bleiben, ist es nötig, sich nicht in Größenphantasien oder in überzogenen Vorstellungen von Wunderheilungen zu verlieren. Eine realitätsbezogene Beschränkung auf die exakte Wahrnehmung und Dokumentation „kleiner" aber wirklicher struktureller Veränderungsschritte und die Einbeziehung von „menschlicher" Anfälligkeit der Jugendlichen für künftige Stimmungsschwankungen und „Gelegenheiten" können eine dieser schwierigen Arbeit angemessene Dokumentation ermöglichen.

2.2. „Lebensraum Katzenloh" - eine mögliche Antwort auf Kriminalität und sozialen Ausschluss?

„Krininalität ist insofern normal für eine Gesellschaft, als es keine Gesellschaft ohne Kriminalität gibt."[342] Was sich aber in der Kriminalität ausdrückt,

---

[342] Althoff, Heinrich: Straffälligenhilfe als adäquater Umgang mit Kriminalität und sozialem Ausschluss?, in: Sozialer Ausschluss durch Einschluss, S. 193

sind die sozialen Probleme einer Gesellschaft. Daraus folgt, dass der Lebensraum Katzenloh nur bedingt eine Antwort auf das Problem der Kriminalität sein kann, bedingt in dem Sinne, dass sich die Lebensgemeinschaft als aktives und zugleich komplexes Lernprojekt für Jugendliche versteht, eine Hilfe zur Erziehung so vorzubereiten, dass diese eine möglichst große Erfolgschance hat. Insofern stellt sich als Aufgabe nicht der Umgang mit Kriminalität, sondern die Hilfe für Menschen heraus, die vom sozialen Ausschluss betroffen sind. Straffällige sind Teil dieser Gesellschaft, stehen aber außerhalb, weil sie in ihr keine Funktion mehr haben. Sozialer Ausschluss ist weder etwas Statisches, noch dauerhafter Zustand, sondern ein Prozess, der an vielen Stellen oder zu bestimmten Zeitpunkten auch gestoppt oder unterbrochen werden kann.

2.2.1. Grundhaltung, Rahmenbedingungen und Ziele

Hier knüpft das Projekt „Lebensraum Katzenloh" bei der Betreuung von Strafentlassenen an und versteht sich als eine Zwischenstation zwischen JVA und einem möglichen neuen Zuhause, in dem Frauen wie Männer nach dem Gefängnisaufenthalt den Alltag in einem realen Umfeld erleben und üben können. Unter der Einbindung in die Lebensgemeinschaft, zu der Menschen verschiedener Altersstufen gehören, können strafentlassene Personen, die ohne Bleibe sind und ihre Situation verändern wollen, dies im Alltag ausprobieren und umsetzen.

Ziel des Betreuungsangebotes ist es, diesen in viele soziale Schwierigkeiten verstrickten Menschen zu einer *besseren sozialen Integration zu verhelfen*. Angesichts ihres erlebten sozialen Elends (Heimaufenthalt, unzureichende Schul- und Berufsausbildung, schwerste Beziehungsstörungen) muss es eine vordringliche Aufgabe der Betreuung sein, dem straffälligen Menschen dabei behilflich zu sein, wieder – oder oft: erstmals – in der sozialen Welt Fuß zu fassen. Dazu gehören indes nicht nur Arbeit und Wohnung, wenngleich dies auch wichtige Voraussetzungen sind, sondern ebenso die Fähigkeit, *befriedigende menschliche Beziehungen aufnehmen und aufrechterhalten zu können*. Die Entwicklung der Beziehungsfähigkeit ist eine schwierige und oft langwierige Aufgabe, da viele straffällige Menschen in ihrem bisherigen Leben in dieser Hinsicht zum Teil schwerste Enttäuschungen und Verletzungen sowie eine große Zahl von Beziehungsabbrüchen erlebt haben. Das Projekt Katzenloh setzt hier gezielt an, um entsprechende Veränderungen bewirken zu können. Kern der Betreuung ist die Beziehung zwischen Straffälligem und Betreuer.

Über die genannten Teilziele hinweg stellt meines Erachtens die *Förderung der Autonomie* des aus der Strafhaft Entlassenen den Kern aller unserer Bemühungen dar. Von Kindheit an standen sie hilflos und ohnmächtig einer Welt gegenüber, die sie als fremd und feindlich erlebten und die ihnen nicht gerecht zu werden vermochte. Förderung, ja oft erst überhaupt Entwicklung von Autonomie muss bei ihnen auch deshalb ein zentrales Ziel sein, da diese Probanten durch ihre Straffälligkeit, mit all den sich daran knüpfenden Folgen, auch in ihrem heutigen Leben Abhängigkeiten, in denen sie sich befinden, noch vergrößern. In tragischer Weise inszenieren sie so das Drama ihrer frühen Beziehungserfahrung immer wieder von neuem bis in die Gegenwart.

Die wesentliche Frage ist hierzu: Unter welchen Bedingungen können sich Menschen und zwischenmenschliche Beziehungen verändern?

Im Mittelpunkt des Veränderungsprozesses, der im Lebensraum Katzenloh initiiert werden soll, steht das gemeinsame Leben und Arbeiten auf dem Bauernhof. Genutzt wird ein natürliches Umfeld, das von der Kraft des Selbstverständlichen lebt, denn die Lebensnotwendigkeiten auf einem Bauernhof erklären sich von selbst. Im täglichen, ganz normalen Zusammenleben mit all seinen Hindernissen und Widerständen wird auf natürliche Weise gelernt, mit Konfliktsituationen umzugehen. Die familienähnlichen Strukturen wirken stabilisierend und heilend auf die emotionale Befindlichkeit der Probanten, die gerade hier große Defizite erlebt haben. Wie selbstverständlich werden die Strafentlassenen bereits in den ersten Tagen in diesen Arbeitsalltag integriert. Sobald sie die notwendigen Fertigkeiten erlernt haben, können sie sich in den zugewiesenen Arbeitsbereichen eigenverantwortlich ausprobieren. Unterentwickeltes oder verloren gegangenes Selbstvertrauen wird neu aufgebaut, die Entwicklung von Selbstbewusstsein sowie Identität gestärkt und gefördert. Die vielfältigen Arbeitsbereiche auf einem Hof bieten aufgrund ihrer ausgesprochen inspirierenden Wirkung zudem praktische Hilfestellung für Berufswahl und Zukunftsplanung.

Dazu gehören:
– ein verständnisvoller, aber klarer Rahmen
– eine klare Tagesstruktur, die durch die Notwendigkeiten und stets wiederkehrenden Aufgaben in einem Bauernhof teilweise vorgegeben ist.
– Ermutigung dazu, seine Bedürftigkeit zu zeigen, Wünsche zu äußern
– Unterstützung beim Entdecken eigener Ressourcen
– Mitarbeit je nach Vermögen (d.h. ohne Druck) auf dem Hof (Gartenarbeit, Hausarbeit, handwerkliche Tätigkeiten)
– Rückzugsmöglichkeiten (Lesen, Schreiben, Malen, Spaziergänge in einer wunderschönen Natur)
– Das Angebot zu Gesprächen über spirituelle und weltanschauliche Fragen
– Das Angebot über die Erfahrungen und Erlebnisse während des Gefängnisaufenthalts zu sprechen, damit der Bezug zum Hier und Jetzt hergestellt werden kann

- Das Vorbereiten und Feiern von Festen, das Begehen von Ritualen und das Gestalten von Übergängen (z.b. Sonnenwende, Erntedank)
- Beratung und Unterstützung im Umgang mit Behörden und Arbeitgebern, bei Arbeits- und Wohnungssuche, bei der Schuldenregulierung
Das Eingebundensein in den Jahreskreislauf kann die Wahrnehmungsfähigkeit neu schulen.Was ereignet sich in der Natur? Wie verändert sie sich während des Jahres? Welche Rolle spielt das Wetter für die Arbeit auf dem Hof? Ziel ist es, über die Wahrnehmung des Außen zunehmend innere Gefühlszustände wahrzunehmen. Wie ist mein eigenes Befinden? Wie fühlt sich mein Körper an? Welche Sehnsüchte melden sich?

2.3. Zwischen Resignation und Hoffnung

Verschließen wir unsere Augen nicht vor der desolaten sozialen und innerpsychischen Situation, in der sich viele straffällige Menschen befinden, so liegt es nahe, dass sich bei den Betreuern Gefühle der Resignation breitmachen können. Immer wieder drängen sich bedrückende Fragen auf wie „Haben unsere Aktivitäten im Lebensraum Katzenloh denn überhaupt einen Sinn?" „Ist bei unseren Bewohnern nicht schon so viel zerstört, dass alle seelsorglichen Bemühungen gar keine Aussicht mehr auf Erfolg haben?" „Ist deren Neigung zu kriminellen Handlungen nicht bereits so eingeschliffen, dass wir kaum etwas daran verändern können?" Diese Zweifel werden oft noch verstärkt durch die ablehnende, alles entwertende Einstellung, welche die Probanten unseren Bemühungen gegenüber erkennen lassen, und durch die skeptische Haltung, die die Öffentlichkeit derartigen Betreuungsangeboten gegenüber vielfach einnimmt.

Die Erfahrungen im Projekt Katzenloh haben mich wesentlich bescheidener gemacht, musste ich doch oft schmerzliche Abstriche an großartigen Vorhaben und Vorstellungen machen. Nach meiner Erfahrung ist eine Arbeit mit Straffälligen nicht möglich, ohne dass sich dem Betreuer solche resignativen Fragen aufdrängen und er mitunter beim besten Willen keinen Weg mehr sieht, der aus dem Elend des Haftentlassenen herausführen könnte. Es sind Gefühle, die auch den Straffälligen selber erfüllen und oftmals jegliche Eigeninitiative in ihm geradezu ersticken. Deswegen ist es so wichtig, dass wir sie wahrnehmen und ihnen standzuhalten versuchen. Was sich an inneren und äußeren Schwierigkeiten über Jahre und Jahrzehnte angehäuft und verfestigt hat, kann oft beim besten Willen nicht rückgängig gemacht und verändert werden. Auch wenn ich mir keine großen Erfolge meiner Bemühungen verspreche und mit bescheidenen Änderungen zufrieden bin, braucht es doch irgendwo wenigstens einen Funken von Hoffnung, dass nicht alles „verloren" ist.

Die Schwierigkeit liegt darin, dass ich als Betreuer mir einen solchen Hoffnungsschimmer nicht selber einreden und mich nicht an eine völlig unrealistische Erwartung klammern darf, sondern hinter allen Problemen und Begrenztheiten der Straffälligen tatsächlich bei ihnen bestehende Entwicklungsmöglichkeiten wahrnehmen muss.

Hier wird die anthropologische Frage zur religiösen Frage, zur Frage des Glaubens. Christlicher Glaube weiß um diesen Antagonismus menschlicher Existenz. Er spricht einerseits vom Menschen als Bild Gottes, der kraft seiner Vernunft und Freiheit aktiv teilhat an Gottes schöpferischer Tätigkeit, und zugleich vom Menschen als dem, dessen endgültiges Gelingen – die Bibel spricht hier von „Heil" – nicht seine, sondern Gottes Tat ist. Die definitive Vollendung der Dinge, so auch die Resozialisierung eines Strafentlassenen, liegt nicht nur in der Hand des Menschen. Dies macht den Realismus christlich geleiteter Handlungsvernunft aus. Diesen gilt es im „Lebensraum Katzenloh" immer wieder neu einzufordern und sich darin den Chancen und Herausforderungen der Stunde ohne alle Verängstigung mit Leidenschaft und Augenmaß zu stellen. Die Tatsache, dass ich mir das letzte Gelingen des Projektes nicht selbst zumuten muss, ist sehr tröstlich und entlastend. Das Projekt Katzenloh hängt nicht im Leeren. Es hat Gott im Rücken und vor sich. Die Menschen in diesem Lebensraum arbeiten nicht im Nichts.

Literaturverzeichnis

ALEXANDER, Franz und STAUB, Hugo, Der Verbrecher und seine Richter, in: Moser, Tilmann (Hrsg.), Psychoanalyse und Justiz, Frankfurt a.M. 1972

ALTHOFF, Heinrich, Straffälligenhilfe als adäquater Umgang mit Kriminalität und sozialem Ausschluss?, in: Nickolai, Werner (Hrsg.), Sozialer Ausschluss durch Einschluss, Freiburg 2001

ARBEITSKREIS OPD, Operationalisierte Psychodynamische Diagnostik, Bern 2004

BALDENIUS, Ingeborg, Gelogene Liebe, Regensburg 1998

BARTH, Karl, Die kirchliche Dogmatik III, Die Lehre von der Schöpfung, 4. Teil, Zürich 1957

BAUER, Annemarie, Institutionsgeschichten, Institutionsanalysen, Tübingen 1995

BAUMGARTNER, Isidor, Diakonie, in: Haslinger, Herbert (Hrsg.), Handbuch Praktische Theologie, Band 2, Mainz 2000

BAURIEDL, Thea, Beziehungsarbeit in der Bewährungshilfe, Referat beim Verein für Bewährungshilfe, Salzburg 1998

BECK, Ulrich, Kinder der Freiheit, Frankfurt am Main 1997

BIEBER, Ernst, Sehnsucht hinter Gittern, Fürstenfeldbruck 1991

BIESER, Eugen, Welches Credo?, Freiburg 1993

BITTER, Wilhelm, Verbrechen – Schuld oder Schicksal?, Stuttgart 1969

BLOCH, Ernst, Das Prinzip Hoffnung, Frankfurt am Main 1959

BOPP, Karl, Diakonie in der postmodernen Gesellschaft, in: Konferenz der bayerischen Pastoraltheologen (Hrsg.), Christliches Handeln, München 2004

BRANDT, Peter, Die evangelische Strafgefangenenseelsorge, Göttingen 1985

BUBER, Martin, Das Problem des Menschen, Heidelberg 1948

BUBER, Martin, Das dialogische Prinzip, Heidelberg 1973

BUBER, Martin, Der Weg des Menschen nach der chassidischen Lehre, Gütersloh, 1999

BUBER, Martin, Nachlese, Heidelberg 1965

BUBER, Martin, Ich und DU, Heidelberg 1997

BUCHER, Reiner (Hrsg.), Prophetie in einer etablierten Kirche?, Münster 2004

BULLENS, Ruud, Täterarbeit – neue Wege, in: Mähne, Ursula (Hrsg.), Nicht wegschauen! Vom Umgang mit Sexual(straf)tätern, Baden-Baden, 1999

BUSCH, M., Menschliche Bindungen – Eheprobleme und sexuelle Not im Strafvollzug, in: Konferenz der katholischen Seelsorger bei den Justizvollzugsanstalten der BRD mit Westberlin (Hrsg.), Seelsorge im Strafvollzug, Bd. 4, Essen 1986

CEELEN, Petrus, Macht das Gefängnis krank?, in: Konferenz der katholischen Seelsorger bei den Justizvollzugsanstalten der BRD mit Westberlin (Hrsg.), Seelsorge im Strafvollzug, Bd. 4, Essen 1986

DAIBLER, Karl-Fritz, Gemeinde beiderseits der Mauern, Hannover 1986

DEUTSCHE BISCHOFSKONFERENZ – Entwurf, „Denkt an die Gefangenen ... " (Stand 4. April 2005)

DIE BIBEL, Einheitsübersetzung, Altes und Neues Testament, Freiburg 1999

DONZÉ, Marc, Rückfragen an das Handeln der Kirchen aus der „Sonderfall"-Studie, in: Dubach, Alfred (Hrsg.), Aussicht auf Zukunft, Zürich 1997

DORNES, Martin, Die emotionale Welt des Kindes, Frankfurt am Main 2000

DREWERMANN, Eugen, Der Traum von Menschlichkeit, München 1997

DREWERMANN, Eugen, Leben das dem Tod entwächst, Düsseldorf 1991

EBERTZ, Michael, Aufbruch in der Kirche, Anstöße für ein zukunftsfähiges Christentum, Freiburg, 2003

EBERTZ, Michael, Kirche im Gegenwind. Zum Umbruch der religiösen Landschaft, Freiburg 1997

FOUCAULT, Michael, Überwachen und Strafen. Die Geburt des Gefängnisses, Frankfurt a. M. 1977

FRIED, Erich, Es ist was es ist, Berlin 1983

FROMM, Erich, Analytische Sozialpsychologie und Gesellschaftstheorie, Frankfurt a. M. 1982

FUCHS, Ottmar, Dialog und Pluralismus in der Kirche, in: Fürst, Gebhard (Hrsg.), Dialog als Selbstvollzug der Kirche?, Freiburg 1997

FUCHS, Ottmar, Diakonia: Option für die Armen, in: Konferenz der bayerischen Pastoraltheologen (Hrsg.), Das Handeln der Kirche in der Welt von heute, München 1994

GABRIEL, Karl, Christentum zwischen Tradition und Postmoderne, Freiburg, 1992

GAREIS, Balthasar, Hat Strafe Sinn?, Freiburg 1974

GAREIS, Balthasar, Seelsorge im Strafvollzug, Band 1, Bischöfliches Generalvikariat, Essen 1982

GENET. Jean, Wunder der Rose, Hamburg 1963

GIRARD, Rene, Das Ende der Gewalt. Analyse des Menschheitsverhängnisses, Übersetzung aus dem Französischen von Dr. August Berz, Freiburg 1983

GIRARD, Rene, Der Sündenbock, Übersetzung aus dem Französischen von Elisabeth Mainberger-Ruth, Zürich 1988

GNILKA, Joachim, Jesus von Nazaret, Freiburg 1993

GOFFMAN, Erwing: Asyle. Über die soziale Situation psychiatrischer Patienten und anderer Insassen, Frankfurt a. M. 1973

GRANT, Marion, Personenzentrierter Umgang mit Schuld in der Gefängnisseelsorge, Hamburg 2002

GRUEN, Arno, Der Fremde in uns, Stuttgart 2002

GRÜNDEL, Johannes, Leben aus christlicher Verantwortung, Düsseldorf 1993

GRÜNDEL, Johannes, Schuld und Versöhnung, Mainz 1989

GRÜNDEL, Johannes, Schuld – Strafe – Sühne, in: Gareis, Balthasar (Hrsg.), Hat Strafe Sinn?, Freiburg 1974

GUMMEL, Bettina, Vergeben – versöhnen – befreien, in: Deutsche Provinz der Jesuiten (Hrsg.), Geist und Leben, Heft 2, Würzburg 2003

HARBORDT, Steffen, Die Subkultur des Gefängnisses, Stuttgart 1972

HASLINGER, Herbert, Diakonie zwischen Mensch, Kirche und Gesellschaft, Würzburg 1996

HEILIGER, Anita, Strukturen männlicher Sozialisation und (potentielle) Täterschaft sexueller Übergriffe auf Mädchen und Frauen, in: Mähne, Ursula (Hrsg.), Nicht wegschauen! Vom Umgang mit Sexual(straf)tätern, Baden-Baden 1999

HYCNER, Richard, Zwischen Menschen, Köln 1989

JACOBI, Jolande, Die Psychologie von C.G. Jung, Frankfurt am Main 1977

KALLEN, Werner, Flaschenpost – Drei theologische Notizen zur Spiritualität, in: Bucher, Rainer (Hrsg.), Prophetie in einer etablierten Kirche?, Münster 2004

KANT, Immanuel, Grundlegung zur Metaphysik der Sitten (1785), Nachdruck, Stuttgart 1961

KARRER, Leo, Zukunftschancen der Kirche in einer pluralistischen Gesellschaft, in: Dubach, Alfred (Hrsg.), Aussicht auf Zukunft, Zürich 1997

KAUFMANN, Franz-Xaver, Religion und Modernität, Tübingen 1989

KAWAMURA, Gabriele, Die Antworten der Sozialen Arbeit auf den gesellschaftlichen Wandel – Ansätze für die Straffälligenhilfe, in: Nickolai Werner (Hrsg.), Sozialer Ausschluss durch Einschluss, Freiburg 2001

KEHL, Medard, Die Kirche, Eine katholische Ekklesiologie, Würzburg 2001

KEHL, Medard, Kirche, Kirche und Orden in der Kultur der Moderne, in: Deutsche Provinz der Jesuiten (Hrsg.), Geist und Leben, Heft 3, Würzburg 2001

KEHL, Medard, Missionarisch Kirche sein, in: Deutsche Provinz der Jesuiten (Hrsg.), Geist und Leben, Heft 5, Würzburg 2002

KELLER, Ursula, Was ist eine Perversion?, in: Rotthaus, Wilhelm (Hrsg.), Sexuell deviantes Verhalten Jugendlicher, Dortmund 1991

KEMPER, Johannes, Sexualtherapeutische Praxis, München 1992

KEUPP, Heiner, Identitätsarbeit heute, Frankfurt am Main 1997

KOCH, Chr., Der soziale Gedanke im Strafvollzug, in: Bumke, E. (Hrsg.), Deutsches Gefängniswesen, Berlin 1928

KOCH, Herbert, Raum der Bewahrung im Raum der Justiz, in: Rassow, Peter (Hrsg.), Gottesdienst im Gefängnis, Hannover 1984

KOCH, Kurt, Solidarität mit den Leiden und Nöten der Menschen, in: Karrer, Leo (Hrsg.), Handbuch der praktischen Gemeindearbeit, Freiburg 1990

KOCHANEK, Hermann, Ich habe meine eigene Religion, Düsseldorf 1999

KORFF, Wilhelm, Wirtschaft vor den Herausforderungen der Umweltkrise, in: Bistum Essen (Hrsg.), Zur Christlichen Berufsethik – Kirche im Gespräch -, Nr. 22, Bochum 1991

KRAUSS, Karl, Im Kerker vor und nach Christus, Freiburg und Leipzig 1895

KREBS, Albert, Freiheitsentzug, Entwicklung von Praxis und Theorie seit der Aufklärung, Berlin 1978

KROCKAUER, Rainer, „Gegenlager Prophetie", in: Bucher Rainer (Hrsg.), Prophetie in einer etablierten Kirche?, Münster 2004

LAY, Rupert, Nachdenkliches Christentum, Düsseldorf 1995

LECHLER, H. Walther, So kann`s mit mir nicht weitergehen!, Stuttgart 1994

LEHNEN, Julia, Die Prophetische Kraft des Religionsunterrichts, in: Bucher, Rainer (Hrsg.), Prophetie in einer etablierten Kirche?, Münster 2004

LÜDEMANN, Rolf, Statt Therapie und Strafe, Bielefeld 1991

MASCHWITZ, Renate, Selbst-, Mutter- und Vaterbilder bei Sexualtätern, Gießen 2000

MILLER, Alice, Am Anfang war Erziehung, Frankfurt am Main 1983

MESTEL, Robert, Spezifität und Stabilität von Bindungsmustern bei Borderline und selbstunsicheren Patientinnen in stationärer Therapie, Wiesbaden, 2002

METTE, Norbert, Anstiftung zur Solidarität, Mainz 1997

METTE, Norbert, Gemeinde werden durch Diakonie, in: Karrer, Leo (Hrsg.), Handbuch der praktischen Gemeindearbeit, Freiburg 1990

METTE, Norbert, Mitgliedschaft in den Kirchen unter dem Anspruch auf religiöse Individualität, in: Dubach, Alfred (Hrsg.), Aussicht auf Zukunft, Zürich 1997

METTE, Norbert, Solidarität mit den Geringsten, in: Concilium 24, 1988

MÖDL, Ludwig, Kasualien, ein Handlungsfeld christlicher Verkündigung, in: Würdinger Hermann (Hrsg.), Wenn Leben nach Deutung sucht, Donauwörth 2004

MÖDL, Ludwig, Muss Liebe fromm sein? – Diakonie und Spiritualität, in: Bärenz, Reinhold (Hrsg.), Theologie, die hört und sieht, Würzburg 1998

MOLINSKI, Waldemar, Ethik der Strafe, in: Gareis, Balthasar (Hrsg.), Hat Strafe Sinn?, Freiburg 1974

MOLINSKI, Waldemar, Schuld und Sühne, in: Konferenz der katholischen Seelsorger bei den Justizvollzugsanstalten der BRD mit Westberlin (Hrsg.), Seelsorge im Strafvollzug, Bd. 1, Essen 1983

MORGENTHALER, Christoph, Kollektiv-kirchliche Identität, innerkirchliche Pluralität und religiöse Individualit, in: Dubach, Alfred (Hrsg.), Aussicht auf Zukunft, Zürich 1997

ORTNER, Helmut, Freiheit statt Strafe. Plädoyers fur die Abschaffung der Gefängnisse, Frankfurt a. M. 1981

PECHER, Willi, Das Gefängnis als Vater-Ersatz. Die Suche nach dem Vater als unbewusstes Motiv für Straffälligkeit, Frankfurt a. M. 1989

PECHER, Willi, Totale Institutionen und das Thema „Schuld und Strafe", in: Bauer Annemarie (Hrsg.), Institutionsgeschichten, Institutionsanalysen, Tübingen 1995

POLLACK, Detlef, Die Bindungsfähigkeit der Kirchen, in: Dubach, Alfred (Hrsg.), Aussicht auf Zukunft, Zürich 1997

POPKE, Michael, Wir bleiben mit unseren Problemen oft allein, in: Diekmann, Peter (Hrsg.), Nicht sitzen lassen, Gefängnisseelsorge in der Gruppe, Hannover 1989

POTT, Martin, Kundenorientierung in Pastoral und Caritas?, Münster 2001

PSB, Erste Periodischer Sicherheitsbericht, Bundesministerium des Inneren und Bundesministerium der Justiz (Hrsg.), Berlin 2001

QUITMANN, Joachim, Haftentlassung und Reintegration, Basel 1982

RAHNER, Karl, Kleines Konzilskompendium, Freiburg 1966

RAHNER, Karl, Schriften zur Theologie VI, Einsiedeln 1965

RAHNER, Karl, Strukturwandel der Kirche als Aufgabe und Chance, Freiburg 1989

RAUCHFLEISCH, Udo, Außenseiter der Gesellschaft, Göttingen 1999

RAUCHFLEISCH, Udo, Begleitung und Therapie straffälliger Menschen, Mainz 1991

RASSOW, Peter, Gottesdienst im Gefängnis, Band 1, Hannover 1984

ROLLNY, Dietmar, Pastoraler Dienst am straffälligen jungen Menschen, Frankfurt 1986

ROTTENSCHLAGER, Karl, Das Ende der Strafanstalt, München 1982

SCHMIDBAUER, Wolfgang, Hilflose Helfer, Reinbek bei Hamburg 1995

SCHMITT, Günter, Sozialtherapie - eine Gratwanderung im Strafvollzug, Frankfurt 1980

SCHULZE, Gerhard, Die Erlebnisgesellschaft, Frankfurt 1992

SCHWAGER, Raymund, Brauchen wir einen Sündenbock? München 1978

SCHWIND, Hans-Dieter, Strafvollzug in der Praxis, Berlin 1988

SIEVERTS, Rudolf, Zur Geschichte der Reformversuche im Freiheitsstrafvollzug, in: Rollmann, D. (Hrsg.), Strafvollzug in Deutschland, Frankfurt/Main 1967

SOBRINO, Jon, Sterben muss, wer an Götzen rührt, Fulda 1991

SPERLE, Fritz, Menschsein – Gefangensein, in: Konferenz der katholischen Seelsorger bei den Justizvollzugsanstalten der BRD mit Westberlin (Hrsg.), Seelsorge im Strafvollzug, Bd. 5, Essen 1987

SPERLE, Fritz, Sexuelle Probleme im Jugendstrafvollzug, in: Konferenz der katholischen Seelsorger bei den Justizvollzugsanstalten der BRD mit Westberlin (Hrsg), Seelsorge im Strafvollzug, Bd. 4, Essen 1986

SPLETT, Jörg, Reden aus Glauben, Frankfurt am Main 1973

STAUSS, Konrad, Bonding Psychotherapie, München 2006

STEINKAMP, Hermann, Seelsorge als Anstiftung zur Selbstsorge, Münster 2005

STEINKAMP, Hermann, Sozialpastoral, Freiburg 1991

STENGER, Hermann, Im Zeichen des Hirten und des Lammes, Innsbruck 2002

STROMBERG, Eberhard, Gefängniswesen und christliche Verantwortung, in: Konferenz der katholischen Seelsorger bei den Justizvollzugsanstalten der BRD mit Westberlin (Hrsg.), Seelsorge im Strafvollzug, Bd. 2, Essen 1983

STUBBE, Ellen, Geschichte der Gefängnisseelsorge, in: Konferenz der katholischen Seelsorger bei den Justizvollzugsanstalten der BRD mit Westberlin (Hrsg.), Seelsorge im Strafvollzug, Bd. 2, Essen 1983

STUBBE, Ellen, Seelsorge im Strafvollzug, Göttingen 1978

STUBBE, Ellen, Symbolhandlungen in der Seelsorge, in: Konferenz der katholischen Seelsorger bei den Justizvollzugsanstalten der BRD mit Westberlin (Hrsg.), Seelsorge im Strafvollzug, Bd. 2, Essen 1983

ULLRICH, Peter-Otto, Lernwege – Entdeckungen – Wahlverwandtschaften., in: Ebertz, Michael und Fuchs Ottmar (Hrsg.), Lernen, wo die Menschen sind, Mainz 2005

VÖGELE, Rudolf, Prophetie und Dialog in Kirche und Gemeinde, in: Bucher, Rainer (Hrsg.), Prophetie in einer etablierten Kirche?, Münster 2004

VON HENTIG, Hartmut, Die Schule neu Denken, München 1993

WACHINGER, Barbara, Abschiedsvorlesung „Wer Schmetterlinge lachen hört", Katholische Stiftungsfachhochschule für Sozialpädagogik, München 2002

WAGNER, Georg, Das absurde System, Heidelberg 1985

WAGNER, Harald, „Wohin gehen wir?", Vortrag in Vierzehnheiligen, 19.11.1999

WAHL, Heribert, Pastoralpsychologie als beziehungsstiftende Dimension Praktischer Theologie, in: Wittrahm, Andreas (Hrsg.), Seelsorge, Pastoralpsychologie und Postmoderne, Stuttgart 2001

WAHL, Heribert, Plädoyer für eine emphatisch-diakonische Pastoral, in: Organ der Evang. Konferenz für Familien- und Lebensberatung e.V. (Hrsg.), Wege zum Menschen, Heft 8, Tübingen 2002

WANKE, Joachim, Die Christen Europas vor der Herausforderung unserer Zeit, in: Deutsche Provinz der Jesuiten (Hrsg.), Geist und Leben, Heft 3, Würzburg 2000

WANKE, Joachim, Wie betreibt die Kirche ihr Kerngeschäft?, in: Deutsche Provinz der Jesuiten (Hrsg.), Geist und Leben, Heft 4, Würzburg 2002

WERBICK, Jürgen, Vom Wagnis des Christ-seins, München 1995

WERBICK, Jürgen, Warum die Kirche vor Ort bleiben muss, Donauwörth 2002

WICHERN, Johann-Hinrich, Die innere Mission der deutschen evangelischen Kirche. Eine Denkschrift an die deutsche Nation, im Auftrage des Centralausschusses für die innere Mission, in: Meinhold, P. (Hrsg.), Wichern, Sämtliche Werke, Bd. 1, Hamburg 1962

WIESNET, Eugen, Die verratene Versöhnung. Zum Verhältnis von Christentum und Strafe, Düsseldorf 1980

WITTRAHM, Andreas, Seelsorge, Pastoralpsychologie und Postmoderne, Stuttgart 2001

WÜRDINGER, Hermann, Wenn Leben nach Deutung sucht, Donauwörth 2004

ZERFASS, Rolf, Die kirchlichen Grundvollzüge – im Horizont der Gottesherrschaft, in: Konferenz der bayerischen Pastoraltheologen (Hrsg.), Das Handeln der Kirche in der Welt von heute, München 1994

ZIEGLER, Jan, Das Imperium der Schande, München 2005

ZERFASS, Rolf, Was gehen uns die an, die uns nichts angehen?, in: Krieger, Walter (Hrsg.), Caritas – Dienst an Mensch und Gesellschaft, Würzburg 1999

EOS-VERLAG ∎ THEOLOGISCHE REIHE

Band 86
Stephan Hesse
Berufung aus Liebe zur Liebe
Auf der Spurensuche nach einer Theologie der Berufung,
unter besonderer Berücksichtigung des Beitrags von
Hans Urs von Balthasar
496 Seiten, € 24,50, ISBN 978-3-8306-7092-6

Band 87
Mary Jerome Obiorah
"How Lovely is Your Dwelling Place"
The Desire of God's House in Psalm 84
326 Seiten, € 28,00, ISBN 978-3-8306-7187-9

Band 88
Bishan Chen
Auf dem Weg zu einer chinesischen Soteriologie
Ansätze zu einer Theologie der Erlösung
in den christlichen Werken von Yan Tingyun (1557-1627)
376 Seiten, € 28,00, ISBN 978-3-8306-7192-3

Band 89
Matei Mihai Surd
Ekklesiologie und Ökumenismus bei Joseph Ratzinger
Einheit im Glauben – Voraussetzung der Einheit der Christenheit
252 Seiten, € 28,00, ISBN 978-3-8306-7366-8

Band 90
Markus Höbel
Was kommt nach dem Drinnen?
Gefangenenseelsorge und Strafvollzug
zwischen Restriktion und Resozialisierung
220 Seiten, € 28,00, ISBN 978-3-8306-7367-5

EOS-KLOSTERVERLAG
www.eos-verlag.de
mail@eos-verlag.de